批判与马克思主义心理学丛书

Critical and Marxist Psychology Series

王波　主编

# 宏观文化心理学

原则、方法与应用

［美］任长谊（卡尔·拉特纳）　著
Carl Ratner

宁志天　译

## CULTURAL PSYCHOLOGY

*A Perspective on Psychological Functioning
and Social Reform*

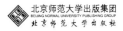

北京师范大学出版集团
BEIJING NORMAL UNIVERSITY PUBLISHING GROUP
北京师范大学出版社

谨以此书献给在 20 世纪 60 年代成长的人们。他们在政治上充满理想主义，对知识的追求十分胆大无畏，并且在文化上也极具创造力。这些都唤起了我的政治热情，并促进了我知识的成长，而本书便是我热情和学识成长的集大成之作。

# 致　谢

在写本书的过程中，我要特别感谢惠鲁梅和古斯·巴基吉斯（Gus Bagakis）的帮助。惠鲁梅在很多方面为我提供了支持，古斯·巴基吉斯则聆听了我不断形成的想法，并给我推荐了许多重要的参考文献，使得我感觉本书能有所作为。

# 总序

## 心理学的批判与重建：一种马克思主义进路

　　海德格尔有言，哲学之必要性就在当前时代的"急难"中。"一切必要性扎根于一种急难中"。哲学须急时代之所急，而最大的急难就是"无急难之急难"（the lack of emergency）。"在自我确定性（self-certainty）已变得不可逾越的地方，在一切都被认为可以计算的地方，总之，在一个一切都已被决定，却不问一个先行的问题：我们是谁，我们要做什么的地方，急难最为匮乏。"而这恰恰是传统心理学（psy-sciences）正在遭遇的境况，它忙于将人类主体性的每一方面心理学化（psychologization），以心理学的方式重释并通约了我们的日常经验，却对这一先行问题鲜有问津："心理学是什么？它要做什么？"这一问题对传统心理学来说几无急难可言，而无急难之急难，恰是传统心理学最大的急难。

　　批判心理学扎根于传统心理学的急难之中。作为一种正在西方学界兴起，国内亟待关注的学术话语，它接续了从康德经马克思，一直到法兰克福学派的批判传统，致力于探究现代心理及心理学得以成立的前提与界限，反思传统心理学的原则框架和基本假设，及其与资本主义的内在勾连。批判心理学一方面指认了传统心理学如何置身社会据以再生产自身的专门化劳动过程中，试图生产和积累用以描述、预测与控制人类心理与行为的普遍的、中立的与客观的知识，并以此作为自身合法性的来源。同时揭示了在发达资本主义社会，这种心理学何以作为一种新型治理装置，通过"对行为的引导"（the conduct of conduct）使"助人的职业"接管了人们的日常生活。此即批判心理学在"破"的面向"批判心理"之蕴涵。另一方面，从对传统心理学的批判性反思出发，它致力于发展出一种既有价值承诺，又有科学基础的新心理学，以之作为方法论工具，批判和把握资本时代所塑造的人类精神生活的独特性质，同时打开心理学的想象力，为作为其他可能选择的人类主体性提供一种解放议程。此即批判心理学在"立"的面向"心理批判"之蕴涵。

马克思率先提出了关于心理与心理学得以可能的前提与界限的批判议程，以及对其进行社会批判的理论纲领和实践框架。批判心理学作为西方左派话语的重要组成部分和西方主流心理学的其他可能选择，进一步丰富和加深了人们对传统心理学与当代资本主义新变化之内在勾连的理解。其思想道路的核心问题包括：1. 心理学的"主体相关性"问题。传统心理学研究能检验某假设的效度或"技术相关性"，却无法检验其"主体相关性"。主体与其对环境（实验设置）的影响之间几乎是完全分裂的，而这种分裂正是资本主义社会化大生产与生产资料的私人所有之间的宏观分裂的具体而微者。它也是笛卡尔式意识的内在性与现实世界的形而上学对立的心理学表现。人生产自身生活条件的可能性在传统心理学研究中被系统地排除了。由于缺乏评价其理论重要性或相关性的科学工具，故而它经常不能决定互相竞争的理论中哪一个是更好的。而将与人类精神生活的本质方面直接关联的"主体相关性"作为标准，在总体性的社会政治层面重新考察其"合法性"，一项研究就可能具有相对恒久的意义，由此摆脱心理学知识的碎片化状态，促进心理学的知识积累与范式整合。2. 心理学基本概念和范畴反思。运用马克思所引发的"功能—历史分析"澄清心理学基本概念和范畴的前提与界限，亦即其本身作为充满弹性的现实抽象而具有的规范性和展演性，为心理学的研究主题及其方法论提供系统的范式性基础，并针对"一定的社会类型中的生活阶段"出现的特殊问题，提出创新的、革命性心理学概念和范畴。3. 心理学与马克思主义的解放议程。传统心理学所承诺的"心理学解放"，将推翻消极的、负面的、束缚人的"观念""同创造自由个性看成一回事"，此即马克思早就揭露过的观念解放。随着"人类社会"取代"市民社会",这种作为"虚假意识"的虚假心理解放,即颠倒了的"我对我环境的关系",最终将被人的解放所代替。是故科学的和革命的心理学的解放依赖于推翻限制了人的本质力量的对象化的资本主义,由此"人以一种全面的方式,就是说,作为一个总体的人,占有自己的全面的本质",从而将沉溺于"变量"的动物的或机器的心理学提升到人的、有意识的、社会历史的层次。

在心理学话语体系重构的层次,批判心理学的元理论反思可以从三个维度将之提升到一个新的思想高度:1. 本体论重构要求澄清心理学(包括其原则框架、实践规范,乃至基本概念和范畴)何以是一定历史条件的产物,而且只有对于这些条件并在这些条件之内才具有充分的适用性,由此回应对心理学基本概念和范畴的本体论追问。更重要的是,区别于传统心理学将被试询唤(interpellation)到被操作性定义的具体范畴中,这种本体论重构还要站在无产阶级主体的立场上提出一整套将解放议程包含在内的革命性的范畴,由此重构心理学的基本概念和范畴乃至"心理"本身,以增强人民群众认识世界和改变世界的能力,为人的自由全面发展创造心理条件。2. 认识论重构需要诉诸政治经济学批判所肯定的"科学上正确的方法",即从抽象上升到具体的方法论。以此勘破"心理学的狡计"(the cunning of psychology):基于对可见变量的操作获得的某种量值被直接等同于不可见的作为客观抽象的关系性质。从而认识到诸如感知觉、思维、学习,以至人格等研究对象不是一种透明地呈现在我们面前的、可以直接现成把握的作为"在手状态"(vorhandenheit)的无声客体,不是直观的"物"(Ding),而是作为客观抽象的人与人之间的社会关系(die gesellschaftliche beziehung der personen)。3. 价值论重构反思传统心理学内嵌于现实物质生产与再生产之中的"是"与"应该"的关系。在狭义的"技术相关性"层面,揭示传统心理学中经常存在的"归咎于受害者"(victim blaming)以及"认识论暴力"(epistemological violence)倾向。在广义的"解放相关性"层面,基于对资本主义与心理学的内在勾连的客观分析，从主体向度开出质疑现状和改变世界的现实行动，以此建立一种既有科学基础、又有价值许诺的将无产阶级解放置入议程的心理学。

面对西方心理学的新进展以及与之勾连的西方资本主义的新变化，我们的心理学研究者在炙手可热的心理学化浪潮中似乎并未意识到自己遭遇双重迷失：于外热衷追逐西方心理学的主流方向，尤其是占主导地位的美国传统，而对其内部不断产生的反思性力量关注不够；于内常常无法自识其"方法论他者"以及心理学与中国人日常生活的契合性（compatibility）。其直接后果就是心理学往往被深锁于"科学"实验室的象牙塔中孤芳自赏，而日常生活中却充斥着种种伪心理学。各种壁垒森严的专业头衔似乎成了心理学逃避这种断裂带来的无能感的庇护所，而它屈尊对日常生活所做的于事无补的心理学化处理则反映了其理论想象力的真正匮乏，结果迷失在各种异质性概念的马赛克拼贴之中，有成为缺乏思想史坐标和现实生活土壤的无根基话语蒙太奇的危险。所以在这种"关键时刻"，通过这套丛书系统引介批判心理学的思想和方法，无疑具有深刻的学术意义和价值。它不止于一种简单的学术补白，更重要的是它有助于加深我们对心理学的性质及其与日常生活的内在联系，知识与权力的相互作用，以及资本主义心理治理新变化的理解。以此为契机，亦对建立和发展与中国人的心理与行为相契合的，直面中国人现实心理问题的，能与西方心理学平等对话的中国心理学话语体系大有裨益。同时充分利用这些成果提升国民心理健康水平和心理素质，培育良好的社会心态，在理论和实践层面积极响应习近平总书记关于"打造具有中国特色和普遍意义的学科体系""加大心理健康问题基础性研究"的号召，以及在党的十九大报告中提出的关于加强社会心理服务体系建设的要求。

总之，如果说传统心理学先行奠基并锁定了未来各种形式的心理学的可能性，那么批判心理学中的"critical"一词正召唤着对"关键"这一语词本义的关切（critical 包含批判与关键两义）：关键既是锁定也是开启。传统心理学锁定了心理学的可能想象，它似乎成了某种不可逆转的固定之物。而现在对之进行的"关键"考察却是打开而不是闭锁，是重新揭示心理学所承担的意义和未来新的可能性，从而使心理学的源初构造再次鲜活呈现，并产生新的思想激荡。

在丛书的第一批著作中，《主体立场的心理学》集聚了克劳茨·霍兹坎普（Klaus Holzkamp）基于主体立场的批判心理学的散射光谱，是其主要著作和文章的集萃。霍兹坎普通过将个体与群体视为由一定的生产方式所决定的社会历史中实践的主体，从而将自身与被实证主义与资本主义建制化进而被心理学化了的西方传统心理学区别开来。霍兹坎普是德国柏林自由大学教授，作为第二次世界大战后德国最重要的理论心理学家，他与志同道合的朋友们共同创建了一种独特的批判心理学体系。这种以主体科学自称的理路致力于批判和重构传统心理学的基础假设、理论范畴和方法论，赋予心理学一种激进的、解放的、寻求社会正义和质疑现状的新路向。霍兹坎普所开辟的研究路向已在国际上被广泛讨论，而这是他的著作第一次被译成中文介绍给广大读者。

《宏观文化心理学：原则、方法与应用》启发我们，只要心理学未能深刻领会社会文化的性质及其对心理学的影响，那么它就不是对人类心理的一种科学描述。只有通过批判省思社会文化的全部性质，包括它成问题的基础和假设，心理学才能成为科学。该书在宏观文化的语境中审视看似微观而中立的心理学，将心理现象的本质追溯到宏观文化因素（社会制度、文化产物和文化概念）的源头。同时心理能力的实质性提高则被落实到对宏观因素的社会改造之上。该书是任长谊（Carl Ratner，卡尔·拉特纳）教授关于文化心理学研究的一部集大成之作，在英语学界享有盛誉。任长谊教授执教于美国洪堡州立大学等学府，并任加州文化与教育研究所所长。值得一提的是，20世纪80年代初，他在北京大学教过心理学，与费孝通先生、潘菽先生等都有交往。这很可能是改革开放后第一次邀请国外心理学家来华授课。任长谊即是他在中国学习期间的中文名。

《心理学与日常生活》一书荟萃了当代活跃的西方批判心理学家的最新研究。它试图将日常生活行为的概念引入心理学研究的视野，推动心理学从实验室回到现实世界。日常生活行为是介于个体主体和社会结构之间的中间概念。基于批判心理学对主体和实践的强调，该书突出了人作为能动的感性主体如何在日常生活中行动，并以此理解其在当代社会所面临的各种困境与矛盾。在系统梳理了批判心理学之维的日常生活行为理论之后，该书检视了诸如债务经济的兴起、劳动力市场霸权、教育对数字技术的依赖等的心理学效果，以在主体与世界互动的心理学认识论层面把握心理现象的丰富性、复杂性。

《心理学的批判：从康德到后殖民主义理论》首创性地从批判视角出发，系统地重新审视和界划西方传统心理学的研究主题、方法论原则以及历史发展，揭示为传统心理学所遮蔽的沟壑、空白与沉默，最终批判地重建心理学历史发展的另类脉络。作为心理学从诞生之初就存在的关于它是否能成为科学的危机叙事的一部分，该书无疑为我们提供了一幅全景式地展现心理学的内部辩论与其所遭受的外部冲击的立体画面。其作者托马斯·梯欧（Thomas Teo）是加拿大约克大学心理学教授，国际理论心理学会（ISTP）前主席，加拿大和美国心理学会会士。其研究领域包括哲学与批判心理学，以及理论心理学和心理学史，享有广泛的国际影响力。

本丛书得到国家社科基金重大项目"到二〇三五年建成社会主义文化强国的总体逻辑与战略路径研究"（21ZDA072）支持。最后要向北京师范大学出版社的周益群老师致以由衷的感谢和敬意！正是周老师的高效工作免去了漫长的等待。没有她的关心和支持，就没有这套丛书的及时翻译出版！

亭林先生曾曰："尝谓今人纂辑之书，正如今人之铸钱。古人采铜于山，今人则买旧钱，名之曰废铜，以充铸而已。所铸之钱，既已粗恶，而又将古人传世之宝，舂锉碎散，不存于后，岂不两失之乎？"在机械复制的时代从事学术研究，我们面临着比先贤更大的诱惑和挑战。而扎扎实实地把一些重要的外文原典翻译过来，作为第一手资料分享于海内同侪，亦当是一种采铜于山的努力吧。

王　波

于紫金山南麓

# 目　录

# 引 言

本书旨在帮助我们解决这个时代两个迫切的问题：如何科学地理解人类的心理？如何改造社会以解决迫切的社会问题？我在本书中将阐述一种有关人类心理的文化理论，从而帮助我们解决这两个问题。

我认为科学心理学与社会改造①间有某种关联，并且它们可以被同一项活动所推进，这听起来可能很奇怪，但事实确实如此。只有理解了人类心理的文化本质，科学心理学和社会改造才是可行的，人类心理的文化本质将科学心理学与社会改造联系在了一起。

只有在发展出了能够阐释心理现象中文化方面概念的方法时，心理学科才会成为科学。这一学科必须解释以下四个问题：哪些心理现象的本质使其容易受到文化的影响？文化是如何组织心理现象的？有哪些重要的组织心理现象的文化因素和过程？心理现象是如何反映、支持和扰乱文化的？

这些问题对于社会改造都十分重要。为了成功改善人类的生活，我们不仅需要改进医保系统、教育系统、儿童照管系统，提高物质财富和家庭融合程度，还需要努力提升个体的心理功能。而要进行有效的针对心理功能的社会改造，我们就必须理解以下这些问题：心理功能为何会受到文化的影响？文化因素如何影响心理？我们需要拓展哪些文化因素，从而得到

---

① 本书作者作为马克思主义心理学家所提出宏观文化心理学概念，是对西方传统心理学的理论批判以达成对西方资本主义社会的改造。书中所提出的社会改造一词正是基于以上语境。——译者注

令人满意的心理功能？我们需要修改或消除哪些特定的文化因素，从而避免得到不满意的心理功能？新的社会因素会如何改进心理功能，以及这一改进会被如何呈现？如何使具有特定心理的个人能够接受社会改造？所有这些问题都与心理的文化本质有关。

为了科学地理解人类心理并成功进行社会改造，心理科学与社会改造都需要理解心理的文化本质。我们可以说心理科学与社会改造是一体两面的，它们从不同的视角（理论学术的和政治的）出发，带着不同的目标（理解的和实际改进的）来解决文化心理学的问题。但同时它们也相互促进，缺一不可。

本书阐述了一种系统的文化心理学理论，它能够促进科学心理学与社会改造的发展。

这一理论解释了心理现象所具有的文化渊源、特征和功能，我将这一理论取名为"宏观文化心理学"。它认为广泛的宏观文化因素（如社会制度、文化产物和文化概念）是心理现象的基础，同时这些宏观文化因素也组织了心理现象的形式和内容，是心理现象的功能或终极目的（telos）。我同时也在本书中提出了能够证实这些主张的证据。

与宏观因素有关的心理学对社会改造和心理变化的影响最大。心理越深入地融入文化，文化越深刻地体现心理，那么通过理解文化来理解心理，通过改变文化来改进心理功能便越发重要。反之亦然，文化对心理越不重要，那么通过理解和改变文化来理解和改进心理便越不重要。如果心理主要是个体的，或者是由具有很大个体差异的人际关系建构的，或者是由生理机制决定的，那么在心理议题上便没有必要理解和改造文化。

本书的政治和科学目标相互补充，对宏观文化的政治理解与改造推进科学目标的达成，这一科学目标即理解心理学中宏观文化的重要性。政治不能取代科学，我们需要科学来检验政治分析的合理性，然而政治取向并不必然地妨碍科学的客观性，政治动机对于强调心理学的宏观文化来说至关重要。只有发展出能够质疑和改造宏观文化的政治取向，才会有更多的心理学家将宏观因素纳入他们的心理学学术研究中。

已有大量的社会科学研究表明，心理现象因文化因素而异，然而本书并非一本不同社会间心理差异的汇编（手册）。本书更重要的任务是理解人类心理中产生文化变异的原因和方式。我试图去理解人类心理的本质，文化的本质，它们之间关系的本质，心理在文化上被组织和变化的过程，心理的文化组织的表现方式，心理影响文化的方式，以及能动性（agency）、主观性（subjectivity）、创造性（creativity）和个人责任（personal responsibility）在形成和重塑文化与心理现象中的作用。

"为什么"与"怎么样"是科学试图回答的核心问题，仅对发生的事情进行描述或观察并不足以被称作科学。科学并不满足于堆砌事实，而是将这些事实看作一些本质的、不可观察的解释性原则和属性的表征。本书遵循这个方向，试图通过阐明心理与文化之间的关联（过程或机制）来构建一门关于人类心理的解释性学科。

本书还有助于多元文化的理解与沟通。它使我们了解不同种族群体对心理现象的不同组织方式，帮助我们理解是怎样的心理差异导致了不同的行为，并使我们能够通过考虑心理差异来更有效地进行沟通。此外，本书还解释了宏观文化心理学如何能够在个人层面上帮助人们了解并完善自身的人格、情感、知觉、推理和学习策略。

除了阐述心理学的一般原理之外，本书还阐述了调查文化因素与心理之间关系的方法论原则。这些方法使得我们能够理解心理现象中的文化因素，并使我们能够察觉到文化与心理之间的矛盾（这些矛盾源于它们各自的独特性）。我认为定性研究方法是文化心理学研究中最客观、最有效的方法，并在本书中解释了它比实证主义更加客观、科学和有效。

宏观文化心理学挑战了由非文化取向的心理研究所制定的定义、解释性结构、理论和研究过程，同时也挑战了在文化、社会改造和心理治疗中的个体主义方法。为了研究心理现象、文化、社会改造和心理变化中的宏观方面，我们需要一种关于文化、心理和它们之间关系的新概念。简单地将一些变量加入主流心理学中是不够的，文化心理学需要一种大胆的、批判的、热情的思维方式，这一思维方式不会回避矛盾的、冷门的、激进的观点。正是这些属性产生了所有革命性的科学进步，如果心理科学、心理治疗和社会改造想要理解并改进人类心理，那么就必须要具备这些属性。

本书使用系统的方法综合并拓展了我早期的工作，它阐述了更加丰富、更加充分的文化定义，更加深刻的心理与宏观因素的整合方式以及它们之间更加细致的关系和原则。本书超越了我的早期作品，它强调了心理学的政治维度，将宏观文化心理学应用于社会改造与个人成长中，它同时还概述了宏观文化心理学的科学哲学与社会哲学，并对比了宏观文化心理学与个体主义（individualism）、主观主义（subjectivism）、自然主义（naturalism）和实证主义（positivism）的异同。

本书独一无二地讨论了大量心理现象（情绪、性、攻击性、进食障碍、恐怖主义、青春期、认知、记忆、知觉、学习、人格、宗教、精神疾病、发展过程、防御机制、语言），心理学理论（主流心理学、进化心理学、文化心理学、跨文化心理学、心理生物学、维果茨基的文化历史理论、行为理论、皮亚杰的认知发展阶段理论、弗洛伊德的精神分析学说），社会理论（功能主义、结构主义、女权主义、马克思主义、年鉴学派、狄尔泰的理解与诠释学、博厄斯的人类学理论、法兰克福学派和微观社会学）以及科学哲学（后现代主义、社会建构主义、辩证法、批判实在论、实证主义、自然主义、主观主义）。

xvi    本书所涉及的各种问题对于心理学家、教育学家、历史学家、社会学家、人类学家、哲学家和其他对社会理论、文化、心理学和个体感兴趣的人都是有用的，另一类受众则是公共卫生和社会服务的政策制定者和从业者。越来越多关注社会改造的公民将会发现这本书有助于理解社会心理问题的原因，并有助于确定有效的社会行动及其可以采取的方法。

我用一种直截了当、没有专业术语的方式撰写了本书，从而让受过教育的外行人和社会科学、社会政策以及哲学领域的学生也能容易地了解这一理论。作为补充性的文本，它将在心理学、社会科学理论和方法、文化xvii    研究、社会政策、社会哲学、科学哲学和生物学方向的人类心理研究等诸多领域中发挥作用。

第一部分

# 心理、文化、政治与科学

# 第一章　宏观文化心理学概论

　　为了推进心理科学与社会改造的发展，我们将探索心理的文化本质。这意味着我们仅对不同文化间的心理差异进行描述，并将文化变量与心理变量相互联系起来是不够的。探索心理的文化本质意味着要解释以下这些问题：心理为何以及如何起源于文化过程和文化因素？文化过程和文化因素为何以及如何组织心理？心理的形式与内容为何以及如何体现文化过程和文化因素？心理的功能为何以及如何支持文化过程和文化因素？与所有科学理论一样，心理的文化理论也在努力阐明一些在可见的现象之下不可见的原则、过程、要素、关系和互动。

　　宏观文化心理学是一次对心理学的彻底的再概念化（reconceptualization）。其他一些大胆的科学再概念化过程启发了我的这一尝试，比如，伽利略的天体观、达尔文的进化论、关于物质的原子理论和爱因斯坦的时间理论。

　　将心理再概念化为文化，这涉及许多新的有关文化心理的特征、功能、因素、过程、原则、关系、解释性结构和方法论。这些都会在本书中进行阐述与解释。让我们首先从主流心理学与宏观文化心理学的不同取向开始阐述。

## 一、主流心理学对宏观文化心理学

*3*

　　大多数心理学的研究取向都将心理视为个体的、普遍的或是自然的。这三种视角都忽视并模糊了文化问题。

主流心理治疗十分重视个体层面。弗雷迪(Furedi，2004，pp. 24—25)解释了心理治疗如何反映并促进了我们时代的个体主义。

> 如今，西方文化下的心理治疗话语带有高度的个体化风格，并以此来解释行为，从而理解社会隔离感(experience of social isolation)。我们的文化营造出了这样一种氛围，在这种氛围下，社会问题都在个体的内部世界产生并得到解决……社会问题常常被重塑为与社会领域没有直接关联的个体问题。这是一种社会学想象力的衰弱，其后果之一便是我们越来越倾向于将社会问题再定义为个体的私人问题，这一状况被个体风格的心理治疗生动地捕捉了下来。

这便是社会学想象力的衰弱，主流学术心理学也很好地反映并强化了它。一篇发表于权威期刊《心理学年鉴》(*Annual Review of Psychology*)中的关于攻击性的研究综述声称："婴儿表露出沮丧与愤怒""在 2 岁和 3 岁时，婴儿对父母和同龄人发脾气以及攻击的行为迹象都可以被观察到……""在童年早期，冲突是不可避免的……""攻击性等级的性别差异在婴儿 3~6 岁便显现出来……"(Loeber & Hay，1997，p. 375)。这些描述给人留下了这样一种印象，即攻击性是遵循自然发展规律的现象，行为都是内生的："暴力行为有随着年龄的增加而更加严重的趋势，尤其是在青春期的时候""大多数暴力行为似乎会在早年有攻击性的青年中爆发"(p. 381，p. 384)。

当作者提到可能加剧攻击性的条件时，他们仅仅将条件限制于以下几点①气质差异、低智力和注意力的缺陷，这些使得一些儿童在面对人际困境之时，很难找到非攻击性的解决方案；②父母的粗暴对待，这包括拒绝子女，胁迫子女，对子女表现出攻击性行为，以及偏袒其他兄弟姐妹；③拥有一些越轨的同龄人朋友，以及被同龄人群体所拒绝；④"压力性生活事件"。

这篇综述从未提及特定的文化实践、概念以及促进攻击性的文化产物，从未提及观看暴力的电视节目和电影也极大增加了儿童的暴力信念、暴力情绪和暴力行为(Anderson,2003)。这一事实从未提及攻击性的普遍程度存在文化差异(Flannery & Marcus,2003;Fromm,1973;Nisbett & Cohen,1996),从未提及这些助长了暴力行为的条件——比如家庭暴力的暴露程度、社区内的犯罪率,以及与带有攻击性的同龄人群体的接触程度——与社会阶级有关(Evans,2004,p.78;Olson,1981;Pelton,1994)这一事实。当然,有一些心理学家会对攻击性的文化影响更加敏感些,但这一影响相比"基本"心理过程通常会更加边缘。这意味着文化因素仅对攻击性的发生率产生了微小的作用,主要发挥作用的依旧是基本的和普遍的攻击性,即攻击性是一种基于生物心理机制的自然的人类行为,就和动物一样。

事实上,文化因素和过程对于攻击性十分重要。罗巴切克(Robarchek,1977)报道在马来西亚的一个主要以狩猎采集为生的群体——闪迈(Semai)人当中,攻击性几乎是不存在的。对于需求和人际关系的社会组织小心阻止了许多导致攻击性的感受——如受挫感、未满足的欲望和愤怒。具体内容如下所示。

①欲望会被尽可能地满足。对饮食、舞蹈、洗澡和性爱的享受会 *5*
直到满足为止,因为不满足的感受可能会使人具有破坏性。

②食物是共享的,这样就没有人会对食物感到不满足。

③几乎对任何事情的请求都会给予通过,从而让请求者的欲望得到满足。即使某人只是稍稍提及了一件物品,那件物品的拥有者都会给他。

④请求是谨慎的,并且它们会被量身设计以增加被同意的概率。通过这种方式,请求者减少了遭受挫折的概率。

⑤个体会信守承诺和约定,这减少了周围其他人的挫败感。人们只做出他们力所能及的承诺,并会尽力去达成。而违反承诺,比如未能达成某项约定,会受到十分严厉的惩罚。

这些文化措施是如此有效，以至于在三个月内这个超过 200 人的村庄没有发生过一次斗殴或者严重的争吵，尽管在这个村庄饮酒是十分常见的，有一半的村民会在夜晚喝醉。

很明显，对需求和人际关系的社会组织对攻击性的产生十分重要。和主流心理学家的观念不同，攻击性并不遵循一条自然发展的轨迹。

所有的心理现象都取决于生活被社会所组织的方式，一个美国青少年对父母的愤怒感便是一个很好的例证。这种愤怒感看起来似乎是在私人的家庭生活中的一种指向父母的个人感受，但它实际上是一种普遍存在于美国青少年中的感受。这是一个文化现象，它是由社会对生活的组织所促成的，是一种参与由社会所组织的生活所必要的情绪。青少年对父母的愤怒感是由美国的社会制度、文化概念、文化产物的特征所引起的。具体而言，在美国社会文化中，青少年时期是儿童由依赖走向独立的转折阶段，他们不仅仅是正在成为成年人，而且是正在成为适合加入资本主义社会的特定类型的成年人，这一社会强调个体自主性、自我兴趣和改变。这种个体主义驱使青少年发展出了反抗父母的个性。如果他们仍然依附于父母的影响的话，便不能宣称自己是合适的消费者和雇员。为了在这种文化中获得成功，青少年必须在社会和心理上反抗他们的父母。

青少年这么做的压力来源于要成为一个独立个体的意识形态，来源于要进行购买决定的商业压力（Cook，2004），也来源于允许青少年有驾驶权利的法律法规，这些法律法规赋予了青少年很大的独立性并削弱了他们与父母的社会关联。一个青少年心理的形成也受到了公共形象的影响，这些公共形象努力宣称自我反对权威的个性，它们会出现在电影、电视、广告以及朋友的行为之中。

青少年对父母的愤怒感并非一种由特异的生物性过程所主导的个体感受，而是一种几乎涵盖所有美国青少年的文化现象，因为这些青少年的生活方式是由社会制度、文化概念和文化产物所建构的。这种特定的文化现象体现了青少年在特定社会中的社会地位的许多方面，而在其他文化因素的社会中则不会出现。皮亚杰表达了以下观点。

男孩(从 11 岁到 13 岁)开始觉得自己越来越接近青少年,并开始在内心中摆脱成人的束缚……毫无疑问,这是我们文明中所特有的现象,因此符合涂尔干的理论……相反,在所谓的原始群体中,青少年阶段正是启蒙之时,因此会伴随着最严厉的道德束缚,而个体将随着成长变得越来越具有群体性。(Piaget,1932,p.99)

皮亚杰同意涂尔干(Durkheim)的观点,即在一个小型的本土化社会中,每一个社会单元都是一个封闭的系统,个体倾向于按照固定的习俗千篇一律地做事。而随着社会的发展,社会出现了更明显的分工,它"在心理上将个体区分开来,使得个体主义以及个性在真正意义上出现了。因此,个体的异质性以及自主性似乎与整个团体的形态和功能有着直接的关联"(Piaget,1932,p.97)。

我们将在宏观文化心理学的指导下发展这种观点,它认为我们的心理现象是由我们对生活的社会性组织所培养的,这便是心理存在文化差异的原因。心理是文化的一部分,文化镶嵌在心理之中,而不是一个简单的外部的结构背景。文化心理学认识到每个人既是独一无二的,同时也是一名文化参与者,或如鲍德温(Baldwin)所说,是一个社会伙伴(socius)。文化心理学关注的是心理反应的文化模型,这个模型是由个体通过与其他个体共同参与广泛的社会规范、文化概念和文化产物所制定的。"文化心理学是关于文化传统和文化实践如何调节、表达、转换和变更人类心灵的研究,它导致心灵、自我和情绪的民族差异多于人类的心理统一性","在文化心理学的语言中,没有纯粹的心理规律,就像没有未经重塑或未经中介的刺激性事件一样……文化心理学标示着关于纯粹心理的心理学的终结"(Shweder,1990,pp.1,24)。

## 二、文化由心理现象的解释性结构组成

用文化而非心理来解释人们的行为,涂尔干在他的《自杀论》中表达了

这一观点。

既然自杀是一种个体行为，这种行为仅影响个体，那么自杀似乎应该完全取决于个体因素，因此只属于心理学的范畴。事实上，人们通常不就是根据自杀者的气质、性格、经历和个人历史上的大事件来解释他的决心吗？

如果不把自杀仅看成孤立的、需要一件件分开来考察的特殊事件，而是把一个特定社会在一段特定的时间里所发生的自杀当成一个整体来考虑，我们就会看到，这个整体不是各个独立事件的简单的总和，也不是一个聚合性的整体，而是一个新的特殊的事实，这个事实有它的统一性和特性，因此有它独特的性质，而且这种性质主要是社会性质。(Durkheim, 1951, p.46)

涂尔干认为自杀具有社会性，尽管它事实上是由孤立的个体执行的。社会性是特定文化群体(民族的、性别的、阶层的、国家的)在特定时期发生特定数量的个体自杀事件的原因。

涂尔干指出了一个关键事实，证明了自杀的文化基础："组成一个社会的个体年年在变化，然而只要社会本身不变，自杀的人数就不变。"(p.307)这个事实表明"自杀者完成的动作乍看起来似乎只表现他个人的气质，实际上表现出的是某种社会状态的继续和延伸"(p.299)。一定有某种社会力量在每年驱使固定数量的不相关的个体自杀，而且个体因素无法解释这种规律性，因为它们是特殊且随机的。(p.305)"今天的人没有从过去的人那里得知有多少人自杀，然而除非环境改变，他们的自杀人数却正好一样。"(p.308)社会压力和社会状态很明显地在自杀中发挥了作用，即使它只折磨了很小一部分的人(p.300)。

事实上，个人因素会与自杀有所关联，但一定是以一种规律的人口学模式在社会中生成的，由此产生了稳定的自杀人口统计数据。在这种情况下，文化因素才最终解释了自杀，尽管它间接地产生了自杀人口统计数据。这一自杀人口统计数据是靠生成关于气质（以及其他个人因素）的社会人口学模式产生的，其中这一社会人口学模式又会与社会状态模式产生交互作用。

看似个体的行为其实是社会事实，涂尔干的这一观点被克罗伯（Kroeber）以及其他的结构主义者所支持。这一观点通常可以被运用在心理现象上，所有的心理现象都是在文化上被组织和分配的，它们都证明了文化群体和历史阶段间的定量和定性差异。世界各地的自杀率差异巨大；对视错觉的感知存在着文化差异，如美国人更容易出现缪勒—莱耶错觉（高估一条线的长度20%），而一些特定的非洲人却不会出现；对颜色的感知存在着文化差异，如美国人将蓝色和绿色看作不同的两种颜色，而许多前现代的人却将它们看作相同的颜色；对声音的感知被文化所组织，如日本人无法区分"l"和"r"的发音，而美国人可以；记忆由文化所组织，相比成年男性以及来自亚洲文化的个体，成年女性以及来自西方文化的个体拥有一个更早的最初记忆，并且有更长更细致的童年回忆（Fivush & Nelson，2004，p.573）；格贝列人（Kpelle）记忆一些脱离背景的孤立的事实十分困难，但西方人可以很轻松地回忆这些孤立的事实；生活在高地新几内亚的个体不能想象自己处于社会结构之外，而美国人却将自己看作特殊独立的个体；心理疾病在不同的文化间表现出定量与定性的差异——在美国，不同代际间的抑郁症风险变化了10倍，对随机选择的青少年进行诊断性访谈，在1972~1974年出生的青少年中有7.2%经历过严重的抑郁，而在1968~1971年出生的更大一些的青少年中只有4.5%（Diener & Seligman，2004，pp.16—17）。童年质量对于美国中产阶级儿童、中世纪的农民儿童以及舍佩尔·休斯（Scheper Hughes）所研究的巴西贫穷儿童的影响是不同的（Ratner，1991，pp.86—87）。类似地，在不同的民族、世纪和阶层中，女性与男性的心理也会表现出不同。文化甚至会影响大脑结构，对于日本人的大脑而言，动物的声音以及人的声音被定位于言语半球，而西方人却都是在非言语半球。对于西方人的大脑来说，西方音乐和日本音乐都会在非言语半球进行加工，但日本人大脑却在言语半球加工日本音乐，非言语半球加工西方音乐。在西方成长的日本人会表现出西方人的大脑结构，而在日本成长的西方人会表现出日本人的大脑结构(Ratner，1997，p.119)。

10　　文化因素相比个人因素能更好地解释并预测心理现象。就业市场、失业率和社会性别相比任何个人因素都能更好地预测精神疾病。社会阶级相比个人因素能更好地预测家庭暴力、教育成就、语言发展、亲子互动、精神疾病和智商。社会性别和社会阶级相比个人的、心理的属性能更好地预测进食障碍。厌食症和贪食症在美国中产阶级女性中最为常见(Polivy & Herman，2002；Ratner，2002，pp.39—40，49—50)。

　　当然，个人因素确实会影响心理，但不如宏观因素那样强烈。正如维果茨基(Vygotsky，1997，p.77)所说，"意识中的社会时刻主要是时间上的，同时也是事实上的。个体层面是在社会层面的基础上被构建和衍生的次要方面，并且完全遵从社会层面的模式。"维果茨基将这一事实称为"意识的社会化"。

　　涉及个体、人际、自然(生物)、抽象或是普遍过程或原则的心理建构无法解释心理现象中的人口学差异。这样的心理建构不能解释当代美国抑郁症的特有性质以及其为何在女性中表现特别明显；不能解释厌食症的特有性质(与中世纪修女十分不同的心理形成对比)以及其为何在中产阶级和美国女性中表现特别明显；不能解释为何西方人感知颜色的方式与原始人十分不同；不能解释为何来自世界各地不同人群的性行为会有不同的等级和做法。

　　在一篇题为《人类行为的文化解释和心理解释》(*Culturological vs. Psychological Interpretations of Human Behavior*)的论文中，莱斯利·怀特(Leslie White，1949，pp.121—145)解释了像战争、偏见和奴役这些历史文化行为是如何源于复杂的社会需求和动力的，它们并非个体心理功能的产物。由于这一论点适用于心理的文化历史方面，因而值得被继续跟进。

　　法西斯主义不是源于个体寻找父亲形象；罗马帝国不是源于控制他人的个人需求；战争不是源于攻击性和反社会人格；恐怖主义不是源于区分

内群体和外群体的心理倾向；核心家庭不是源于母性本能；社会暴力不是源于个体气质；犯罪不是源于低自尊；奴役不是源于个体对优越感的渴望；童工不是源于作为个体的孩子或父母的决定；战争不是源于攻击本能；消费主义不是源于自然的个体欲望。

心理建构不具备历史现象的特征，它们没有复杂的、特定的社会组织的原则，也没有内置于其中的意识形态，因而它们不能产生或被用来解释历史文化现象。用一般的心理倾向来决定特定的行为，其决定程度并不比用食物和住所的生理需求来决定现代的饮食方式和住房建筑多多少。

在父亲形象的心理需求（如果有的话）当中并不包含法西斯国家的具体原则；控制他人的心理需求（如果有的话）当中并不包含能够让罗马人组建庞大的军队来征服遥远地区的居民，并建立以特定方式统治他们的管理机构的具体原则；个体自由的决策（如果有的话）或者人际沟通不会导致分散在广阔空间的人群在同一历史时刻以类似的方式行事——如在工厂工作、购买昂贵的名牌运动鞋或瓶装水；母性本能（如果有的话）当中并不包含现代核心家庭的特性，如核心家庭作为私人领域与政治和经济的分离，核心家庭建立在父母间浪漫爱情的基础上，以及核心家庭以儿童为中心的社会化方法；攻击本能（如果有的话）不能解释参与战争的庞大社会组织（包括士兵的训练、武器的制造与存放、参与战争的政治决定、激发群众支持的政治宣传），正如埃伦赖希（Ehrenreich, p. 9）所说，"战争……是一个太过复杂和集体的活动，以至于不能用单一的隐藏于个体心灵之下的战争本能来解释"。

类似地，高自尊或低自尊可能会导致任何类型的行为，前者不必然导致好的行为，后者则不必然导致坏的行为。如果一个人感觉比其他人更优越并且无懈可击，那么高自尊也可能会导致暴力、种族主义和高风险的行为。相反，低自尊可以让我们回避风险和孤立，它不一定与犯罪、暴力、吸烟、吸毒和种族主义相关联（Bushman & Baumeister, 1998；Baumeister, Campbell, Krueger, & Vohs, 2003；Emler, 2001）。

同样，对一个群体的不熟悉并不一定会导致仇恨和怀疑，而是可能让我们渴望了解这一群体的社会风俗。区分内群体和外群体也同样不会促使前者成员对后者成员产生负性刻板印象并威胁他们。一个外群体成员可以区分需要被帮助的人，如残障人士，他们也同样可以作为多元文化的倡导者被尊重和钦佩。

社会生物学家和进化心理学家认为宗教根植于一种追求社会团结的自然动力，这一动力可以带来生存益处。然而，除了宗教之外，社会团结还可以通过多种方式实现，这种对社会团结的自然动力仅是一种普遍的需求，而不一定导致特定社会的宗教信仰。因此，宗教细节的起源并不是社会团结。

对于历史维度和心理现象发展的解释，必须从特定的社会条件、政策、组织、控制、阶层、文化产物和意识形态来看待。"这是社会构成的方式，而非我们作为个体构成的方式，这解释了为何这些事实以这种形式而不是另一种形式出现"(Durkheim，1900/1960，p.372)。

心理建构与历史现象间存在着间隔。历史现象，包括心理的历史/文化方面，有着特定的动力和内容，它们不源于普遍的、抽象的心理建构。涂尔干(1900/1960)观察到，

> 个体心灵的显著特性太过简单、太过普遍、太过不确定，以致无法用来解释社会实践和信念，包括它们形式的多样性以及它们特性的复杂性……如果有人致力于将社会现象还原为心理类型……他会被指责支持和实践了这样一种社会学，一种我冒昧称之为肤浅与抽象的社会学……他必然性地远离了社会事实的所有微小的、具体的表现形式，而这些表现形式构成了丰富而特定的社会。(p.369)

## 三、文化

宏观文化心理学的理论取决于我们对文化的定义。个体对文化的定义

决定了哪些因素被认为和心理现象有关，决定了个体认为文化在多大程度上能影响心理，决定了个体在多大程度上被认为能控制自己的心理和文化，也决定了促进社会生活和心理功能的改造所必需的因素有哪些。

传统的定义将文化视为一种社会建构和共享的思想、意义和行为。这些定义说明了文化中十分重要的方面，但其科学与政治用途是有限的。它们未能定义以下内容：①人类建构文化的原因；②文化的范围——个体的集合还是民族国家的集合；③文化所包含的整合类型——例如，文化是个体行动的总和还是能够改变个体的集体组织；④文化的要素；⑤主要文化要素与次要文化要素重要性的差异——它们对彼此和心理的相对影响；⑥谁控制了文化因素——权力和阶级关系；⑦文化动力学与趋势；⑧不同个体的行为是如何被共同享有的；⑨文化中的差异与不平等；⑩文化如何变化。

通过界定更加具体的文化定义，我们可以解决这些问题。我认为文化主要由"宏观因素"构成，宏观文化因素是社会的、物理的和观念的建构，是社会的基石。因此，宏观文化因素将大众的行为统一起来，并为人际互动和个人行为制定参数。 <sup>13</sup>

宏观文化因素有三种类型：社会制度（如家庭、学校、政府、经济企业、精神组织和医疗机构），文化产物（如艺术、工具、服饰、厨具和住房）和文化概念（如时间、财富、道德、自然和性别）。人类通过这些宏观文化因素生存并充实自我。

宏观文化因素在不同的社会中有不同的特征。儿童、女性、工具、艺术、爱情、集体主义、个体化、城市化、农业和大政府会以多种不同的具体形式出现。农业可以是合作的也可以是竞争的；大政府可以是封建官僚的也可以是美国式的；集体主义可以是民主的相互支持形式，也可以是专制形式。宏观因素的具体形式取决于控制它的群体是谁，这个群体是如何控制的，以及这个群体在领导时所表达的利益诉求。权力和利益赋予了宏观文化具体的特性。

宏观文化因素的概念引入了文化的特殊性，它强调文化要素的具体特性，这些特性由这样一个群体所管理和推动，他们占据了不同的社会地位，掌握了不同的资源和机会，并会采取特定的社会机制以维持自身利益。宏观文化因素还意识到竞争性的群体会为争夺文化因素的控制权而斗争，并且这种竞争会改变宏观因素的特性。

文化因素通过主观过程（如思考、知觉、情感、动机）来设想和维持。然而，主观性的产品也会反过来建构文化因素。我们其实是由我们生产的产品生产的，举一个简单的例子，当我们决定成为一名画家、摄像师或诗人的时候，我们会让自己的意识（知觉、感受、记忆）去适应组成这门技艺的技能和材料。人们创造的这门技艺和我们的决定共同使我们成为一个特定的个体。文化是一个系统，它再次生产我们生产的产品，因而我们是由我们制造的东西所制造的，而人类的客体化以特定的方式使我们的意识客体化。

14    现在我们已经大致了解了什么是文化，我们可以继续来了解它与心理的关系了。


## 四、宏观文化心理学

宏观文化心理学建立于一个简单的命题基础——既然宏观文化因素是人类生存和自我满足的方式，那么心理现象就是用来建构、维持和完善这些宏观文化因素的。为了建构、维持和完善社会制度（如学校、教堂、政府、工作场所），文化产物（如洛杉矶高速路上正在驾驶的汽车、用来耕种土地的锄头、使用弓和箭的跟踪游戏、穿戴的迷你裙或紧身胸衣）和文化概念（如可测量的时间、离散的单位、存在主义的哲学概念、微积分、音乐中的奏鸣曲），人们必须发展出一些特定的思考、知觉、学习、感受和自我概念的形式。这些心理现象的形式与内容一定会与它们所建构、维持和完善的宏观文化因素的形式与内容相一致。

让我们来考虑一下正规教育（formal education）的运作所必需的复杂心理。正规教育是一种专门化的教学实践，它剥离了日常生活，在一个孤立校园的乏味的教室中进行。它是由被称作教师的专家所主导，这些专家专门研究和完善有关教学的专业实践。在这样一种特殊的教育环境当中，学生和教师需要制定清晰明确的概念来描述一个间接体验的世界，需要能抽象地进行思考，需要用语言表达抽象概念，需要在乏味的教室中控制注意力，需要抑制情绪和身体运动，需要在教室和学生间有一个非人格的关系，需要记忆一些脱离情境的信息，需要准时满足要求，需要快速独立地完成任务，需要快速地回忆信息。

这便是一套被量身打造用来参与正规教育的心理能力，它并非自然生成，而是由客观的文化产物、社会关系和包含正规教育的文化概念所制定的。

而学徒制学习则需要完全不同的另一套心理能力，它是一种在日常事件中进行的实践式学习。例如，过去的纺织技术便是在自然条件下被教授和学习的，它不存在专门化的教师角色和学生角色，不存在专门化的教学实践，也不存在工作之外需要被准备和实践的专门化的学习技能。学徒和纺织工在一起工作，指令被直接指向情境中的直接对象和模拟行为，在学习过程中也不存在脱离情境的需要被语言表达和记忆的抽象符号的转化（Mitchell，1988，pp. 85－89）。既然意义是情境化于事件当中的，那么就不存在一个作为独立现象的"意义"概念。既然这种教学没有在实践中脱离情境，那么意义在思想中也不是脱离情境的。

正规教育所需要的心理能力不能适应学徒制，相应地，学徒制所需要的心理能力也不能适应正规教育。如果制度和心理能力不能相互适应的话，那么特定宏观文化因素（这些宏观文化因素在任何历史阶段都是为了生存和自我满足）的建构、维持和完善也是不可能的。如果学生不能发展出在一个乏味的教室中安静地、无热情地、独立地专注于一个抽象概念一小时的能力，那么正规教育的制度便无法发挥作用。

类似地，如果集体的采猎社会中的成员视自己为个体的话，那么集体经济就会崩溃；如果资本主义经济中的个体没有发展出一种自主感，不能在需要他们能够推销自我、承担个人责任和接受突然安排的就业市场中成功地竞争的话，那么这个竞争市场便会崩溃；如果教徒进行批判性的思考，并使用逻辑的原则和经验的证据来评估宗教信条的话，那么神学概念和制度便无法吸引人。

心理现象的文化功能可以通过以下这些问题被展现出来："我在学校中需要进行抽象的思考，或是记忆脱离实际情境的抽象概念，这么做的文化功能是什么？当我在一个不同的宏观文化系统（如学徒制）中，我还会发展出这样的心理能力吗？""我和男孩/女孩调情的文化功能是什么？它和我所处国家的婚姻系统有关吗？当我在一个包办婚姻系统中时，我还会调情吗？""认为自己是一个自主个体的文化功能是什么？当我在一个部落社会时，我还会有自我的概念吗？""当一个同学有比我更好的成绩时，我产生嫉妒情绪的文化功能是什么？当我在一个公有社会时，我还会有这样的情绪吗？"

当然，在心理和行为的共性中的确存在着个体差异，但这种差异无法取代它们的共性，这些共性才构成了宏观文化因素。

宏观文化心理学十分独特地认识到心理是一种文化机制。心理是一种文化的机制，因为它使得行动具有文化属性，也就是说它使得活动是有计划的、协调的、沟通的、学习的、有动机的、有意识的并且是可变的。心理是一种文化的机制，也因为心理是一种文化上有组织的"惯习"（habitus），它存在于个体的身心之中，并能根据宏观文化因素的参数来调节行为。因此，心理具有文化基础、终极目的（telos）、形式和功能。心理可以被视为一个"特洛伊木马"，它在个体内部运行并似乎是属于个体的，但它实际上允许文化进入个体并从内部来引导个体的行为（由于是在文化上被组织和产生意识的，心理自然不是一个类似于恒温器的物理机制，而更像是一种社会政策，是一种用来维持社会秩序的机制）。

这是一种"自上而下"而非"自下而上"的文化与心理概念，处于不同文化领域的人会表现出不同的心理。在一个个体主义导向的社会中，我们普遍认为这一现象是由于个体在心理上存在自然差异，然后这些不同的个体再发展和寻找适合他们能力的文化。在这样一种"自下而上"的理论当中，个体心理产生了文化，而非被文化所塑造。这样一种模型的确包含了一些真理，因为个体的确会从事一些在感情上、认知上和动机上适合他们的工作。

然而，这样一个模型很难解释文化。通过前文我们已经了解到，个体心理建构没有历史性特征，它不能解释为何文化在特定的时期会具有特定的形式或生态位（niches），也不能解释为何自由婚姻会存在并能够取代包办婚姻，为何学校（正规教育）会存在并能够取代非正式的学徒制，为何汽车和房产的售卖会取代狩猎采集社会的以物易物和按需分配的方式。文化生态位是历史性独特的，它并非是自然的也非普遍的。因此，我们不能通过一系列基本心理现象的自然分布来解释文化。

我们的人格属性会与汽车售卖、自由婚姻和正式教育的要求相一致，这不能由自然的心理倾向所解释，因为文化领域并非自然的，与其相一致的心理能力也不是自然的。

我们不能说个体数学能力是学校数学能力的基础，因为数学能力在历史上是可变的。微积分涉及算术当中的不同能力，现代的测量方式也与殖民时期的测量方式不同（Linklate，2003）。因此，一个自然的、个体的"做数学"（如果存在的话）能力不能够包含文化可变的特定的数学能力。

智力也是如此。特定的文化活动会要求与之对应的不同的智力，如果存在一个个体的自然普遍智力的话，那么它便不能理解或解决具体文化问题所必需的具体特征和操作。个体心理建构与文化因素间再一次出现了间隙。

类似地，皮亚杰的认知发生序列不能解释几何学的历史发展。几何学经历了几个世纪的研究才发展出了有关物理形态转变的专业概念，这种能力是在数学的文化实践中产生的，其与个体的感知和认知发展无关。

认为认知现象的历史发展与个体的发展间存在关联，这样的想法是虚假且肤浅的，因为它们涉及完全不同的机制。例如，语言的历史发展趋势是由简单的词汇到复杂的语法句式，这似乎就和个体的语言发展相一致，但婴儿的简单语言是由于他大脑皮层生理上的不成熟，以及他在生理上无

17

法合成复杂的符号，而远古成年人的简单语言则是由于文化上的不成熟，而非生理上的不成熟。远古成年人与现代成年人有着相似的神经解剖结构，因而也拥有学习高级语言的能力，但他们缺乏文化基础。历史无法概括个体的发展，而个体的发展也无法概括种系的发展。成年人和婴儿都会哭这一事实并不表明成年人在哭的时候就是孩子气的，当一个成年人在阅读悲剧诗歌时哭泣，他和一个因饥饿而哭泣的婴儿所涉及的机制是不同的——婴儿的是一种心理生理机制，而成年人的则是文化机制。

我们必须从文化层面来解释心理与文化间的匹配关系，而不是从个体心理的层面。我们必须"自上而下"而非"自下而上"地进行解释。我们需要解释为什么正规教育会作为特定的文化活动而存在，这一活动具有哪些具体特性（使其与学徒制的教学不同），以及这些特性是为什么且如何被特定的个体心理所反映的。我们需要从包办婚姻和自由婚姻的社会事实着手，去理解这些社会关系是如何要求并激发出不同形式的婚前性行为与情绪的。

主流心理学过于关注个体，它倒转了个体与文化之间的关系，将个体视作特定心理能力的拥有者，并能依靠这些心理能力做出文化选择。因此，主流心理学假定个体心理是文化的基础，但这实际上是本末倒置，个体的心理能力是文化过程的结果，而非文化的起因，它被个体用来在社会中发挥作用。文化心理学就是要阐明这一过程。

宏观文化心理学是一种新的科学理论，它是对以个体为中心的主流心理学的一次"哥白尼式的革命"。它从宏观文化因素和过程中制定解释性的心理建构，而非从个体的、自然的和普遍的因素中。例如，在语言的学习中，"过去主要关注作为个体生物能力的语言，而如今我们的主题是社会的。研究语言交流不可避免地要去研究社会结构、社会冲突、社会策略和社会智力"（Knight，Stnddert－Kenmedy ＆ Hurtord，2000，p.19）。

宏观文化心理学并不否认个体与生物过程对心理功能的解释力，但仅把它们看作宏观文化过程和因素的附属物。

作为一种科学的理论，宏观文化心理学并不简单地将特定文化变量和心理变量关联起来，这样一种关联并不会比降水与植物生长存在关联要科学多少。宏观文化心理学试图解释这些关联产生的原因，就像生物科学解释为什么植物需要水以及水如何促进植物生长一样。宏观文化心理学阐释了这样一些基础问题：文化与心理之间的内在关联是什么？为什么心理现象容易受到文化组织的影响？为什么心理现象需要文化的刺激和支持？为什么文化会引起心理现象？什么是文化？文化是如何组织心理的？心理在文化中发挥了怎样的作用？文化中的哪些主要因素是心理现象的核心？文化是如何被心理所体现的？以及主观性/主体性/个体责任在文化中扮演了怎样的角色？

宏观文化心理学是关于心理现象的文化起源、特性以及功能的一般理论，它不只是简单地确认一些文化方面的心理学，而是试图理解和解释这些文化方面。历史哲学发展了这样一些理论，它涉及历史是什么、历史变化为何会发生以及历史变化发生的原理。类似地，宏观文化心理学也发展了关于文化心理的这些理论，它是关于文化心理的哲学，同时也是关于文化心理的科学。宏观文化心理学还用一套简约的原则解释了心理现象的范围——知觉、情绪、推理、记忆、学习、动机、人格、精神疾病、发展过程。这是所有科学的目标。

宏观文化心理学从文化和历史的角度来看待心理现象，它用文化的视角来理解心理学，而非用心理学的方法来解释文化。它借鉴了涉及心理问题的人文与社会科学研究，如文化人类学、历史哲学、艺术社会学、情感社会学和历史学派，它们为心理学提供了重要的见解，从而使得心理学能嵌入文化并与文化交流。它们还阐明了心理学的具体文化特性。例如，某项人文社会科学研究便为以下这些文化心理问题提供了解决方案。

在新英格兰地区成为一个男性意味着什么？那儿的英美殖民者对阳刚之气或男性气概有着怎样的理想型？哪些社会、文化和情感信念塑造了这种理想型，尤其是女性是如何影响男性气概被想象的方式的？男性是如何思考和感受自己的身体和性行为的？他们是怎样的丈夫和父亲？

他们的儿子是喜欢并想成为他们，还是暗中怨恨并想要摆脱他们？他们理想的男子气概是如何与新英格兰殖民地的清教徒创始人改造早期现代英国社会和文化的尝试有关的？那些理想型最终是如何变得过时，并被我们更加熟悉的一些概念所替代的？（Lombard，2003，p.2）

宏观文化心理学需要我们熟悉这一类型的研究，它们为文化和心理的基本问题提供了解决方案。在没有理解这些文献之前，人们不能直接就跳进来去研究那些文化变量和心理变量。

宏观文化心理学将主流心理学家认为不是问题的问题问题化。只有当心理现象对于启动和维持宏观因素必要时，我们才必须要解决这样一个问题——宏观文化因素是如何激发并组织我们的心理的？

宏观文化心理学提出的其他问题包括：一个在文化上被组织的头脑如何能够批判社会并设想其他的社会形态？社会改造在心理变化中扮演了怎样的角色，以及心理变化在社会改造中又扮演了怎样的角色？我们如何解释不同个体(并且这些个体还会与不同的家庭、朋友、同事和上级产生互动)所拥有的共同的历史文化心理？心理是如何在特定的历史阶段和文化形态中表现出共同的特征的？

宏观文化心理学重新诠释了主流心理学家所生产的数据和结论。主流心理学家倾向于认为这些数据和结论是普遍的，并且是源于自然过程的，而宏观文化心理学则试图在这些发现中挖掘被其他视角所忽略的心理的文化特征(Ratner，1989，1991，pp.113－146；Cushman，1991；Rothbaum et al.，2000)。宏观文化心理学并非拒绝主流的研究，而是将它们中的大多数研究整合到一种新的概念框架之中。当然，对于那些由错误的理论和程序所产生的不充分的数据，宏观文化心理学是拒绝的。

哥白尼将我们的宇宙观由地心说转向日心说，对我们的宇宙观进行了一次重新配置、重新解释和问题化。就像哥白尼的这种转变一样，宏观文化心理学也要重新配置我们对心灵的看法，它可以通过一次简单的感知训练被阐明。让我们来一起看看图 1.1，记得关注你自身的感知体验。

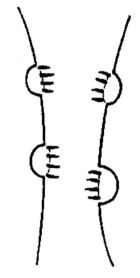

**图 1.1 知觉的认知结构**

现在我告诉你，这幅画其实描绘了一头正在爬树的熊，这头熊是在树的另一端，所以你只能看见它抱着树的爪子。怎样？现在你是不是会感知到一幅和之前不同的图画呢？"正在爬树的熊"这个概念引导你将垂直的线看作某种固态物体（树）的边缘，将短线看作半圆的一部分（现在它们共同构成了熊的爪子），又将半圆与树背后的熊的身体和腿联想起来。于是，在概念启动之前你只能看到一些要素（线条），但在经过概念启动之后，你会看到一幅完全不同的画面。

这便是宏观文化心理学的视角如何发现个体视角所看不见的特性的过程，当你了解到心理现象其实是一种文化现象，并能维持宏观文化因素时，你便会重新组织你关于心理特性的知觉和概念。

当然，由于图 1.1 所表达的信息十分模糊，它能够很容易地被重新组织。而要改变一个人对心理现象的看法则要难得多，因为旧的看法是明确的、既定的并且合法的。因而，要将文化的视角引入心理学，需要我们对个体主义视角进行去合法化（批判），需要我们建构一种文化心理学的新的方法原则，需要我们通过逻辑论证和经验证据对文化心理学进行合法化。

这便是本书所要讨论的内容。

## 五、本体论原则

社会科学中的每一项研究，无论是理论上的还是经验上的，都受到本体论和认识论原则的指导。我们可能会觉得我们的概念、定义、方法、数据和结论直接反映了事物的本质，然而它们只是体现了本体论和方法论原则，对这些原则的反映至少和它们对本质的反映一样多。不同的原则会产生不同的概念、方法、数据和结论。这是由于事物往往十分复杂，会通过各种网络与相隔很远的事物产生联系，同时也包含许多不可感知的属性，因而想要获得一个完整的、真实的对事物本质的理解，我们必须要依赖一些恰当的理论和方法。

明晰本体论和认识论原则是十分重要的，这能够帮助我们阐明概念、定义、方法、数据和结论的意义和边界，使得我们能够改变在工作中采取的基本方法，并让这些方法更加客观地帮助我们理解我们的研究内容。

### 辩证法

文化心理学利用了辩证法的概念，既包含文化的本质（本体论）、心理现象及它们之间相互作用的关系，也包含获得关于这一主题知识的方法（认识论）。

辩证法由黑格尔、马克思、恩格斯、马尔库塞和萨特所系统化，并被众多社会科学的方法所采用（有着不同等级的复杂度）。这些社会科学包括诠释学，现象学，结构主义，批判实在论——如巴斯卡（Bhaskar）和坎贝尔（Campbell），格式塔心理学——包括科特·戈德斯坦（Kurt Goldstein）、库尔特·勒温（Kurt Lewin）和所罗门·阿希（Solomon Asch），机能主义，生态心理学，建构主义和某些系统理论。

在这里，我将简要地介绍一下辩证法本体论的主要原则，这将帮助你更好地理解本书中将会出现的一些应用，而关于辩证法的认识论，我们会在第四章进行讨论。

　　辩证法的核心思想：要素在一个相互依存、相互渗透、内部关联的场域之中是相互关联的。因此，特定要素会具有其他要素的特性或者品质，品质会因相互关联的要素所组成的情境的不同而不同。

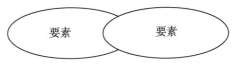

**图 1.2　要素间的辩证关系**

　　如图 1.2 所示，要素可以被描绘成连锁的椭圆，这说明了要素是如何与其他要素交织在一起并相互重叠的(Asch，1952，p.261)。每一个要素之中都包含其他的要素，每一个要素也都赋予了其他要素一些品质，因而每一个要素的特性都是一个混合体，既包含自身的属性也包含其情境的属性。要素是独特的，但它们不是独立的，它们的特性依赖于系统中其他的要素，以及各个要素被组织起来的方式。要素是系统中独特的部分，图1.2 中的每一个要素之中都包含了它的系统，但却也保持了它的独特性。这是一个从特定位置看到的系统。一个要素既非独立于整个系统，也非被系统所吞噬(pp.257－268)。辩证法既反对一种碎片化的原子论，也反对一种神秘的整体主义，在这种整体主义当中每一个要素都失去了它的独特性(例如，一些印度思想放弃了个体精神活动和分析的逻辑，努力成为一种"与宇宙同在")。而一个要素通过它的相互渗透性和与其他要素的内在关系所获得的品质，一种复杂的特定的混合的品质，便是这个要素的具体性(concreteness，德语中的 Bestimmung 或是 Bestimmtheit)。

　　辩证法的本体论直接适用于文化心理学。如果说图 1.2 中的两个要素是文化因素和心理现象的话，那么文化便能够渗透进心理现象的核心，并组织这些心理现象。

　　宏观文化因素并非在心理现象之外机械地影响它们，而是包含着心理现象。宏观文化因素通过建立一个能够塑造和滋养心理现象的结构，赋予心理现象以文化特性。心理现象作为宏观文化因素的一部分，在宏观文化因素中成长。这个过程就像母亲通过基因和成长环境的方式赋予胎儿以自己的特性一样，胎儿的一些重要成分来自母亲，并最终超越了自己的母亲，拥有了属于自己新颖的特性。可以很清晰地看到，母亲通过与胎儿内在的关系——胎儿与母亲待在一起并依赖母亲——塑造了胎儿。

辩证法既尊重各个要素的独特性，也承认它们的相互依赖性和相互渗透性，因而辩证法是十分有效的。心理现象是独特的现象，需要用独特的方式来进行研究，而不能被宏观文化因素简单地推测和解读出来。宏观文化心理学并非社会学，它并不试图抛弃心理现象，将心理现象还原为宏观因素。例如，情绪并非一种社会制度，尽管情绪的确有源于社会制度的形式和内容，但它本身是独特的。

辩证法的本体论还包含了另一个重要的科学议题，即科学家及其所探索的对象的关系问题。如果说图1.2中的要素代表的是科学家和他研究的对象的话，那么科学家在保持自身独特性的同时，也是与其研究对象交织在一起的。一方面，科学家身处于自然和文化世界当中，会被自然和文化世界所影响和渗透；另一方面，科学家也是与其研究对象区分开来的，他并非他的研究对象，而是在找寻并理解他们。科学家必须确保自己的理解能反映研究对象的文化心理，这需要十分艰苦地研究，而非自发的或是直觉的。辩证法在科学哲学中的应用将在结尾被进一步讨论。

## 功能主义

宏观文化心理学强调心理现象的功能是为了建立和维持宏观文化因素。在宏观心理学看来，心理特性依赖于文化因素，并被文化因素所组织。心理现象的文化功能决定了它所表现出来的特性。

这样一类的分析被称作功能主义。功能主义是一种能够支配各种现象的广泛的原则，例如，飞机机翼的功能是帮助飞机起飞、巡航和降落，这样一种功能决定了机翼的大小、形状、材料、与机身连接的位置以及连接强度。只有在了解机翼的功能之后，我们才可以解释其特性。而如果我们不了解一件事物的功能，那么我们便永远不能彻底理解这件事物存在的原因是什么、它在做些什么以及它的属性是什么（Dunbar，1998，p.92；
Barkow et al.，1992，p.10）。

　　类似地，心理现象的文化功能是解开心灵的社会本质的关键所在。功能主义的视角解释了心理与文化之间的内在关系、心理在文化之中所扮演的角色，以及为什么心理有着它所拥有的特性。功能主义让心理科学成为一门解释性的学科。

　　功能主义认为存在着一个静态的系统，所有的要素都在这个系统中运作，其功能是维持整个系统，这是一个很保守的内涵。事实上，像涂尔干和帕森斯(Parsons)的结构功能主义关心的是社会的团结和稳定，但却忽视了社会矛盾和基本的社会改造(Coser，1960)。

　　然而，功能主义并不是必然保守的。如果我们将社会整合仅看成社会趋势中的一种，而非一种必然的趋势，那么便可以克服这种保守主义。除了整合的趋势之外，每一个社会系统也还包含了冲突的趋势，依据功能主义的说法，这些冲突通常在系统中以压抑、边缘化和补选的方式被包含进来。然而，这些社会冲突有时也会被人们所控制以改变社会系统。

　　例如，贫困通常对于资本主义经济是有作用的，它是规范性的资本主义原则的结果，这一原则试图通过降低工资来寻求最低的劳动成本。制造贫困的政策对于提高商业的价值是有作用的，这些政策被商界领袖和政界人士们所欢迎，并导致公司股价的高涨。法律保护这些制造贫困的实践，政治组织反对这些政策的抗议行为。贫困在功能上对于资本主义是重要的，并是其中规范性原则的一部分。然而，贫困也会被那些努力消除贫困的穷人(以及他们的同情者)所憎恨，他们常常组织会被压制的斗争，但有时也能设法获得足够的力量和支持，从而改变维持贫困的政策。他们否认了功能性支持贫困的规范性做法、概念、文化产物和心理现象。

　　功能主义对于理解贫困的持续存在是必要的。贫困并非一种失常，也不是社会领袖能够或者愿意消除的一种状态，相反，它是经济系统中的关键组成部分。然而我们也必须认识到，贫困也可以是一种能被人们控制的社会冲突，它可以成为改变社会的刺激物。为了消除贫困，人们必须理解

*25*

传播贫困的因素网络，然后利用一种功能主义的分析来改造社会。因此，功能主义对于社会改造来说是不可或缺的。

马克思将功能主义的视角融入他的革命社会理论中，他意识到了社会系统各要素间的整合是巨大且不可思议的。在马克思看来，文化概念、法律、家庭关系、艺术和意识都支持了经济系统的运作。社会领袖们十分警觉地维持这个秩序，他们会压制反对它的力量，然而系统中的一些特定部分却会时不时地爆发隐藏在秩序之下的冲突，并最终导致社会革命。马克思向我们展示了功能主义是与革命及革命的社会理论相容的，并且功能主义可以被纳入辩证法的体系。如我们之前所说，辩证法强调系统间各要素的相互渗透性和相互依赖性，这是一种十分强大的功能整合形式。然而，辩证法也强调系统是一个包含矛盾的差异的统一，它最终会导致系统的变化。例如，贫困通常来说是一个强化资本主义的因素，但也可能会促使人们去改变资本主义。将功能主义纳入辩证法的体系达成了社会整合与社会变化之间的平衡（Merton，1968，pp.73-138，其中有对功能主义的精辟的解释以及它与变化的兼容性）。

### 六、宏观文化心理学与其他文化心理学方法的差异

跨文化心理学和文化心理学是研究文化和心理的两种主要的心理学研究方法，而宏观文化心理学和这两种方法都是不同的。这之间的差别在于宏观文化心理学更加强调以下内容：①一种综合性的理论，它将文化看作一种由被明确定义的宏观文化因素组成的自然发生的现象；②一系列相互依赖、相互渗透的宏观因素在一个具体的系统之中辩证的统一，这个具体的系统一方面被各个要素以独特的方式表现出来，另一方面也赋予了每个要素以具体而丰富的内容；③文化因素与心理因素的政治维度，这些政治维度被既得利益者通过正式和非正式的政策进行管理；④作为解释性心理建构的宏观文化因素；⑤宏观文化因素和心理现象的辩证统一，它既保留二者的独特性，也承认二者的相互依赖性；⑥一种解释心理现象的本质、

起源、功能和生物基础的心理学理论；⑦通过改造文化因素来增强心理功能。

跨文化心理学

尽管跨文化心理学看起来和文化心理学很相似，但这两种方法对于文化、心理现象以及它们两者的关系是有着不同的理解的，并且他们的科学哲学基础也是对立的。

跨文化心理学使用主流的理论以及实证的方法研究不同社会群体间的心理现象。但事实上，跨文化心理学家对于文化或者心理是没有理论的，他们对特定的文化内容知之甚少，对文化和心理间关系的分析成效甚微，并且使用着有很大缺陷的方法论，以致他们的很多研究结论是无效的，我将在第四章继续阐述这个问题。并且，跨文化心理学家还通常会忽略具体的文化因素，而是挑出一些边缘的、构思不佳且与大的社会系统无关的抽象文化因素来进行分析。类似地，他们所研究的心理现象也是如此抽象（Ratner & Hui，2003）。

格林菲尔德等人（Greenfield et al.，2003）的研究便是暴露这些问题的一个很好的例子，他们的研究试图阐述文化对心理发展会造成怎样的影响。在这个研究中，以一种当时很典型的方式，作者首先用一些老套的句子来定义文化，他们认为文化主要包含了共享的活动和共享的意义（p. 462）。然后，作者遵循主流的规范，以一种局限的方式对共享的活动进行定义——他们将共享的活动定义为一种社会化实践或是一种被用来进行文化学习的互动过程和符号工具（pp. 463，466）。格林菲尔德等人从未提及以下这些核心的宏观文化因素，例如，社会制度、政治、社会阶级、权力、异化、转换系统、新闻媒体、住房分配、日益加重的收入不平等、职业重组、政府服务的萎缩、教育的恶化、战争、金融与政治的腐败、歧视或是工作条件。很显然，在格林菲尔德等人看来，这些宏观文化因素并不算文化因素，并且它们也不会影响文化的意义和创造者所承认的互动过程。然而，在一个具体的社会中，单独而抽象的文化意义和互动过程是没有根基的，作者也从未解释为什么特定的意义、民族理论或是社会化实践会在特定的地点或时间出现。

格林菲尔德等人的研究还暴露了跨文化心理学的另一个弱点——将文化因素与心理因素视为简单的、同质的概念，并将它们建构为两个独立的、单一的变量。这导致跨文化心理学忽视了文化因素与心理因素的深度和复杂性。对变量的研究使得我们以一种肤浅的观念看待文化和心理（Ratner，1997，第一章），这可以在最著名的跨文化心理学概念——个体主义与集体主义中看出。个体主义文化被定义为人们将自己视为个体并追求自我利益的文化，但这个定义是不完整的，资本主义社会的个体主义还有更多的内涵，它还包括竞争、财产私有制、不稳定、异化、功利主义和享乐主义。而跨文化心理学对个体主义的定义仅是这一整套生活方式的一部分而已，是一个碎片化的单一的因素。聚焦于个体主义的一个碎片化因素会遮蔽它的具体文化特性。

人们认同自己的群体并遵从群体的规范，这一事实仅是集体主义的一个方面而已，集体主义还包括特殊的经济与政治特性。因此，抽象的集体主义仅是文化或心理中的一个很小的组织因素而已（Ratner，1991，第三章）。跨文化心理学家错误地强调了"集体主义"与"个体主义"，并将它们视为文化与心理现象的一个主要特性。他们的说法是经不起检验的。

例如，格林菲尔德等人指出，"相互依赖的路径（即集体主义）似乎是在面对面（face to face）且自给自足的社会中的一种适应性反应"（Ratner & Hui，2003，p. 465）。然而集体主义社会并不是一个面对面的社会，而是一个大型的官僚制中央集权社会。格林菲尔德等人还做了另一个类似的没有依据的关于民族理论和文化的主张："个体主义路径更容易让婴儿获得科学智力（与社会智力相对）。"（p. 472）这与事实情况是相违背的，如中国这一集体主义国家便十分看重科学，并且能在智力量表上获得比美国更高的分数。格林菲尔德等人还宣称，集体主义社会偏爱一种绝对的空间表征，例如，东西南北；而个体主义社会偏爱一种相对的空间表征，如上下左右。然而，这同样也是与事实相违背的，集体主义者常会用上下左右的将文化因素与心理因素强加在一些抽象的分类上，例如个体主义与集体主义、男性化与女性化，这样的企图是会失败的。这样的分类太过碎片化，以致不能代表具体的文化和心理。并且由于这是一种非历史性的理解，因而这些分类是被很牵强地组织起来的。比如，个体主义与集体主义的测量其实只来源于关于人们工作经验的三个模棱两可的问题而已（Ratner & Hui，2003）。

将文化现象与心理现象建构为单一的变量，这导致跨文化心理学家定义了很多过于泛化的概念。纪丽君、彭凯平和尼斯贝特（Ji，Peng，& Nisbett，2000，p.952）认为，"相比于美国人，东亚人具有更加整体的思维（更加关注环境中的关系因素）"。在这样的表述中，东亚被视为一个单一的文化变量，因而东亚成了一个同质性的群体。作者还认为整体性思维是一种可被分离的抽象心理变量，它可以和各种现象产生关联，并且仅仅有着数量而非质量上的差异。在这样的视角下，作者认为没有必要去详述主体所处的具体环境中的具体对象的具体关系类型，而只要了解这一抽象概念就可以了。但事实上，整体性思维仅仅是一种想象而已，没有哪个群体的人会对环境中所有关系因素给予同等关注。就好像宣称白种人比黑种人智力更高一样，纪丽君等人做了一个在科学和政治上都十分客观的宣称（为了解更多有关这类研究的批评，参见本书第四章以及 Ratner & Hui，2003）。

跨文化心理学将传统心理学概念看作宏观文化影响心理或行为的中介变量，它与主流心理学的关系太过紧密，以致无法挑战主流心理学，或是支持宏观文化心理学。例如，作为跨文化心理学的引领者，迈克尔·邦德（Michael Bond，2004）从"任何关于文化与攻击性的交互分析都必须关注这类强制行为的个体决定因素"这一视角出发来分析攻击性。他提出了一个模型，在这个模型中宏观文化因素自然地引起了心理变量，并由此引起其他的心理变量和行为。

邦德认为，在一个简单社会（政治集中、等级社会、固定不迁移）中，父母常会拒绝他们的孩子，这会导致孩子缺乏积极的反馈，从而变得具有攻击性。于是，攻击性的真正根源是一种未被满足的需求，即孩子无法从父母身上获得积极的反馈。

在这里，文化被还原为一些独立的变量（简单社会、父母拒绝），这些文化变量自然地引起了心理变量（未满足的积极反馈、攻击性）的变化，并且每一个变量都是一个单一的、独立的现象。于是，具体的文化内容在这样一种变量化的理解中被消解了，父母拒绝成了一种没有文化特性的变量，成了一个单一的、普遍自然的事物，而与给予它变化和具体特性的社会系统失去了联系。

邦德采取同样的方法来理解有关荣誉的文化规范是如何导致攻击性的，他说荣誉规范导致人们更容易地感到被侵犯并渴望重获荣誉，这些感受和愿望导致人们变得具有攻击性。又一次地，文化现象自然地引起了行为，荣誉规范这一文化现象被当作一种自然的、普遍的变量，并会自然地引起被侵犯感。

然而，这样一种连续的论证却充满了非连续性。荣誉规范并不一定会提高个体对侵犯的敏感性，它同样可以被当作一种道德屏障，从而让人在被侵犯时表现得不暴力。是这个规范中的文化价值决定了个体是否会对侵犯变得敏感，以及个体是如何对侵犯做出反应的。将荣誉规范当作一种单一的独立变量只会消解其中的文化价值。并且，对他人的侵犯更加敏感也不一定会导致暴力，它也可能导致其他类型的行为。例如，它会让人离开这个场景，或是鄙视或者憎恨这个侵犯者，或是为自己抵挡侮辱的能力感到骄傲。暴力并非一个必然性的结果。

类似地，父母对孩子的拒绝也不一定会提高孩子的拒绝感和攻击性，它在不同的文化下会产生不同的结果。孩子对这一行为的不同反应取决于它的文化意义。

最后，邦德的自然主义分析并不能帮助我们找到降低攻击性的方法，这种简单的逻辑序列（社会－荣誉－规范－侵犯－攻击性）并不允许变化与干预的发生，荣誉规范在这种逻辑中所导致的后果是固定的——自然普遍性的代价是不变性。

## 文化心理学

文化心理学试图克服跨文化心理学中内生的许多问题。诸如施韦德尔 30
(Shweder)、罗格夫(Rogoff)、科尔(Cole)、莱文(LeVine)、德安德拉
(D'Andrade)、赫兰德(Holland)、奎恩(Quinn)、鲁茨(Lutz)、罗莎尔多
(M. Rosaldo)、格尔茨(Geertz)、克雷曼(Kleinman)、苏伯(Super)、哈
克尼斯(Harkness)等文化心理学家(Harkness，2002)和其他一些人提出了
一个更加有机的作为系统的文化概念。他们还将文化与心理看作有机整合
并相互依赖的。文化心理学家还研究了一种解释人类心理的文化本质的心
理学理论，而不是像跨文化心理学家一样仅将心理变量与文化变量关联在
一起。

尽管文化心理学提供了许多重要的理论洞见和经验数据，但它没有发
展出一个关于文化的综合性理论，或者说文化与心理相关联的综合性理
论。事实上，自从 19 世纪 90 年代以来文化心理学已经放弃了这一努力。
最近，许多文化心理学家已经放弃了将文化作为一种可以组织心理现象的
有机的系统(Boggs，2004；Shweder，2002，p. 8；参见本书第七章)，而
提出文化是由主观的心理过程组成的。

例如，亚当斯和马库斯(Adams & Markus，2004)坚持认为文化的结
构概念会将文化误解为一种具体的、静态的、刻板的、铁板一块且必不可
少的实体，这便是文化心理学家拒绝文化组织心理的原因。对于他们来
说，这样一种结构性的文化概念等同于将个体浸没在非人格的、铁板一块
的、永恒不变的情境当中。为了克服这样一种错误，并重拾一种动态的、
建构性的主体，这些作者宣称文化世界是"心理的产物：被心理生产、再
生产，并且有时会在日常活动的过程中变化"(p. 338)。他们认为文化实体
应该被文化的流动模型所取代："这样一种关于文化概念的模型将文化置
于一个'微观'层面进行分析"(p. 344)。

这样一种微观的、心理层面的分析旨在揭示"个体是如何通过重要的
心理'自然力量'来无意识地创造、维持、改变这些心理力量所组成的文化

的"(Schaller & Crandall, 2004, p. 4)。在他们看来, 文化的心理基础包括自我意识、对他人意向的理解、神经可塑性、未完成厌恶(need for closure)、死亡恐惧、对越轨行为的拒绝、自我利益、共情、人际交流、记忆力和动态的经验建构(Adams & Markus, 2004, p. 347)。

我会在第七章继续批判主观的文化心理学, 因而现在我只简单地谈一谈。将文化的心理基础置于心理的文化基础之上, 这样一种观点导致文化心理学家忽略或是误解了宏观因素, 将注意力聚焦于建构个人意义的个体/人际过程当中, 并以此来解释和利用文化(Ratner, 1993, Ratner, 1997, pp. 95—96, 101—103, Ratner, 1999, Ratner, 2002)。我之前已经展示了心理建构与文化建构是不相容的, 并且无法解释文化建构。

莫斯科维奇(Moscovici)解释了这种个体主义视角下的文化的谬误所在。

> 社会有其自身的结构, 而不能被个体的特性所定义; 这种结构是由生产与消费的过程、仪式、符号、制度和不能由其他系统的规律所导致的动力所决定的。当根据其他个体的存在或是"数量"来研究"社会"时, 它所探究的便不是社会的基本特征, 而是其中的一个次级系统——个体间关系的次级系统。这种方法产生的心理学是一种"私人"的社会心理学, 在其范围内没有包含大多数真正的集体现象才会有的特性。因而可以说……社会心理学并不真正与作为社会产物的社会行为, 或是社会中的行为有关……
>
> 因此, 坚持认为社会行为是目前我们科学的真正对象是不明确的。(Moscovici, 2001, pp. 109—110)

## 七、方法论

尽管个体主义的文化心理学家错误地建构了文化、主体以及它们之间的关系，但个体的确与文化和心理的建构有关。在不同的文化影响下，人们会有所取舍，并积极地赋予事件以意义，而非消极地接受文化的输入并产生行为输出。

这意味着，人们的文化心理可能会与官方的政策、告示和图像相违背。就如同广告和电影，我们不能因为广告或电影展示了特定的物体、图像和行为，便认为人们会相信它们。相似地，我们不能以官方政策、声明和行为来假定人们的文化心理（心理的具体文化特性），而只能从个体在人际互动、陈述和对此的反思这一类实际的心理现象的特性中进行检验。

因此，一种特殊的方法论（认识论）便是必要的了。它必须能导出心理的完整表达，并能发现嵌于其中的宏观因素。它还必须对在心理现象中表达文化特性的独特方法十分敏感。我们将会看到，定性研究方法是最适合这些目标的。

从某种意义上说，我们的方法论与理论的方向是相反的。宏观心理学理论认为心理源于广泛的宏观文化因素，但我们的方法论却研究反映或折射在心理现象中的文化因素。这套方法论聚焦于心理现象，并试图从心理现象中找出其文化渊源、特性和功能。尽管我们强调心理依赖于宏观文化因素，但我们的方法论却聚焦于心理并承认它的独特性，避免将其还原为一些宏观文化因素。

宏观文化心理学是关于社会议题的心理学研究，它不使用个体心理学的概念来解释文化，而是研究反映在心理现象中的社会议题，并检验这些社会议题的心理成分和后果。

## 八、宏观文化心理学、社会改造和个人成长：整合科学、政治与治疗

宏观文化心理学将心理现象的形式与内容追溯到宏观的文化因素，在这样一种前提下，如果我们想要促进我们的心理功能，就必须进行社会改造。社会改造需要改变有害的宏观因素，因为这些因素会助长偏见、自我中心主义、压力、人格解体、孤独、消极地服从、不安全感、暴力、非理

性、歇斯底里、压抑、民族中心主义、高傲、不尊重、威权主义、分离、认知失调、胆怯、防御和心理机能失调；社会改造还需要发展有益的宏观因素，因为它们能够促进个体心理功能的满足。

在个人层面，个体可以使用文化心理学来理解宏观文化因素是如何对自己产生积极和消极的影响的。通过这些理解，个体可以远离那些有害的宏观因素，而聚集到有益的宏观因素附近——也就是说，个体需要在人道的社会环境中工作和抚养子女，并与具有社区意识的人进行交往。

不同于宏观文化心理学，主流心理学家认为心理变化是个体因素导致的，因而他们采用心理层面的原则来改变个体的心理变化。例如，认知过程被用来改变个体的刻板印象并重塑情境，从而产生不同的情绪；协商与交流技术被用来帮助理解和解决冲突；置换技术被用来消解负面情绪与攻击性；正念冥想被用来缓解压力；自我控制与个人责任感被用来避免成瘾行为和其他一些危险的诱惑；行为矫正法被用来提高学生在学校的表现以及各种社会行为；认知失调的原则被用来改变态度。

心理学家们相信，通过以上所提及的这些努力，我们最终可以通过改变个体心理来改善社会。只要我们帮助足够多的人提高心理能力，并制止那些削弱或是反对社会的行为，那么整个社会都会有所改善。这样一种视角被称作心理主义。

这便是美国心理协会的预防精神疾病特别委员会所采取的方法取向。这一委员会成立于 1998 年，由马丁·塞利格曼（Martin E. P. Seligman）所领导。他在一篇由其所资助的关于预防程序的文献综述中写道："对于年轻人而言，我们要努力以协调的、系统的方式提高他们的社会情绪能力和健康水平，这便是最有利的预防干预措施。"（Weissberg, Kumpfer, & Seligman, 2003, p. 425）之后，这篇综述将重心聚焦于个体的心理能力之上。

　　　　有效的程序设计能够改善儿童的社会、情绪和道德行为，它会使用多种交互式的技能训练方法（例如，角色扮演、模拟训练、实际练习），并为在日常生活中有效利用最近学习的新技能创造条件。年轻人可以通过这一程序学会如何认识和管理自己的情绪，如何欣赏他人的观点，如何建立积极的目标，如何做出良好的决定，以及如何处理人际情境和冲突，他们还可以通过这一程序发展出关于自我、工作、健康和社区服务的负责且尊重的态度和价值。

但当这篇综述提及政策、制度实践和环境支持时，它却仅涉及了人际关系层面，认为儿童应与亲社会的同龄群体和成年人建立积极的人际关系，因为这一群体可以提供教养、清晰的标准、高期待、指导以及鼓励，从而能够培养出儿童发展中最佳的健康行为。可以看到，这里的关注点依旧在如何提高个体的心理能力上。

心理学家对媒体中的暴力的解决方案也被这种关注所主导。美国心理科学协会（American Psychological Society，APS）出版了一本新杂志，名叫《公共利益中的心理科学》（*Psychological Science in The Public Interest*），其中的一个专栏写道，安德森等人（Anderson et al.，2003）在一项干预研究（改变被试所接收的媒体信息）中发现，媒体中的暴力会加剧个体的暴力行为与态度。这项研究还提及了一些个体层面的解决方案，包括控制儿童观看的电视节目，尝试降低儿童对暴力行为的积极认同，以及帮助儿童意识到电视节目并不代表真实生活。这些方案被推荐，因为它们是方便且廉价的。相应地，这项研究却没有提及工业层面的媒体内容的生产，因为这将需要改变商业实践，需要政府对自由市场进行干预，甚至可能需要一个新形式的媒体所有权。

然而，使用个体和心理的技术来改变心理对于社会改造来说成效甚微，因为这些技术有意避开了对社会因素的分析和转换，忽视了商业的、学校的、教会的、医疗的原则、政策、实践和领导。并且即使在个人层面，这些技术的效果也不是很好，因为它们忽视了文化对个体心理的影响，而这导致个体心理有着很大的协商空间。另外，个体的心理技术需要去解决一个一个单独的个体，而改造政策和前提条件却能同时影响一批人。

　　将心理现象与宏观文化因素联系在一起，可以使社会改造与心理学紧密地联系在一起。这将心理维度（及其专业知识）融入了社会改造，也将文化维度融入了心理变化，这种联系提供了有关社会改造的心理原因，丰富了社会改造的内容。

　　宏观文化心理学还利用了公民的现存心理，使他们更愿意接受社会改造，从而有助于社会改造的开展。在一次社会改造中，人们必须要理解改造的程序，并且要感到十分舒适才行。而文化心理学可以阐明当前公民的心理，从而能量身制定合适的社会改造程序。

　　最后，宏观文化心理学还认为心理现象必须改变，以促进文化因素朝着特定的方向改造。为了发展出新类型的宏观文化因素，人们必须发展出相对应的动机、知觉、推理、自我概念和情绪反应。宏观文化心理学确定了一些新的形式，这些形式可以被心理现象采用，从而促进特定的宏观文化因素。例如，如果我们决定发展一个合作的社会制度，那么文化心理学家就必须列举出一些集体主义自我概念所拥有的特性，这些特性能够在合作制度中良好地运转。这便是所有社会变化的先驱者所从事的工作。在整个历史长河中，所有旨在改变社会的运动都试图培养新的心理现象，从而能成功改变宏观文化因素。文化心理学尝试去解决文化与心理的问题，就像先有鸡还是先有蛋的问题一样。

### 九、宏观文化心理学的思想起源

　　宏观文化心理学中的一些原则是由维果茨基和他的同事鲁利亚（Luria）和列昂节夫（Leontiev）所构想的，他们阐述了一个有关人类心理的普遍理论，这一理论强调心理现象会随着文化的发展而发展，这一影响是通过种系（系统发生学）和个体生命历程（个体发生学）而发生的："心理活动的结构——不仅是它具体的内容，还有它基于认知过程的普遍形式——会随着历史的发展过程而改变"（Luria，1976，p.8；Luria，1971）。"科学研究发现，行为在文化发展的过程当中会出现新的机制、新的功能、新的运转以及新的活动方式，这些新的东西在之前的历史阶段是不为人们所知的"，"高级心理功能是人性的历史发展的产物"(Vygotsky，1998，p.34)。

这一理论建立于马克思的历史唯物主义哲学之上，这一哲学的基本观点认为：人类通过被社会组织的生活和文化产物来寻求生存和满足自我，因此，意识被用来建构、维持和改善社会活动和文化产物。马克思和恩格斯在《德意志意识形态》(*The German Ideology*)写道："那些发展着自己的物质生产和物质交往的人们，在改变自己的这个现实的同时也改变着自己的思维和思维的产物。"

维果茨基接受了这样一种哲学，即生产力和社会结构决定着人们的心理构成。即使在这些社会因素由复杂的物质和意识形态因素来调节的现代社会中，"人类历史发展的基本规律也宣告着人类是由他们所生活的社会所创造出来的，社会代表着人类形成自己人格的决定性因素，并且仍然有效"(Vygotsky，1994，p.176，1997，p.341；Stetsenko ＆ Arievitch，2004)。

维果茨基的文化历史心理学方法受到了他的政治信念的启发，因为他是一个坚定的马克思主义者和社会主义者。他确实支持为改善人类的物质和心理生活而进行的彻底改革社会的总体努力，"新的劳动形式将创造新的人类"(Vygotsky，1994，p.183)。在社会主义革命的同时，"不可避免地要发生人格和人本身的改变……随着资本主义秩序的消亡，所有压迫人类的力量……干扰人类自由发展的力量也将消失。随着数百万人从压制中解放出来，人类的个性也将从束缚自身的枷锁中解放出来"(Vygotsky，1994，p.181)。

这些陈述突出表现了维果茨基的政治信念和心理学信念的相互依存性。为了使社会革命能够提升心理功能，心理功能必须是在社会中形成并且可以被改造的。反之亦然，如果心理是在文化上被组织的，那么想要改变心理也要求我们要改变心理的文化基础。因此，文化历史心理学呼唤社会改造。

维果茨基和他的同事们虽然强调了心理现象的历史基础和特性，但他们没有进一步地继续探索。他们从未对实践活动、文化或是文化的主要要素进行定义，从未探索具体的心理现象（如浪漫的爱情和个体的自我）是如何被具体的社会制度、概念和文化产物所导致的，以及心理现象如何体现了特定的历史文化性质。

维果茨基和他的同事们偶尔会提及社会阶层对于组织心理现象的核心地位：较低的社会阶层会阻碍高级心理功能的发展；专制型教学风格并非一种好的学习方式；对形式概念的思考是由正规教育所导致的。然而，这些评论从未有过具体的分析。维果茨基和他的同事们曾在 20 世纪 30 年代早期于乌兹别克斯坦进行了一项跨文化调查，这一调查试图发现未经现代化的农民与现代化的教师之间的心理差异，然而它们没有解释促成这种差异的具体文化因素，仅仅简单地提及了这种差异与正规教育之间的关联。

可以这么说，维果茨基和他的同事们没能成功在具体的历史水平上概念化或是阐明文化与心理之间的关系。他们仅在普遍意义上阐明了社会关系、工具和语言是如何刺激普遍的心理现象的，同时也在养护者与儿童之间的微观社会交往中阐明了这些原则，从而揭开了心理现象的社会成因，这是他们对心理学所做的贡献。

维果茨基的追随者们，也被称作活动理论家们（activity theorists），继续研究人类心理和行动的普遍的、抽象的属性。他们思考需求、动机、目标和行动之间的关系，思考主观与客观如何在活动中达到整合。除了恩格斯托姆（Engstrom）等一些特例之外，活动理论家们普遍都忽略了心理现象的具体社会生活和历史文化特性，他们没有考虑具体的活动，诸如异化的劳动、资本主义社会的正规教育以及在这些行动中运转的主观活动。活动理论家使用对普遍心理议题的洞见来设计实用的教学法，他们通过创立"最近发展区"的概念在教室中刺激学生认知发展，但却很少谈及对具体的教学系统的改造需要（如管理者、教师与学生间的权力关系；教师的工作条件；教师与学生间的社会关联；学生与学校管理者间的关联；学生对待他人的方式）、学校的物理基础设施和周围的文化因素（如商业主义、媒体和工作机会）。

宏观文化心理学试图发展文化历史心理学，这门维果茨基期待但却没能成功发展的学问。

布朗芬布伦纳（Bronfenbrenner）为这一努力做出了很大的贡献，他引入了"宏观系统"这一术语，以强调超越了人际"微观"层面的社会影响（Bronfenbrenner，1979，p.8，1989，pp.228－230；Bronfenbrenner & Ceci，1994；Moen，Elder，& Luscher，1995）。他和同事们研究了一个重要的议题，即心理现象的宏观文化影响与个体主观能动性之间的关系问题。其中的一个论点认为宏观因素可以间接影响未直接参与其中的个体：例如，家庭中的孩子通过他们的父母暴露于工作压力之下，家庭之外的父母工作经历也会影响他们与孩子的关系。因此，在神圣的家庭之中，父母与孩子之间看似是私人的互动其实也带有外部文化因素的烙印。

对宏观文化心理学做出贡献的历史人物包括埃里克·弗洛姆（Erich Fromm）、马克思、恩格斯、马尔库塞（Marcuse）、萨特（Sartre，尤其是他的两卷《辩证理性批判》），诸如米尔斯（C. W. Mills）、狄尔泰（Dilthey）等角色理论家，诸如布罗代尔（Braudel）、阿里埃斯（Aries）、费弗尔（Febvre）、布洛赫（Bloch）、埃利亚斯（Elias）和福柯（Foucault）等关于心态的历史学家，以及包括布尔迪厄（Bourdieu）、帕森斯（Parsons）、涂尔干和拉德克利夫·布朗（Radcliffe Brown）等人类学与社会学中的结构功能主义者。对于他们想法的一个简单介绍可以引入一些会出现在宏观文化心理学中的概念。

狄尔泰认为完全经验的心理学考察必须深入个体的社会关系。在狄尔泰看来，个体并非意义的发起者，而是从其所处的历史社会进程的地位中获取意义。"心灵生活的全部内容仅仅是更广泛的历史和社会精神内容中的一种短暂的特定形式……因此，心理学的目标永远只能是从社会历史现实的活生生的背景中被挑选出来的个体"（Dilthey，1989，pp.81－82；Hodges，1952，pp.171，287；Tuttle，1969，pp.47，49）。为了理解人们的全部心理，心理必须被看作社会历史背景的形式和具体表现。由于心理学科不研究这一背景，它便不能成为完全理解人类心理的工具。"一个适当的心理学必须使用构成普遍人类科学主题的全部事实……因为心理学不包含构成人类科学主题的所有事实……心理学的主题仅是发生于个体之上的一部分而已。"(p. 81)

狄尔泰的观察和马克思和恩格斯的历史唯物主义相呼应，马克思在文章中写道："这种方法并非没有前提……它的前提是人，一种并非幻想的孤立和僵化，而是实际的、在特定条件下可以根据经验感知其发展过程的人。只要我们去描绘这样一种积极的生命过程，那么历史便不再是如经验主义者（他们自身仍是十分抽象的）所说的那样的死事实的集合，或者是如唯心主义者所说的那样的被想象的主体所进行的想象活动。"(p. 38)文化心理学采纳了这样一种方法，并将人类心理描述为在特定条件下的主动生活过程的有机组成部分。

涂尔干和列维·布留尔(Levy Bruhl)认为，事物在社会中形成的"集体表征"如同一个"过滤器"那样运作，它构成了我们的思维、知觉和感觉。集体表征定义了事物的本质，构成了我们区分事物的类别，形成了我们对于事物如何行动的期待，并且指导了我们的行为。集体表征是在社会实践中产生的，因社会实践的不同而不同，并且是人为的，但它是一种超越个体信念和行为的突生的(emergent)集体产物。

社会历史学家说明了心理现象是如何被社会历史所建构的，在这之中尤其有用的是 20 世纪 20 年代的年鉴学派。吕西安·费弗尔(Lucien Febvre)和马克·布洛赫(Marc Bloch)是这一学派的创始人，他们不仅关注观念(ideas)的历史，也关注心灵(mind)的历史——心理能力是如何随着历史而发展的。这些研究心态的社会历史学家认为，心灵的精神装备是由宏观文化因素构成的，如社会制度和语言形式，它们制定了心理功能的参数。布洛赫试图对中世纪心理能力和现代心理能力进行区分，他宣称中世纪的民众缺乏，或者说还没有发展出现代批判性推理的能力。中世纪是被超自然的观念、随意的推测、对命运的接受和不可预测性支配的，这些都排除了严格的分析和批判。只有在世俗的、物质的、计算的、科学的社会中发展时，这些批判性思维能力才会在普通民众中出现。

诺贝特·埃利亚斯(Norbert Elias)得出了类似的结论，心理功能原本是自发的，但资本主义工作规则的发展以一种新形式的纪律和限制强加给心理功能。例如，中世纪的情绪性相比于资本主义的情绪性更加易变；在被驯服之前，身体功能、性对话和活动都是公开的；作为控制自我行为的内部机制的羞耻和"超我"变得越来越普遍；人们对于资本主义社会下的越轨行为更加敏感和苛刻，而在之前这些行为是不引人注意的(Hutton，1981)。

博厄斯(Boas)和他的学生本尼迪克特(Benedict)、米德(Mead)、克罗伯(Kroeber)、赫斯科维茨(Herskovits)、萨丕尔(Sapir)等人类学家强调了特定文化的具体的、特殊的特征，以及特定的文化是如何组织人格、精神疾病以及其他一些心理现象的。

宏观文化心理学是一个科学的、治疗的、政治的项目，我们现在可以开始探索它的细节了，而描述文化心理学理论的首要任务便是定义宏观文化。

# 第二章  宏观文化

## 一、列举并定义宏观文化

宏观文化是广泛而持久的文化因素所组成的系统，它是社会的制度、观念和物质基石。一共有三种类型的宏观文化：①社会制度与政策；②物质基础与文化产物；③组成社会系统基石的文化概念（Ratner，1997，2002；Tomasello，1999，pp. 2，5）。举例来说，第一种类型的宏观文化有政府和公司，第二种类型的宏观文化有学校建筑、高速路、信号灯、广告和教材，第三种类型的宏观文化有宗教教义和关于女性、性别、时间和人格的概念[1]。

一种行为模式、文化产物或是概念能否被称作宏观因素，这取决于它影响的人数以及其产生后果的重要性。如果它能深刻地影响很多人的行为和心理，那么这便是一个宏观文化因素。

人类形成社会制度、文化产物和文化概念的目的是克服个体的身体力量、知识、感官信息和技能的局限。宏观结构将许多人的力量、知识、技能和创造力结合起来，从而形成协调一致的社会行动、物质行动和概念行动。于是，人们成为宏观结构的一员，并成为具有社会结构的个体（Ratner，1991，第一章）。

例如，我们可以思考一下医保系统是如何被建立的。一些个体产生了医保系统的想法，然后他们在这个想法的基础上相互协商、调整并巩固，使之成为一个计划。这一计划需要考虑现存的医疗实践以及设备、医药技术、财务标准等，这些都是广泛的宏观因素（超越了制订计划的个体）。然后，这一计划被金融家、政府医疗部门、城市规划者、建筑承包商、医学协会和工会不断完善——他们都是依据先前被群体讨论和争执而得到的政策和原则行事的。于是，最终的医保系统计划便成为一个超越个体的突生社会产物。

由此产生的医保系统本身便成为一种宏观文化因素，它成为一个由不同的角色或职位构成的庞大系统，以及人们需要去适应的基础结构。它的运转依据各种管控下的原则、目标以及准则，从而能以特定的方式来获取物资、聘请医生、治疗病人、获得足够的收入并分配它们。个体在这一系统中不能随意按照自己的意愿行动，系统也非个体的简单相加。更有意义的一种说法是，社会系统组织了个体的行动，并且要求个体适应社会系统的组织特征。

个体运转着这个系统，但由于他们的行为的目的是维持这一系统，因而他们的行为便处于为了维持这一系统而产生的各种要求的结构之中。正如涂尔干所说，系统的运作要求连续性，而这一要求成为个体行为的一个前提参数。

尽管宏观文化因素是由主观的个体所设想、计划和管理的，主观的个体却也同时被宏观文化因素的结构所限制。主观个体被参与客体化的过程所组织，是他所生产的宏观文化因素的产物，被他所激发的宏观文化因素所激发。任何一个使用或是参与宏观因素的个体都被社会、物理或是概念特性所限制。因此，宏观因素具有一种"要求特性"，它要求人们做出特定的行为，从而使社会生活具有组织性、协调性和连续性。

对独立的主观个体和宏观文化因素进行二元划分是错误的。宏观文化因素并不排斥主观个体，主观个体也并不排斥宏观文化因素。相反，宏观文化因素以主观个体的创造、维持和变化为前提，而主观个体也由宏观文化因素所培育，它们的关系就好像鸡与蛋的关系一样。

*42*

## 二、宏观文化因素不只是个体的简单相加

为了克服个体的限制，宏观文化因素不只是个体的简单相加。为了提供力量与支持，宏观文化因素必须包含多个个体间的协调、分享、相互关心、相互学习、相互适应以及妥协，这些都会表现在一些客观的、稳定的、可预测的制度、文化产物和概念当中，并且需要许多个体去忠实地执行。个体为了获得自身之外的力量、支持与稳定性，便要放弃自己的独立性和独特性。

宏观文化因素是由人所创造、维持和转换的，但社会性的个体也相对应地从社会组织（社会制度）、概念组织（文化概念）和物理组织（文化产物）中获得自身的特性，这给予了个体力量、支持和稳定性（Asch，1952，pp. 170—178）。

涂尔干解释道，社会必然是由个体所组成的，但它并非是有个体性的个体的简单相加，而是个体被组织而形成的一种突生的现象，这一突生现象拥有自身独特的属性和变化规律。

涂尔干通过一些类比说明了这一点。例如，细胞是由氢、碳和氮原子所构成的，然而却拥有与这些原子完全不同的属性。细胞能够生存、生长并死亡，而原子却没有生命，也没有这些细胞所拥有的属性。因此，被组织起来的原子可以产生具有新特征和变化规律的突生现象，生物学不能够被简单还原为化学，生物有机体也不只是原子的简单相加。另一个例子是受精卵的形成过程，受精卵虽然是卵子和精子的结合，但却具有与卵子和精子不同的特性。卵子和精子的结合产生了一个全新的整体，这一整体与它的组成要素间有很大的差别[2]。个体组成社会的过程也类似，尽管社会是由个体组成的，但个体是在某种结构中被组织在一起的，这改变了它们的个体性。

43
我们在第一章中已经讨论过，突生性是辩证法的一个核心原则。如图1.2所描绘的那样，不同的要素相互渗透从而形成一个整体，这种相互渗

透性改变了其中的每一个要素，使得它们具有了其他要素的性质。这导致不同的要素构成了一个复杂的组合式整体，而非它们的简单相加，换句话说，这一组合出来的整体不能被还原为这些要素。尽管依赖于这些部分（要素），但整体大于这些部分之和，它是被组织起来的部分，而非独立于这些部分的玄妙的整体。部分和整体被辩证式地整合到一起，两者都不会被对方抹去，但却会被对方所改变。部分会影响整体，因为部分的变化会导致一个不同的整体（所谓牵一发而动全身），然而整体同样也会影响部分，将部分整合在一个连锁的系统中。为了改变其中的一个部分，我们必须同时改变其他相互渗透的部分，每一个部分并非一个可以进行独立变化的单元。

这种观点已经被物理、化学和生物学中的系统理论所采纳（Sawyer，2004；Bunge，2004），社会互动论同样也展现了这种突生性，不同类型的社会互动需要不同类型的突生结构和属性。二人团体是社会互动中最简单的形式，它所形成的突生性整体属性可以被一个有关两个男孩搬运木头的例子阐明，"这是一个包含两个参与者和共有物体的行动的整体，他们的表现是一个新的产物，和个体独自进行的行为不同，也和他们独自工作的总和不同"（Asch，1952，p.174）。再大的一些社会单元，如团体，便以更加复杂的团队互动形式展现不同的突生属性。而更加庞大的一些社会单元，如宏观文化因素，便包含有最复杂的突生属性，它会通过一些持久的组织属性被展现出来，并且这些属性是由数量巨大的个体所执行的，他们致力于维持这一组织的运作。在越大的社会单元中，个体所拥有的影响力也越小。尽管我们喜欢将个体看作最复杂的一种存在，但社会单元比它还要复杂得多。

通用汽车公司的前副总裁莱特描述了企业文化如何表现出与个体十分不同的属性，"公司对利润和成本控制的强调无视其业务对公众的广泛影响，在公司内，这种强调似乎常能将不同个体的声音、个人道德和责任聚合在一起，从而能够以一个团体来进行一致的商业决策，并且这种商业决策常常是不负责任并存在道德问题的"（Wright，1979，p.6）。考维尔 *44*

(Corvair)型号汽车的生产便是一个很好的例子。

> 即使存在很严重的工程问题，这一型号的汽车依旧被同意生产。这一决策并非由一群不道德的人做出的，他们都是一些有着家庭和孩子的温暖而活生生的个体，他们作为个体是绝不会同意这一决策的——因为这将会让很多购买这款汽车的人失去生命或者受伤。然而，在商业环境下，一切事物都被还原为成本、利润和生产期限的计算，这让这群人做出了这一决策，一个他们作为个体绝不会同意的决策。(Wright，1979，p.6)

一群人的信念系统拥有着这种集体的、突生的、客观的、体制化的特性，而不只是个体态度或话语的简单相加。美国人的生活在 1870 年到 1930 年发生的去宗教化便是一个很好的例子。这远非一种个体思想（或话语）的自发式变化，而是一种有着社会组织性的运动，同时也挑战了当时的权威和体制。

> 美国人公共生活的去宗教化可以被看作一种革命，可以从以下几种方式进行思考。首先，在革命之前存在着已被建立的既有体制，它的制度特权和支配地位在体制外群体中不断激发着不满。然后，作为回应，这些不满的群体发起运动，从而在既定的统治地位上废除已被建立的体制。之后，在一系列促进性的势力和事件的帮助下，这些暴动的激进分子在大多数地方成功推翻了既有体制，并改变了先前占主导地位的制度。最后，在将旧体制转换为新体制的过程中，这种暴动也引发了深刻的文化革命，改变了文化规范以及思想、期望和实践的结构。(Smith，2003，p.2)

45　　去宗教化在教育领域的完成方式说明了这样一个道理，意识形态是有组织的政治斗争的结果。教育领域的去宗教化是由一些具有特定社会和经济利益的部门所领导的，这些部门控制着社会制度，并对它进行系统性的转化。

美国公共教育的去宗教化很大程度是在19世纪80年代到90年代美国全国教育协会(National Education Association，NEA)进行的政治斗争中完成的。从1857年成立到19世纪70年代早期，NEA的领导层通过正式的组织政策，热忱地支持学生应在公共学校里进行虔诚的圣经阅读。而在70年代中期，去宗教化的教育者们，如大学的校长、科学和政治科学教师，在NEA中争取到了领导权并成功颁布了在公共学校中禁止宗教教育的政策。到1900年之前去宗教化的教育便处于支配地位了(Smith，2003，pp.160—173)[3]。

教育的去宗教化是由个体构想的，但它是在个体通过国家组织(宏观文化因素)来传播和加强之后才成为一种流行的意识形态的。这一过程如图2.1所示。

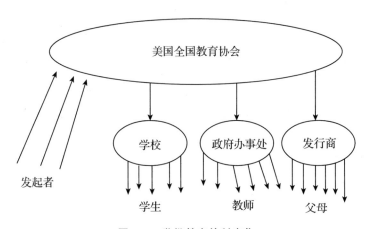

**图2.1 世俗教育的制度化**

创立去宗教化教育系统的个体并非通过与学生、家长和教师间的人际互动来传播观念的，而是通过控制宏观文化因素来执行这些观念，如制度和文化产物(教材、考试材料、课程主题)，并由此影响数量庞大的群体[4]。

整合和指导宏观因素的原则和目的可能不在个体的思想和动机中，尽管它们在宏观因素中发挥了作用。例如，在美国，一个医保系统可能是私人拥有的，其目标是为了使得投资者更加富足。这个指导原则并非建立于雇员目标的总和上，而是管理者自上而下强加的，而在这个系统中工作的员工甚至可能不知道这些目标是什么。

为了进行有效率的工作，实验室的技术人员可能仅知道一些表面的实验室准则，他们可能并不知道那些深层次的目标和原则，如医保系统的商品化和非人格化。技术人员可能意识不到，在他们有效率的行为背后有着一整套文化特性，他们的行为作为团体限制下的产物，目标其实是为了将医保商品化。技术人员可能也意识不到，他们的工作有着隐含着的商品化特征，而这些都会被病人和憎恨者们感受到。集体的目标、原则和影响并不存在于技术人员的意识之中，这一事实意味着他们的意识并非宏观文化因素的基础(Merton，1968，pp. 114—136)。

战争中的士兵面临同样的困境，他们无法理解自身行为的社会动机和效果。士兵拥有保卫自己国家的意图、动机、知觉和情绪，但战争的目标是由军事指挥官和政治家决定的。士兵可能并不知道这些目标是什么，例如，他可能不知道自己的所作所为其实是殖民行为。这些宏观目标潜在地影响着他的行为，引领他摧毁并控制其他国家的基础设施，或是抓捕并拷问无辜的公民以获取信息。这些士兵相信自己的所作所为是在保卫自己的国家免遭入侵，但他们行为的真正原因是指挥官和政客的帝国主义战略。由于士兵意识不到这一点，他们的意识便不可能是这一宏观目标的原因（然而，他们的无意识行为并不足以为他们辩解，或是减少他们所犯下的暴行。认为军人都是履行自己本职工作的好士兵，因而我们应该支持他们，这只会混淆个人的品质与对政治目标的自我理解。这种自我理解会影响军事行动，并且应该是我们进行判断的基础）。

由于个体并不了解心理的宏观文化特性，研究者便需要去解释这些特性。我们需要将实验室技术人员的有效率的行为与商品化联系起来，将士兵的破坏行为与帝国主义联系起来，这便是一个精明的宏观心理学研究者所需要做的，即将嵌套在个体心理中的潜在的宏观文化因素发掘出来。我们不会从个体身上去找寻宏观文化的起源、特性以及功能，而是将这些心理表现作为线索，并用文化心理学的知识来解释和放大它们（为了理解行为的基础和意义，心理学家和主动实施行为的个体必须理解行为的文化组织，而非个人的意义）。

宏观心理因素的社会、物理和概念特性是由社会机体有意识地进行管理和执行的，因为它们对于社会规律性来说至关重要。社会制度的准则是由管理者和政府官员执行的，即使是一些相对不正式的制度（如家庭），也会以多种方式被政府管理。科特（Cott，2000，p. 2）解释，"从美国成立到今天，关于婚姻的重要性以及何为婚姻合适的形式这一问题已经被深深地植入公共政策当中"。"没有哪个现代民族国家可以忽视婚姻的形式问题，因为它会直接影响人口的繁衍以及组成结构"（Cott，2000，p. 5；Desan，2004）。

文化产物的使用是由指导手册、广告（针对产品特定的使用方法）和政府法规（如建筑法规、交通规则和安全规则，它们管理着文化产物特性的生产以及使用方法）所调控的。

文化概念由组织进行监控，可以规定事物的意义，而这些组织在这些意义中有着既得利益。例如，女性群体谨慎地监控女性被描述的方式，从而确保不会出现歧视性的意义。类似地，个人责任感的概念被法律和政策强化，从而让个体保持对自身行为的责任感。

## 三、在大多数社会中，宏观文化因素通常由强大的精英控制和传播

这些精英通常不受民主的控制[5]。人民组成宏观文化因素这一事实并不意味着所有人在宏观文化因素的形成或控制中有着同等的权力，或是所有的人都能从中获得相等的利益。我们必须确定哪些人控制着宏观文化因素并从中受益，这个问题的答案是强大的精英。尽管如此，普通的公民依

旧必须参与到这些宏观文化因素当中，因为并不存在其他的替代品，并且他们也没有足够的力量来改变现有的宏观因素。

如今，大多数经济制度是由富有的资本家所组成的精英群体所掌控，他们的目的是赚取私人的利益。在其中工作的人则无法控制公司的政策、薪资水平或是工作条件。

这样一种精英控制的宏观文化因素被称作霸权（hegemony），并存在于文化概念（意识形态）、文化产物和社会制度之中。例如，在法国大革命之后中央政府将公制（metric system）强加给当地的计量系统。"公制并不是为农民设计的。它放弃了蒲式耳这一单位，转而使用一些完全陌生的数量和名称，其中的大多数都来自一些外来的死亡的语言……这个新单位有一些希腊字母……。"（Porter，1995，p. 26）

许多社会制度、文化产物和文化概念事实上是由强大的精英所执行的，尽管它们看似是由普通民众自发创造的。消费主义（及其带来的产品、诱因、标记、储备和展厅）是在20世纪早期被计划和执行的，其执行者是国家公司、银行、律师事务所、商业学校、书本和杂志出版公司，这些执行者甚至在国家假期中引入了消费主义（Ratner，1997，p. 116；2002，p. 46）。

个体在执行宏观文化因素时会引入一些特定的变化，然而这些变化必须被限制，以维持社会的规律性。不同于社会建构论者和微观社会学家所认为的，宏观文化因素并没有被持续地个体化、再协商或是被忽视。例如，在微观层面主体建构和个体差异是十分常见的，但即使是在这一层面上，也存在着对于什么是合适行为的社会规范。

当代西方社会允许个体拒绝一些具体的文化行为和文化概念，但文化的整体模式却是完整的。例如，人们可以拒绝市场上的某一个具体产品，但却无法改变一整套商品的销售、广告、生产和处置的模式。

宏观文化因素可以被转换，然而这需要我们具备尖锐的批判性思考能力、改变既定视角的转换能力（来自于对系统中可能存在的新形式的宏观因素的关注)和胆大无畏的政治行动，这一政治行动可以直接转换文化制度、文化概念和文化产物的结构、领导和控制。

## 四、宏观文化因素是特定社会所特有的

当代美国关于妇女和儿童的流行观念与清教徒或早期印第安人十分不同，当代美国的教育形式与拉丁美洲孤立的土著居民也十分不同(Kalberg，1994，pp.98—101)。在这里举一个案例，摩梭人的家庭结构并非排外的一夫一妻式的性关系，他们的家庭有着独特的形式。男孩来到女孩的房子下，如果这个女孩喜欢这个男孩的话，那么便会邀请他来共度良宵，第二天其他男孩又会过来，而女孩又再次进行选择。

一个男性和一个女性可以决定成为一对夫妻，但这是不常见的。只要有一方失去了兴趣，那么这段关系便会即刻终止。在很少数的情况下，摩梭人也会建立一夫一妻式的关系(很少能持续下去)。

男性从不会与自己的女朋友住在一起，他们仅在夜晚来拜访(如果没有其他男性占据自己女朋友的话)。相反，女性一生都会与她的兄弟住在一起，她的兄弟便是她子女的代理父亲，孩子们和母系的舅舅们的关系就像其他社会中父子的关系一样。男性对于成为父亲是没有兴趣的，也并不会以此为豪。相反，男性会以自己姐妹的孩子数量而感到骄傲。

不同于核心家庭，摩梭人的家庭由母亲、孩子、奶奶和兄弟们构成。母亲和她的兄弟们提供家庭必需的资源并抚养孩子。这一排外性的家庭单元永久地由血缘亲属构成——母亲和她的孩子以及兄弟。由于女性从不会出嫁或是与另一个来自不同家庭的男性生活在一起，家庭便不会有外人。情人只能成为朋友，而非亲属。这便给恋爱关系赋予了与核心家庭不同的品质。在下一章中我们将会来看看不同类型的家庭结构是如何产生不同的情绪的。

宏观文化因素有着具体的文化内涵，诸如"农业"、"庞大的人口"或是"集体主义"等术语无法把握这一文化内涵。这些术语对于文化来说是没有

意义的，因为人们可以用无数种方式来组织这些术语。人们可以将农业组织成公社或是公司式的农场，将庞大的人口组织成集体的或是独裁的，将集体主义组织成从顺从到利他主义的任何一种形式。因此，宏观文化因素并非同质的"变量"，在不同社会间仅仅存在一些数量上的差异(Ratner & Hui，2003；Rogoff & Angelillo，2002；Smith，2003，p.14)。工作、学校、家庭、住房、社区、汽车和医药都会由于社会分层(包括阶级、民族和性别)而有着巨大的差异。

### 五、宏观文化因素被整合到一个系统之中

宏观文化因素的整体相互交织在一起，共同组成了社会系统。它们不是分离的实体，尽管它们可以在不同特性的基础上进行概念上的区分。文化产物和制度表达出概念并将其客体化；概念和文化产物也表达出制度并将其客体化；概念和制度也表达出文化产物并将其客体化。宏观文化因素之间的这种辩证统一的关系可以在图2.2中看出。

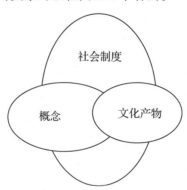

**图2.2 宏观文化因素之间的辩证关系**

斯克拉(Scola，1988，p.6)解释道，资本主义是宏观文化因素的整合系统，"即使严格地将其看作是一种生产方式，资本主义也不仅仅包含经济因素，它还包括财产、阶级关系、价值、思想和法律等意识的交错模式，以及技术、装备、劳动力和资源等'物质'现象"。

宏观文化因素的这种连锁模式意味着其中的任何一个因素都能为其他因素提供洞见。例如，我们可以进行一次关于美式足球如何表达社会制度、文化概念和文化产物的文化诠释（按照狄尔泰的说法）。我们可以将足球看作一种视角（窗户），它可以切入社会中的许多重要方面。在其他一些文化事件中，我们也可以做同样的事情，例如流行音乐、高校体育、服装风格、总统选举、购物商场、牛仔电影、交通系统、教堂设计、赌场、英式花园、英式茶点、电话、快餐店、语法学校的教学方法、地图（Linklater，2002）和家庭里的睡眠安排。福柯解释了诸如精神疾病治疗的社会实践是如何影响社会价值的，这些有关疾病、工作、责任和权力的社会价值会在个体中被体现出来（Mitchell，1988，pp.64—71）。

诸如伟哥、百忧解和利他林等药物反映并阐明了文化实践和文化价值。"如同性的故事一般，有关伟哥的叙述从文化中来再到文化中去。因此这是理解文化上的一个主要来源"（Loe，2004，p.212）。

## 六、在一个社会系统中，一些特定的宏观文化因素比其他因素更有影响力

要素间的相互整合并不意味着它们具有相同的分量，其中一些特定的要素通常会支配其他要素，比如，社会制度相比文化概念和文化产物通常（并非总是如此）会有更大的影响力。史密斯（Smith，2003，p.17）在他关于知识分子历史的评论中明确指出："从社会学的视角来说，为了获得一个强有力的解释，思想和哲学的力量必须被置于关系和制度的情境之中，因为这些关系和制度的情境涉及真正的利益、权力、权威、资源、角色关系、社会冲突，等等。"[6]

在制度当中，经济制度是其他制度的前提，如家庭、教育、政治、法律和不断发展的科学和体育。这一方面是由于经济生产是人类生存的基础，其他的制度和宏观因素必须被用来支持我们生产的模式。另一方面是由于当今的资本主义经济会不断推动自身利润的增加，从而将尽可能多的

社会因素转换为赚取利润的经济型企业。

威廉比较了在17世纪到18世纪的美国,经济状况和偏见性的种族概念对奴隶制度形成的相对影响。他发现奴隶制度其实主要是对劳动力需求的回应,任何可以满足这一需求的群体都被奴役了。事实上,印度人和贫穷的白人先于黑人被奴役。"黑人的种族特征,他的头发、肤色和牙齿……都只是一种合理化,是对以下这一简单的经济事实的辩解,殖民者需要劳动力并且使用了黑人劳动力,因为他们十分廉价并且工作十分出色","奴隶制并非脱胎于种族主义,相反,种族主义是奴隶制的后果"(Williams,1966,pp.20,7)。

斯克拉(Sklar,1988,p.5)解释了经济是如何支配社会的:

> 公司对资本主义财产和市场关系(1890—1916)的重新组织很大程度影响了阶级内和阶级间关系的变化、法律和公共政策、党派政治、国际关系、流行的社会思想模式、教育和慈善、公民协会、政府的结构和角色以及普遍的政府—社会关系,或者也可以说这种"重新组织"整体上与这些要素相关。正如伍德罗·威尔逊(总统)在新世纪的第一个十年末尾所说的那样,"商业世界"已经改变了,"因此社会世界和政治世界也要改变"。他注意到,随着"我们的经济状况逐渐变差","我们生活的组织"也在发生变化,所以如今重大的"经济问题"也同样是"结构和社会运作自身的问题"。"这一时期制定政策的领袖们,包括总统罗斯福、塔夫脱和威尔逊……认为我们必须改革我们的国家法律、制度、思想和习惯,从而规范并促进新兴的企业—资本主义秩序。"

商业的发展促进了有关测量系统的新概念和技术,这是另一个关于经济制度支配其他宏观文化因素的例子。当资本主义在17世纪兴起时,人们需要一种统一的定量测量系统,它要能够被用于各式各样的产品,从而使得它们能够在市场上进行基于相同价值上的交换。

波特(Porter，1995，pp. 21—29)告诉我们，在资本主义兴起之前，各个地区拥有自己独特的测量系统，它既非精准的、标准化的和通用的，也不能与其他邻近的地区进行换算。不同的城镇有它们自己独有的蒲式耳，对货物的价值衡量需要经过协商，而非一个标准化的去人性的过程，并且对于不同货物的衡量存在不同的单位，例如，丝绸与亚麻、牛奶与红酒的单位便不同。这种地区的差异对于普遍的贸易来说是一个很大的障碍，为了发展市场经济并让市场能涵盖不同地区的各种商品，人们需要一种普遍的标准测量系统。"资本主义的拓展是整合并简化测量系统的一个十分重要的动力源泉"(p. 25)。同时，标准测量系统的发展也反过来推动了资本主义贸易的发展(为了获取更多有关测量系统的改变如何促进资本主义社会关系发展的历史信息，参见 Linklater，2003)。

标准化的测量使得人们将土地的形状重组成标准的矩形，从而能够更容易地测量。类似地，人们还将城镇和乡村的基础设施重组成规则的布局和由直线组成的街道网络(这种模块也包含笔直的道路，因为它对于迅捷的运输来说是必要的，从而与快速发展的商业交易联系在一起)。这种规整有序的布局体现了关于文明和美好的文化概念，当一个地方的基础设施由直线组成，并呈现出规整的布局，人们会觉得这个地方十分文明且美好。而不规则的基础设施则有了混乱、肮脏、不文明的含义(Comaroff & Comaroff，1997，p. 127)。

经济实践还塑造了宗教的教条。例如，"在 17 世纪的'第二次宗教改革'中，英国新教依据工业革命所要求的文化结构重塑了自身……福音复兴所塑造的心智习惯和商业世界是类似的"(Comaroff & Comaroff，1997，p. 127)。

有大量的文献阐述了教育是如何服务于经济需求和利益的。例如 20 世纪初：

　　早期基督教大学所教育出的学生无法满足公司体制下的资本主义利益需求。在前一个经济时代，美国的大学专注于训练和培养绅士，这些绅士会接受广泛的古典教育和一致的新教道德知识，他们会进入一些传统的行业，从而成为已有社会秩序的领袖和维护者。但公司体制的资本主义并不需要受过古典教育的绅士，而是需要在管理、金融、法律、广告、工程和其他一些物质科学方面受过技术和专业教育的雇员……传统的希伯来语、希腊语、拉丁语、道德哲学、神学、文学、培根样本收集式的归纳法科学和其他一些类似的专业研究无法为工业公司的物质财富生产和资本积累做出贡献，而由基础和应用科学研究所产生的技术知识则能更好地满足资本主义的利益需求，促进物质生产和经济增长。依据系统的逻辑，公司体制的资本主义不需要聚焦于世界起源的地质学，而是需要能够定位并挖掘矿物和石油的地质学，因为这种地质学才满足了自身的利益。(Smith，2003，p.76)

人们依据商业利益有计划且系统地实施了这一教育转型。商人不仅资助了私立大学，还资助了教授职位、系所、研究课题和养老金。大学董事会的神职人员被银行家和律师所取代(Smith，2003，pp.75，77)。

威尔科克斯(Wilcox，1982)发现学校中的师生交互模式反映了等级式的经济系统。教师依据自己感受到的社会阶级来对待学生，他们建立并强化了有关阶级群体期待的文化概念(意识形态)。结构功能主义的视角(也被称作文化再生产)认为学校必须确保学生为长大后的工作角色做好准备，从而使得经济系统能够维持下去。因此，工作角色的特性能够帮助我们解释一些学生的个体变量，这些变量涉及教育以及心理训练。等级较低的中产阶级学生为成为雇员的角色做好准备，这一角色要求学生听从上司的命令，并不需要太多主动性。而等级较高的中产阶级学生则需要为成为管理者的角色做好准备，这一角色要求学生能够做出决策并有较强的内部责任感：

在美国的文化下，高度的分工化和分层化是工作角色的一个基本特性……学校制度在以下这些功能上的作用是十分关键的：分化学生，将学生划分为不同的等级并对他们进行社会化，从而使得他们能在自己的职位上表现得足够好，或者至少要能接受现在的职位……虽然也存在着变化、创新或是理念教育的可能性，但制度是不会轻易改变的。期望对孩子进行社会化的教育制度强烈脱离它的文化需求，无异于期盼文化会自杀。（Wilcox，1982，p.271）

从结构功能主义的视角来看，人口的受教育程度会与经济部门的劳动需求相一致（至少粗略上是如此）。

斯宾得勒（Spindler）利用结构功能主义的取向解释了家庭互动是如何反映经济、政治和宗教制度的概念与实践的。当一个帕劳（Palauan）母亲突然严厉地拒绝她5岁的孩子阿祖（Azu）时，"阿祖学到的和他母亲所传递的东西立刻就成为儿童训练的一种模式，成为帕劳人世界观的一个维度（帕劳人将世界看作一个众人间不会产生情感瓜葛的场所），成为一种模态化的情感特质（大多数正常的帕劳人不信任他人），一种在许多子系统（经济、政治、宗教等）下的行为模式"（Spindler，1974，p.281）。斯宾得勒认为家庭互动会指导新生儿与社会经济系统中的其他成员的沟通、思考、感受、道德、信念和价值。人际互动使得年轻人想要依据文化系统所要求的方式行动，这将使文化系统能够被维持下去（Spindler，1974；Henry，1963；Ratner，1991，pp.171—178）。

家庭关系依据社会角色和机会的要求，通过建构儿童的语言发展来在他们心中传播社会阶级的观念。父母对儿童语言的社会化过程会因社会阶级的不同而差异巨大，相比中等收入的父母，低收入的父母与儿童交流的频率更低而且语言更加稚嫩。而相反，中产阶级的母亲在与婴儿面对面的交互上会花费两倍于低阶级母亲的时间，并且主要聚焦于眼神交流上而非其他一些相抵触的感官输入。父母语言沟通时间在福利家庭和专业家庭中间存在着四倍的差距。类似地，阶级差异在对话质量（如名词，每句话的修饰语）和父母对孩子言语和非言语行为的言语回应上也有所体现。随着孩子逐渐长大，低收入的父母相比中等收入父母更少和孩子一同参与文字

56

活动，如大声读书或是参观图书馆。在对美国幼儿园儿童进行的一次全国性调查中，收入最低的 1/5 的父母中只有 36％ 每天向他们的孩子朗读，而这一比例在最高收入群体中是 62％。父母的社会阶级越高，他们更不会命令或指示孩子的行为，而是愿意与他们沟通，从而激发和维持与儿童间的交流关系（Evans，2004；Health，1983；Snow，1999，p. 269）。

这种社会化的差异导致了儿童语言能力的差异。所有的婴儿在出生时都有着相同的语言能力（平均每小时发声 150 次），但在 36 个月后在儿童与他们不同语言能力的父母交流的过程中，语言能力便出现了差距。"母亲对孩子的谈话因社会经济地位的不同而有所不同，母亲与孩子的谈话性质解释了儿童词汇发展速度的个体差异"（Hoff，2003，p. 1369）。"除了少数一些例外，父母与儿童的交流次数越多，儿童的词汇量增长便也越快，并且儿童在 3 岁及之后的智商也会越高"。并且"词汇正常和词汇使用与社会经济状况（SES）有着极高的相关（相关系数分别是 0.65 和 0.63）"（Hart & Risley，1995，pp. xx，144）。

不仅仅是词汇的数量导致了儿童认知能力成长的差异，父母与儿童交流的质量也很重要。父母交谈涉及事物的种类，父母是否鼓励孩子去学习语言，父母是否象征性地描述事物，父母是否鼓励孩子以语言来进行回应，这些都是交流质量的一部分。中产阶级父母相比低收入父母拥有更高的交谈质量。2 岁时儿童的这些父母交谈行为与 10 岁时儿童的语言能力有着极高的相关（0.6～0.7 之间）（Hart & Risley，1995，p. 161）。

<sup>57</sup> 尽管个体和家庭因素似乎是语言、智商和其他很多心理现象的基础，但它们事实上只是反映或代表了一些宏观文化因素或是社会经济阶级而已。

家庭自然是受到很多宏观文化因素的影响的，社会阶级只是其中的一方面而已，民族背景则是另一个方面。因此，相比其他一些民族群体，具有犹太血统的工薪阶级的父母更可能将教育纳入儿童的社会化实践中。

经济关系支配着宏观文化因素这一事实意味着，宏观文化因素并不完全由自身的逻辑或内部动力所引领。技术的进步、艺术形式、体育、教育政策、宗教教条和家庭关系都大体上表现或以多种方式支持了经济关系和经济原则。我们实施教育政策，并非因为它在自然意义上是最好的教学方法；我们构筑交通系统，并非因为它在自然意义上是最好的运输人员和货物的方式；我们建设购物商场，并非因为它在自然意义上是最好的销售商品的方式；我们生产食物，并非因为它对于健康是最好且最必要的；我们建设监狱，并非因为它是阻止犯罪最有效的方法；我们将政府服务（例如学校、监狱、军队补给和服务、高速路、公共事业和供水系统）私有化，并非因为它是最好的提升服务质量的方式；我们所采取的制度，也不会将民主带给其他国家的人民。这些宏观文化因素拥有这些特性，是因为它们服务于资本主义的经济关系，并且有助于资产阶级的发展。

社会阶级的冲突使得功能主义大有用武之地。具有功能并不意味着服务于大多数人的利益，或是在技术上是最有效的。相反，功能往往都是服务于上层阶级的，并且常常有害于大多数人的利益。

例如，美国的公共教育已经显著恶化，这种恶化对于大多数公民来说是功能失调（dysfunctional）的。然而，它对于资本主义创造工作机会却是有用的。近年来增长最多的工作机会都是一些低技能低收入的工作，而这为商人带来了最大的利润。因此，教育的恶化与资本主义经济的需求以及资本家的经济利益相一致，它让人们为低收入的工作做好准备，也巩固了上层阶级的统治地位。儿童被迫借助他的家庭来弥补学校中没能提供的技能，而上层阶级的家庭相比下层阶级能够提供更多的资源，从而使得上层阶级的孩子在学校的表现更好，并继续获得由此带来的进一步优势。如今，常春藤精英学校的学生相比几十年前的社会阶层更高，其中很大一部分是劣等的公共教育造成的。如今，社会垂直流动比几十年前更加困难，儿童的社会地位更加依赖自己父母的地位，并最终和父母保持在类似的层级上（Bowles，Gintis，Groves，2005）。

为了揭示这种功能性，我们必须从政治经济的功能来进行分析，它需要强调不平等的权力关系和冲突的社会阶级利益。而一种对教育或是医保的纯粹技术分析则不能达到这一目的，它无法解释技术功能失调的制度和文化产物为何会存在。

## 七、社会系统的组成成分在被整合的同时也是不同的

尽管经济领域支配着其他社会领域，但这并不意味着这种支配力是绝对的，并不意味着我们可以将一切都还原为经济领域。如果真是如此的话，那么其他领域就根本不存在了，它们将仅仅是经济活动的副现象（epiphenomena）而已。事实上，非经济的社会领域也拥有着自身独特的属性，并可以反过来影响经济。如我之前所阐述的，这就是使社会成为一个复杂的统合体的原因。一个统合体必须包含许多被整合到一起的各具特色的部分，一个单一的、整体的部分不能够被称作统合体，因为它不包含不同类型的其他部分。非经济领域是对经济领域必不可少的支持。社会领袖努力确保非经济领域与经济领域相一致，因为他们知道非经济领域也会影响经济，而如果非经济领域偏离太多便会损害经济。

尽管经济社会制度支配着其他文化因素，但其他文化因素依旧保持了一定程度的独立性和特殊性。其他文化因素有着自身独特的历史传统，并依据自身独特的原则运作。在这些文化因素的发展中存在着某种惯性。例如，当官僚制被建立之后，其招募和训练官员的过程便已经被程序化了，行为规范也被体制化了。在这之中，个体并不情愿改变现有的规范，有时候就算想也无力改变，哪怕这是为了回应经济变化所提出的新要求。

宏观文化因素对经济的依赖性差异很大。社会科学被经济所支配，这种支配性仅比意识形态对经济的反映和合法化要好一些而已（这常常表现在社会科学将经济自然化，或是将人们的注意力转向非经济的其他领域）。相反，自然科学则对经济有着很大的自主性，相对论和细菌理论等基础科学概念并不反映资本主义的实践和概念。资本主义需要扩大物质生产，这刺激了人们去理解并掌控自然，但资本主义经济并没有构造这些科学理论。事实上，让自然科学最大化地追求客观自然知识是符合资本主义的利益的，这将产生如何利用自然的最准确的知识。因此，自然科学有着自己

的发展逻辑，尽管制度基金给予了科学经济支持，但它们自身的实践并不依从经济的规律。

原子科学自然是被军方需要一枚原子弹来结束战争的需求所激发的，但原子科学并不包含社会、政治或是军事的原则，而是包含着原子结构的事实。在其他一些技术文化产物上也是如此，依据社会和经济利益，我们发明并生产火车、汽车、飞机，从而更快速地运输产品，我们发明并生产电脑，从而更迅捷地积累并计算信息以及书写。然而，这些社会经济利益并不包含文化产物的技术原则，如电子学、飞行的空气动力学或是内燃机的机械运动原理。

宏观文化因素的相对独立性和其社会系统的整体性同样重要，它们之间的辩证统一关系如图 2.2 所示。

## 八、宏观文化因素整合不同个体间的行为与心理

居住在不同地理位置的不同个体参与到共同的宏观文化因素当中，而这些宏观文化的属性建构了不同个体的行为与心理，使得他们以类似的方式展现出来。共同的行为和心理一般并非是个体间直接的人际互动的产物，而主要是非人格的心理的组织的功能，这一组织是由个体参与到同一个社会、概念或是物理基础设施的活动而导致的，如图 2.3 所示。

图 2.3 展示了四个宏观因素是如何被整合在一起的。经济制度是主导因素，每一个宏观因素都有着一些具体的例子（例如，学校系统有着一些具体的学校，用"x"号表示）。不相关的个体在不同的学校、家庭和住所似乎会有着不同的经历，然而事实上他们经历十分相似，这是因为他们的学校作为学校系统的一部分有着共同的特性，他们的家庭作为家庭制度的一部分有着共同的特性，他们的住所则在房屋建造的实践和原则的影响下有着共同的特性。由于不同的宏观文化因素被整合在经济制度的支配下，个体还表现出了许多共同之处。因此，看起来不同的经历包含着相同的内容。

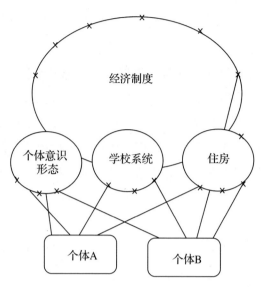

图 2.3　宏观文化因素整合不同个体间的心理

　　个体拥有共同的经历，这不是因为他们有直接的人际关系，而是因为他们参与到了共同的、统一的文化之中，并且这种文化在社会层面被结构性地整合起来(在图 2.3 之中，个体 A 和个体 B 没有直接的联系)。

　　当然，每种宏观文化因素的实例在具有共同性的同时，也具有个体独特性。每个学校在某种程度上都是不同的，每个家庭也是如此，这也解释了为何在共同经历当中也存有特殊的个人经历(Ratner，2002，p. 93)。

## 九、宏观文化因素是社会斗争的产物

　　宏观文化因素是在群体的斗争当中突生的，每个群体都想要客体化地表达他们各自的动机和利益。争夺宏观文化因素的定义权以及控制宏观文化因素的斗争往往是十分残酷的，它涉及意识形态、政治、组织甚至军事斗争。有一个例子可以很好地说明这一点，即线性的、精准的并由离散的可测量的相等单位构成的现代性时间概念。

　　这一概念是在资本主义兴起之时被提倡的，当时重商主义者和工业主义者反对其他一些类型的时间概念，一些由具备不同生活方式和利益的群体所持有的时间概念。

在整个中世纪时期，循环的时间概念和线性的时间概念是存在矛盾的。受天文学和占星术影响的科学家和学者认为时间是循环的，而重商主义和货币经济的兴起则促进了线性时间概念的发展。当权力还集中在土地的拥有权上时，时间被认为是充裕的，并且会与不断循环的土地联系起来。而随着货币的流通，权力重心放到了流动性上。换句话说，人们开始相信"时间就是金钱"，并且一个人必须经济地使用自己的时间，由此时间变得与线性进步的观念联系在一起(Whitrow，1973，p.402)。

## 十、宏观文化因素是具体的实践，而非官方的声明和政策

社会学家区分了正式准则和非正式准则，他们意识到官方的声明和政策往往与"文字之外"的具体实践相冲突。劳动法常常被违反，民主概念或观念之下常常会有腐败，本该使生活变得更便捷的技术反而会伤害人，本该促进儿童智识成长的学校反而会扼制它，本该做作业的学生实际没有做（尽管他们说他们做了），以特定方式展示的广告可能实际不那么吸引人。社会制度、文化产物和文化概念的真实状态是非正式准则——具体的实践、状况和态度。社会科学家必须研究宏观文化因素的真实状态，而非简单地接受一些官方的声明和政策。

为了描述宏观文化因素，我们需要观察人们的行为和言语，并询问他们的具体实践和概念。例如，为了理解"儿童"的文化概念，我们必须观察父母和老师是如何对待儿童，如何与儿童对话，以及如何与其他人谈论儿童的。简单地在电影或电视中观察儿童的形象是不够的，因为那可能无法反映在现实中人们如何对待和思考儿童(Lee，1963)。既然文化是个体生活的产物，那就要到个体实践的生活中去研究文化。

这并不会将文化还原为个体的行为。教师往往不会遵从教师手册所编写的理想教学法，并且他们对自己的职业时常失去幻想，这一事实并不意味着教师可以自由地作为个体选择自己的行为，他们的行为依旧被宏观文

*62*

化因素所组织。这些因素简单地因官方声明的不同而不同，例如，一位不太努力教学并采取专制式教学风格的教师，便是在回应一种特定的教育系统，这一系统由债务、工作条件、物理基础设施、管理部门、利益群体和学生质量构成。

类似地，尽管领头的公司违背了官方的宣传和政策，但在这些公司中普遍存在的金融欺骗行为并非某些腐败的高管的个人选择。这种行为是由松散的监管机构（由企业领导配备人员）、给予腐败行为以奖励的报酬协议（即股东与公司高层管理者之间签订的关于高层管理者权利和义务的协议，compensation agreement）、最低的罚金和普遍的贪婪概念所产生的。

消费者拒绝购买某些产品，这一事实并不意味着消费者在做出自由的购买决定，而仅意味着他们受着其他标准、概念和实践的影响。尽管消费者是在几种不同的宏观文化因素之间进行选择，但他们并非自由的。这种选择行为是被宏观文化因素所影响的。一个人选择买一种产品而非另一种产品是由广告、社会价值、价格和他人建议所影响的。此外，人们往往意识不到这些影响（例如，超市中商品的摆放位置、产生特定效果的灯光、隐晦的广告技术），也无法完全意识到他选择的动机。选择并不必然属于选择者，尽管主观活动是由个体所执行的，答案并非个体的产物，而是由文化所刺激和组织的。尽管人们主动选择自己的伴侣，他们却无法意识到自己的童年经验和父母角色模式会影响自己的选择。人们甚至无法意识到许多可能影响自己伴侣选择的动机、期待和恐惧。主观活动并不必然被执行的个体所理解和控制。

非正式准则是宏观文化因素，因为它们是非官方地隐藏于公众视线之下的，而我们则必须通过细致的观察和质询来确定它们。研究者则必须要亲自去参加董事会议、采访高管及其秘书、审查报酬协议、观察投资银行与客户的行为、阅读邮件、参观学校教室和员工休息室以及私下采访教师等。

第二部分

# 宏观文化心理学的原则

# 第三章　心理现象与宏观文化因素间的辩证统一

　　心理学的一部分也注定要在社会学的影响下自我更新。因为如果社会现象会从外部渗入个体的话，那么个体意识之中便有一整个领域会部分取决于社会原因，这个领域心理学无法忽略，因为如果忽略的话心理学会变得难以理解。（Durkheim，1900/1960，p.375）

　　由于宏观文化因素对于人类的生存和满足十分重要，因而我们的心理现象必须适应于宏观文化因素的构建、维持和完善。如果我们的知觉、情绪、认知、学习和动机风格不以参与关键的宏观文化因素为导向的话，那么这些因素便会无法发挥作用，我们的生存与满足也会因此受到损害（Wang et al.，2004）。心理现象必须与宏观文化因素相一致，由此个体才会拥有用来生成和维持宏观文化因素的内部指导机制。这便是为何鲁利亚（Luria，1971，p.226）会宣称，"认知过程（例如知觉和记忆、抽象化与普遍化、推理与问题解决）并非人类意识独立的不变的'能力'或是'功能'，而是在具体的实践活动中发生的过程，并且是在此活动范围内形成的"。

　　鲁利亚意蕴丰富的陈述抓住了宏观文化心理学的本质，本章便将专门阐述这一理论的具体原则。我将证明一个事实，即心理现象是宏观文化因素的一部分，并且是被它所刺激和构造，表现它的特征，支持它并有助于改变它。

## 一、宏观文化因素是人类发展心理能力的动力

心理现象的系统演化发展（phylogenetic development）是被不断复杂的文化产物、社会组织和文化概念所激发的（Ratner，1989a，1991）。这一事实是通过古人类学家对史前的文化产物和化石进行分析，并对设计这些文化产物的心理功能进行重构而得到的。例如，4 万年前的符号性文化产物表明这一时期人类已经可以进行符号象征性思维了——这一时期被称作旧石器时代早期（Upper Paleolithic），或奥里尼雅克期（Aurignacian）。在当时解剖学意义上的现代人类智人（Homo sapiens）出现了（符号性文化产物的出现是一个拥有两个步骤的过程，首先需要对某事物产生心理表征，然后需要依据这一表征创造出文化产物，即先对客体符号化然后再对符号客体化）。依据这一时期的全球性考古记录，在 6 万到 3 万年前人类似乎跨越了一次认知阈限，在对干旱地区的殖民、技术进步以及象征性艺术等多个方面有所突破（Mithen，1999，p. 153；Lindly & Clark，1990，pp. 250－251）。由于心理符号是语言的工具，我们可以推论在当时真正的语言开始出现。

更加复杂的文化产物出现在 1 万年前的"新石器革命"时期，表明了一种现代形式的心理能力的出现，并伴随着手工品、艺术、工具、动植物驯化、复杂的等级制的定居式的社会制度和复杂的符号编码（如文字和数学）的出现（Dennett，1991，p. 190；Renfrew，1996，2001；Tomasello，1999，pp. 1－4）。

问题在于，为何心理现象会随着宏观文化因素的发展而发展？

部分答案在于推理、记忆、学习、知觉、动机和自我越来越复杂，从而产生了宏观文化因素的建构。然而，这不能从根本上解释心理现象的出现，它使得心理现象好像是仅依赖自己神秘地出现了一般。我们需要更多的答案。

许多古人类学家认为，心理能力是由宏观文化因素刺激和支持的。这样一种反直觉的表述源自达尔文的进化论，这一理论解释了有机体特征是

66

如何由环境压力和支持所引起的。特征能够持续存在是因为它们在特定的环境中发挥了一定功能。如今，文化是生存最高级的支持者，宏观文化因素汇集并扩展了许多个体的力量，使得这些力量是可变的并能够进行快速的改进。宏观文化因素是提高生存质量和满足感的独特方式。因此，宏观文化因素需要一种新颖的运作机制，这便是心理现象。心理现象的特征能够生成并运作宏观文化因素的独有特征。这一有关人类文化（用来生成食物、住房、交通、教育、医疗和交响曲）的集体力量、生产力、灵活性和创造力是惊人的，并且只有在突生的心理现象（意识）的建构、维持和完善下才是可能的。

诸如本能或是反射的自然过程产生了自动的、定型的和简单的行为。这一类行为无法产生、维持和完善社会制度、文化产物（如技术）和文化概念，也不能决定女性会担任接待员，人们会开某类模型化的车去上班，必须按时工作，穿着具有社会风格的衣服，以及用特定的语调和声音与客户和经理讲话等行为。社会制度和其他宏观文化因素需要心理能力来思考、记忆、学习、知觉信息以及对他人意向的理解，"尽管黑猩猩的确创立并维持了一套被广泛定义的社会传统，但这与人类的文化传统所涉及的社会认知和社会学习过程很可能是不同的"；"人类文化传统可以很容易地与黑猩猩的社会传统区分开来……由于人类文化传统能够随着时间不断积累以修正，也就是说，它具有文化的'历史'，而这是由于支持它的文化学习过程十分强大。这些文化学习过程之所以强大，是由于它们是由独特的人类认知适应能力所支持，这些能力让我们将他人理解为有主动性的人……"（Tomasello，2001）。除非产生和维持动物行为的自然过程被心理过程或意识所取代，否则人类文化无法存在（Geertz，1973；Ratner，1991，pp. 31—38，47—52）[7]。

心理现象的适应价值在于，它能够建构提高我们生存质量和满足感的宏观文化因素。这便是心理现象进化的原因。这一过程如下：我们前历史中特定的个体演化出了一种生物变化，从而促进了他初步的心理能力的发展，这便能建构出初步的宏观文化因素。这些文化因素所带来的生存利益导致了构建它的心理能力的传播。从这个意义上讲，宏观文化因素是发展心理能力的动力和支持系统。

这与达尔文用来解释生理特征演变的分析是一致的。达尔文认为，环境是机体特征最终的存在理由（raison d'etre）。特征演变是由于它们在特定环境中发挥了一定功能。依据达尔文的原理，我们需要假定独特的人类心理能力是在独特的文化环境动力下演变的（奇怪的是，进化心理学家声称达尔文的原理会导致一个完全不同的结论——人类心理与动物行为有着相同的生物本质和基础。我们将会在第七章继续检验这一推论）。

人类的心理能力与动物是不同的，因为他们所处的环境是不同的。人类处在一个文化环境当中，心理能力必须有着能在社会制度、文化产物和文化概念中发挥作用并促进发展的品质。文化必需的心理能力包括符号能力、意向性、对他人意向的敏感、与他人协调注意力和行为的能力和控制并改变自身行为的能力。这些都是普遍的能力，我们并没有发展出进行特定行为的能力，比如战争、私有财产、一夫一妻制、宗教、个体主义或是集体主义。相反，我们演化出了许多普遍性的心理能力，从而能够建构我们的文化，因为在文化层面设计普遍行为比在个体层面设计特定行为更加有效率（更有适应性）。行为是由多个个体设计、协调并修订的，这是文化所提供的适应性优势。事先决定的、自动化的、固定的、特定的和局限于个人的行为倾向会排除文化建构的影响。人类是通过宏观文化因素的实现和具体化来演化出普遍心理能力的。具体的人类心理是在具体的社会体制、文化概念和文化产物中被建构出来的。托马塞洛（Tomasello，2001，p.143）恰当地解释了这是如何发生的。不断演化的心理能力"使得一系列新的演化过程成为可能，也就是社会形成并演化的过程，这一过程完成了心理能力改变中的大部分，并且也比生物演化更为迅速"。

语言就是一个很好的例子。语言作为一种心理能力，被认为是建立社会制度时对凝聚力和交流力的需要而产生的（Deacon，1997）。拥有初级语言能力的个体使用语言来设计简单的文化形式，并用它来改善自己的生存条件。而更加高级的社会制度则需要更高级的生存条件，从而给更加高级的语言发展提供了动力。"语言——包括它不同的表征等级——本质上是社会的，并且只能在基本的社会选择压力下才会演变"(Knight et al., 2000，p. 9)。语言是由于交流的需要而产生的(Dunbar，1998，p. 105)。语言的普遍能力是被文化过程实现为和概念化为具体语言的。语言的特定形式依赖于人们所建构的不同类型的社会制度、文化产物和文化概念。[8]如果语言仅有单一的、固定的和自动化的形式，那么它的效果往往会适得其反，因为那将会限制人类的交流能力，并且会干扰为了满足变化的环境而建构不同类型文化因素的过程。内在的、固定的和预先决定的程序或倾向否定了文化给生存和满足所带来的优势。

语言的社会基础在使用语言的先决条件中体现得很明显。使用语言涉及对说话者话语的含义和意义的理解这一社会技能(Dunbar，1998，p. 101)。这一社会技能不只是技术性地对信息的编码和解码，如同在计算机和语音识别中一样。沃登(Worden，1998)坚持认为语言是从一些非语言认知技能中发展出来的，而这些非语言认知技能涉及社会交流和社会智力。斯诺(Snow，1999)、艾弗森和戈尔丁-梅多(Iverson & Goldin－Meadow，2005)指出，对交流功能的需求是学习语义和语法的基础。一个儿童参与交流的程度能够预测未来他的语法能力。

语言的社会维度会通过神经解剖学反映出来。语言的使用会激活与社会技能和理解意义(前额叶皮层)有关的大脑皮层区域，并且比只与语言有关的布洛卡(Broca)区和维尔尼克(Wernicke)区要大得多(Dunbar，1998，p. 103)。

不仅是语言，宏观文化因素还需要并会激活其他一些普遍心理能力。社会互动产生的大量信息需要我们拥有新形式的记忆力，复杂的社会关系所需求的多人互动，需要我们拥有更灵活的注意力，社会关系还需要我们拥有新形式的推理能力和自我控制力，以促进与他人联合进行计划、协商和改革(在团队行动中不能意气用事，不能只顾自己)。文化需要我们拥有能够进行学习的心理能力，从而能让文化不断地被传递下去(Ratner，1991，第1章)。

在反思了宏观文化因素对人类心理能力的激发能力之后，亚历山大（Alexander，1989，p. 457）总结道："人类心理主要是被设计用来解决社会问题的，而非物理或数学谜题……这一假设否认了这一观点，即人类之所以进化出复杂的智能是因为它能使早期人类远离饥荒、猛兽、气候、天气或者这些挑战的组合。"[9]

宏观文化因素拥有能够引起心理现象的属性，我们可以在家养宠物中初步观察到这一现象。宠物处于一个有人类影响的社会世界当中，在这个世界里人类会和它们说话，会指示物体，会依据一定的规则和可预测的基础将事物联系在一起，并安排事物的顺序和行为方式（如规律性的喂食时间）。这些社会和工具行为刺激了宠物原初的心理现象的产生，它们发展出了学习的能力、控制行为的能力和理解人类意向和意义的能力。野生动物并没有发展出这些心理能力，因为它们缺乏文化刺激和结构。

野生黑猩猩没有展现出任何语言能力，并只能使用受限制的一批工具。然而，当在一个人造文化环境中被抚养长大之后，黑猩猩的这些能力却有了极大的提升。它们可以制造石头工具并能有目的地使用它们，它们可以理解英语句子，它们可以利用视觉信号来与其他受过文化熏陶的猩猩交流和协调自己的行为。"总而言之，小猩猩在经历了这样一种文化培养之后，它们便不会和其他同类猩猩一样地行为、思考和交流了。它们会完成野生黑猩猩从未完成的成就，在基因没有改变的前提下"（Donald，1998，p. 8）。

"相比其他灵长类动物，黑猩猩在基因上更加接近人类，但它的认知能力却更接近非人的其他灵长类动物。这意味着我们不仅需要个体基因的改变来改变人类的认知能力"（Donald，1998，p. 13；Engels，1964，p. 175）。换句话说，黑猩猩与人类基因上的相似并未产生相似的认知能力，两者之间巨大的鸿沟是由于人类拥有文化，而文化能够激发并组织心理能力。这 2% 的基因差异在认知能力上也十分关键，因为再多的文化适应也无法让猩猩完全达到人类的水平。

同样，维果茨基也解释了文化参与如何刺激并建构了儿童心理能力的发展。婴儿会本能并自动地对外界刺激做出反应，然而社会互动、交流和与其他物体工具性的行为却会导致婴儿发展出使用外界刺激的新能力。儿童利用文化因素来调节他们的反应，并发展出对注意力、动机、记忆、思考和行为的控制能力（Vygotsky，1978，pp. 24 - 57；Van der Veer & Valsiner，1991，pp. 234-239）。"不论是与父母交往还是与其他儿童交往，儿童不仅展示出了相比独自一人时更高级的认知组织，而且能够在互动之后自行产生更高级的形式"（Doise & Mugny，1984，p. 27）。

语言学习引导儿童重新组织自己的认知能力。当儿童将语言符号内化之时，他意识到符号是对人类视角的客体化，而不仅仅代表对情境的直觉和行为能力（Tomasello，2001）。文化参与促进了心理的发展，这比在个体层面使用心理技术要高效得多。

在一些文章里，皮亚杰清楚地观察到社会关系是如何激发心理现象的。尽管他提及的是普遍的社会互动而非宏观文化因素，他的概念却能被直接运用到后者上。

> 合作是三种类型的个体思想转变的源泉，所有这些转变都给予了个体参与智识活动的更好的理性能力。首先，合作产生了反思性和自我意识……其次，合作使得客体和主体得以分离，因而是客体性的源头……最后，合作促进了自主原则或纯粹互惠性的产生，而这些是逻辑思考以及关键和符号系统的重要组成部分。
>
> 社会互动是逻辑发展的必要条件。因此，我们认为社会互动转变了个体的本质，使得个体从自闭的状态转为主体间人格中的一员。我们将合作看作创造新的现实的过程，而不仅是充分发展的个体间的交流。（Doise & Mugny，1984，p. 19）

*71*

杜斯和马格尼(Doise & Mugny，1984)整合了皮亚杰的观点和维果茨基的更加详尽的有关心理发展的社会概念。他们通过大量的实验得出结论，在社会互动中学会与他人的行为协调一致包含了对一些特殊认知能力的掌握，而这些认知能力在之后可以被自主复制(Doise & Mugny，1984，p.23)。杜斯和马格尼强调，社会互动包含了认知，因而认知也具有社会基础和特征。他们创造了"社会认知"(sociocognitive)这一短语来表达这样一种有机的结合(Doise & Mugny，1984，p.159)。例如，社会认知冲突会刺激认知的成长。

> "前运算思维"(preoperational thought)的一个特征是对不同观点的忽视……或者称为自我中心主义……在与他人有着冲突关系时，一个冲突会被创造以使得这一差别显性化。换种说法，社会认知冲突是不平衡(disequilibrium)的根源。这种不平衡既是社会的也是认知的，不平衡使得我们无法将自身的回应和他人的回应整合为一个整体……不平衡不只是认知上的分歧，也涉及个体间的关系，从而产生了社会问题。没有社会问题的话，儿童也不可能感受到认知冲突……(Doise & Mugny，1984，pp.159—160)。

前面的例子表明，宏观文化因素激发了人类的普遍心理能力。宏观文化因素是心理现象的终极目的和存在的理由。同时宏观文化因素也是意识的操作系统，我们接下来将会阐述这一观点。

## 二、宏观文化因素是心灵的"操作系统"

宏观文化因素是心理的构成机制和手段，它们构成了心理现象的"操作系统"。将文化因素和电脑操作系统进行类比是很有启发的，尽管它们之间存在着明显的不同。

72　　文化符号(或称文化产物)被植入脑中，就好像电脑软件被植入硬件中一样。文化符号以特殊的运作方式实现了大脑的物理能力，而这种物理能力是大脑自身的脑神经系统无法给予的。这就好像操作系统使得电脑得以运作，而电脑本身的硬件能力和机制却无法提供这一切。没有了文化符号的运作系统，大脑便不会把桌子看作桌子，也不会编码和搜索我们记忆中的信息。

格尔茨（Geertz，1973，pp.216-217）解释了为什么意识的形式和内容并不源于内生的文化模块，而是源于外在的。他认为符号"是外在的信息来源，可以被用来构建人类的生活，是被用来感知、理解、判断和操纵世界的个体外的（extrapersonal）机制……这种符号模块之所以存在是因为人类行为本质上具有可塑性。人类行为并非严格地，而仅是宽泛地被基因程序或模式这些内生数据源头所控制……人类行为一定是在很大程度上被外在信息所控制的"。

计算机的操作系统在功能上自主（functionally autonomous）于硬件，正如意识的操作与生产也在功能上（并非物理上）独立于大脑。不管是对于人类还是计算机来说，硬件都是操作系统的必要基础，但硬件不能决定操作系统或是输出的具体特性（大脑和硬件最多能影响加工信息的数量，以及加工的速度）。心理现象的形式和内容不能被大脑机制所决定。

操作系统和意识的最后一个相似点在于，"意识植入的成功与否取决于大脑无数微观元件的可塑性，这意味着尽管我们了解很多大脑解剖学的知识，我们依旧无法在功能上理解意识的重要特性"（Dennett，1991，p.219）。

虽然将文化意识与操作系统进行类比具有启发性的价值，但它们之间还存在显著不同。意识并非机械的、惰性的程序，而是活生生的、意志的、创造的且在不断改变的。除此之外，意识还能够反过来建构大脑，而操作系统却不能反过来建构硬件。意识投入于某种特定活动（如感知某种特定的形式，思考某种特定的话题）越多，大脑的改变也会越多以促进这种活动的进行。众所周知，经验会影响神经元和突触的数量，这意味着大脑的容量会被个体的社会和物理经验所改变。

**来自人类认知的证据**：维果茨基认为，思考以及相关联的心理功能依赖于语言符号（一种宏观文化因素）。我们在语言中，并且通过语言来进行思考。符号是认知以及相关联的心理功能的组成部分，词语会建构与再建构我们的思维，而非简单地表达思维。维果茨基意识到思考和语言并非独立的，而是内在地（辩证地）关联在一起。

维果茨基强调，心理现象是一种以思维和符号为依据的意识，人类的知觉是智识化了的知觉。这意味着知觉是思维的一部分，被思维所过滤和组织，而思维本身则是一种符号。思维和符号是知觉的组成部分（操作系统），它们使得知觉充满了被阐释的意义。失去了思维，知觉便不再涉及观察者的阐释，变得不再有意义，也不再是心灵的或是心理的了。在这种情况下，知觉仅仅就是被动地接收到的印象。

人类记忆同样也依赖于符号概念，正是符号概念构成了记忆的痕迹，使符号被"储存"和"提取"。因此，符号是记忆的组成部分，是记忆的必要条件。自我同样也是"自我概念"，是一种关于自我的符号概念。情绪也是关于观点或概念的意识，我们知道自己是悲伤的，对于塑造我们感受的悲伤具有概念。总而言之，我们对于情绪有着一个概念，它并非单纯的感受。

心理现象是符号的、心灵的和意识的，这一事实意味着我们知道我们正在进行感知、感受、思考等活动。不同于动物单纯的感知、感受而无法意识到它们的所作所为，人类可以反思并控制自己的心理现象，可以通过理性思考的过程决定不生气。如果心理现象本质上不是心灵的、意识的、符号的和思考的话，那么这便是不可能的。

海伦·凯勒（Helen Keller）说明了心理现象是如何依赖于语言的。在19个月时夺走她视力和听力的神秘疾病同样也夺去了她的语言学习能力。她的认知（以及所有心理）过程无法发展，直到她在几年后学会了语言。通过这一缓慢的折磨的学习语言的过程，语言与思维的关联可见一斑。

学习语言符号是精神世界（一个可以思考的心灵）的开始。这一心灵可以表征事物，可以概念化事物，可以在精神上与事物做游戏，可以想象事物，可以重构事物，可以理解事物并且可以思考事物。凯勒很清楚地表达了这一观点："在那一天之前，我的心灵都好像是一个黑屋，等待着词语的进入以照亮那盏灯，而那盏灯便是思考。"（Shattuck，2004，p. 21）精神活动的参与使得她产生了一种从未有过的自我感和主动感："在我的老师到来之前，我不知道我是谁，我活在一个不能称之为世界的世界当中……我没有意志也没有智识。"（同上，p.23）语言符号不仅组成了思考的工具和思维的特殊意义，它还启发了人们对精神领域的构建，从而使得个体可以积极地创造并居住于自己的精神世界中。

唐纳德（Donald，2000，p.24）解释说"词汇、使用规则、自动化成分组成的子技能（例如，对字母和符号进行编码、词汇的检索和字母的形成）和一些记忆管理和算法组成了一套详尽的复合体，如果没有成千上万的发展中的孩子被植入了这样一套复合体的话，那么人们便不会具有符号化的阅读能力"。其他一些概念和人造系统，例如数学、奏鸣曲的形式、表征的艺术形式、科学和哲学概念也以同样的方式成为"操作系统"。它们不仅是思维在操纵的客体，而且是思维的组成部分，和思维互为因果相互影响。


**情绪：**情绪依赖于能够定义并阐释情境的文化概念（Ratner，1989a，1991，pp.76－83）。当你发现邻居在将钉子插入娃娃中时，你的情绪感受取决于你用来阐释这一行为的文化概念。如果你认为这是一种巫术——插钉子到娃娃里的背后是伤害你的恶意，那么你便会体验到害怕的情绪。而如果没有这样的文化概念，你便会对邻居的行为感到好笑或是好奇。类似地，一夫一妻制的文化信念会导致你对婚外情感到嫉妒，而自由恋爱的信念则会导致你对婚外情感到愉悦。对上帝的信念会导致你崇拜和敬畏上帝，而无神论者则不会体会到这些宗教情绪。

对不幸（抑郁的另一个组成要素）的忧虑也取决于文化概念。忧虑源于不断思考已经发生或者可能发生的负性体验，而秘鲁亚马孙河的马基更加人（Machiguenga Indians）则无须担心这一问题，因为他们从不思考让人害怕的经验（Johnson，Johnson，Baksh，1986）。他们会因为一些短暂的事件而感到害怕（如暴风雨，被蛇咬或是所爱之人即将离去），但他们从不会去预测恐怖的体验或是为过去的问题感到烦恼。活在当下减轻了焦虑。

美国的童年概念导致母亲对孩子产生了一些独特的情感。美国母亲往往认为自己孩子在1～2岁时便有故意进行不良行为的能力，也就是说他们能够明白击打、抓头发或是毁坏财物会伤害他人，但他们还是这么做了。因此，不良行为会导致母亲对孩子的愤怒，因为母亲认为孩子是故意的。相反，玛雅人母亲则不会认为1～2岁的孩子具有自主的意愿和责任，因而也不会惩罚他们的不良行为（Mosier & rogoff，2003，p. 1954）。由于同样的原因，土耳其的儿童虐待率很低（Olson，1981）。南美人相比北美人更加容易愤怒，因为他们有关于荣誉的文化概念，这导致他们比起北美人更加容易受到冒犯（Nisbett & Cohen，1996）。

要感到躁狂，必须要有一个关于躁狂的概念。一个普遍的兴奋不能被称作躁狂，只有在经过文化概念的中介之后才行，文化概念定义了躁狂的概念并且引导产生了预期的感受和行为，就好像概念建构我们的颜色知觉一样。当人们接受了关于躁狂的医学模型之后，他便会把自己的体验解释为生理异常，而非反映自我的个体缺陷（Schmitz et al.，2003）。一个关于躁狂的不同的概念，如它是一种罪恶的产物，则会导致我们将躁狂体验为愧疚的并且让人恐惧的个人缺陷[10]。

**记忆**：类似地，作为语言的宏观文化系统也包含了记忆"操作系统"。符号概念使得意识能够以符号编码事件，可以将大量的信息储存于记忆之中（例如，我们可以回忆起数百人的名字，可以记忆《圣经》和莎士比亚戏剧），可以通过"自动线索"回忆事件，可以检索各种类别的事件（例如，我们可以通过女人、高的人、好的人、外国人等类别来进行回忆），可以可视化过去发生的事件。

动物的自然记忆无法做到这一点。动物可以意识到目前的情境在以前发生过，因为目前的情境和过去的情境有物理上的相似性。然而，动物没有能力有意识地回忆不是当下发生的事件，只有人类拥有以符号编码来存储信息的外显记忆能力（Donald，1998，p. 15）。因此，人类记忆与动物记忆不能进行类比，它们是依据不同的机制来运作的，并且也有着不同的源头。

　　有关记忆训练的研究认为，个体可以通过采用并练习一些记忆策略来记住大量信息。这些策略以具有独特关联的方式来编码信息，从而使得练习者能够回忆起一些数字和字母。例如，一个名叫拉凡（Rafan）的印度学生可以在短时间内记忆 75 个数字和 20 个字母，他是先将这些数字和字母归为小类，然后再根据自己发明的模式来关联这些小类。

　　　　我们对于拉凡记忆的研究与这种扩展注意训练的突生效应有关。最近一项采用了脑成像技术的研究认为，出色的记忆主要反映了一种习得的技能，出色记忆的大脑和控制组的大脑并没有显著的不同。更有趣的是，马奎尔等人（Maguire et al.）发现出色记忆的表现期间大脑活动的不同可以被他们所采取的独特策略和编码方式所解释。（Ericsson et al.，2004，p. 235）

　　因此，出色的记忆依赖于记忆策略，而非被增强的回忆信息的自然能力。记忆策略常常来自有关特定主题的文化背景。例如，"国际象棋大师仅需要 5 秒钟的时间，便能够精准地记住一场实时比赛的 25 个棋子的位置。一个名为 SF 的大学生利用他在田径领域的丰富知识精准地记忆了一串快速呈现的字符……丰富的专业知识通过提供组织化的检索策略来增强我们的记忆能力"（Van Overschelde et al.，2005，p. 358）。

　　在本体论层面，个体只有在学习了语言符号后才能发展出记忆。我们在童年时经历的事情无法被回忆起来，因为这些记忆没有经过符号化的编码和储存。前语言阶段的记忆和动物是类似的，那使我们只能辨认一些过去经历的熟悉场景。这与成人记忆中的外显知识是不同的。

　　菲伍什和纳尔逊（Fivush & Nelson，2004，pp. 574—575）指出语言在记忆中的中心地位。

　　　　语言不仅是表达记忆的方式，也有助于为个人经历提供组织性结构……对话可以促进儿童的发展能力，使得他们形成组织化的经历表征……当一个孩子和成人共同经历某个事件时，成人可以提供语言性的"支架"(scaffold)，这能够帮助儿童集中注意力并将事件组织为一个连贯的整体。一些研究表明，与没有被成人提供"支架"的儿童相比，被提供了"支架"的儿童能更好地回忆事件，即使他们对这一事件有着同等的兴趣。

谈论过去不仅需要儿童回忆已经发生的事情的细节，还需要通过父母的指导性对话来学会自传体记忆的规范叙事结构。如果父母能够给孩子提供更多定向信息，将过去的事件按时间地点设置好，有更多的评价性信息，并且更加强调事件的情感和个人意义，那么他们的孩子在学龄期结束前便能够叙述更加连贯的和具评价性的过去经历。

**知觉**：文化概念还给人类的感知带来了不同于动物的独特的品质(Ratner，1989b)。人类的感知将物体视作可以识别的事物。我们看到了"树""房子""桌子"这些事物的类别，这是因为我们在感知事物的时候会对其进行归类，概念上的类别化对于知觉来说是必要的。我们会把冬天掉了叶子的树和夏天长着叶子的树同样看作"树"，这是因为我们通过树的概念知道它有时是没有叶子的。这个关键性的知识使得我们能够将树看作树，而不管其是否有叶子。维果茨基将这称作"理智化知觉"(intellectualized perception)(Ratner，2004b)。

动物不会将可识别的对象视作类别，它们对于所见物体的特定感官特性(大小、颜色、气味)是十分敏感的，并且它们对于具有类似感官特性的物体也会做出类似的反应。然而，它们不会将一个物体看作"桌子"或是"石头"，因为它们没有类别的概念。人类则不同，他们不会简单地感知事物的感官特性，而是通过语言来感知石头和桌子。通常来说，我们只会将那些对于动物十分敏感的特性看作类别化事物的某一属性而已(Lowe，1998，pp.91—92；Hanson，1965)。

所有这些例子都说明，宏观文化因素是由心理现象的"操作系统"组成的，宏观文化系统是心理现象的运作机制。

## 三、心理现象是宏观因素的一部分

心理现象被有机地与宏观文化因素结合在一起，相互依存。一方面，心理现象是宏观文化因素的机制，心理现象（情绪、知觉、自我概念、推理、记忆、动机和学习）建构了社会制度、文化概念和文化产物，宏观文化因素也需要心理现象的支持。另一方面，心理现象也依赖于宏观因素来使自身被刺激和建构为具体的功能。心理随着人们形成并利用宏观文化因素的过程而产生，它的特性来自宏观文化因素，并且与宏观文化因素相一致（Ratner，2002，p.59）。

心理现象和宏观文化因素的有机结合在图 3.1 中可以看到。

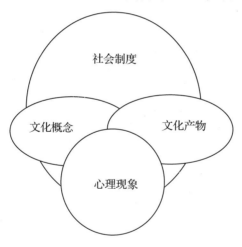

**图 3.1　社会制度、文化产物、文化概念和心理现象间的辩证关系**

到目前为止，我们已经讨论了宏观文化因素的普遍特性与心理现象之间的关系，检验了社会互动、符号和文化产物如何被需要并影响语言、记忆和知觉。这种普遍层次只是抽象化了的现实。事实上，宏观文化因素的普遍特性和心理现象是有着具体的形式的，社会互动只会以具体的特性而存在。我们可以抽象地指出一些所有社会互动都具有的关键特性，但这样一种抽象是不能独立存在的。类似地，记忆、知觉、学习、自我、动机都只能以具体的形式和内容存在。当我们认为社会互动能够促进记忆时，我们只是抽象出了一些特定类别的社会互动，它们也仅能抽出一些特定类别的记忆。我们忽视了它们的具体特性而仅仅专注于普遍性。尽管这些普遍性是真实的，但它们无法独自存在，而是以具体的形式——胡塞尔（Husserl，1970）所说的生活世界（德语，Lebenswelt）——而存在。胡塞尔强调，生活世界是抽象的基础，人们构建了具体生活形式的生活世界，它包含一些可以被理智抽象出来的共性。但是我们必须牢记，具体才是抽象的基础。

　　本书接下来的部分将会解释宏观文化因素的具体形式和心理现象间的关系。我们首先通过一些例子来说明心理现象是如何有机成为具体的宏观文化因素的一部分的，然后将这一有机的整体再分割开以更加细致地对其组成成分进行分析。

　　**自我概念/人格：**布洛克认为，16 世纪到 17 世纪英格兰发生的经济变化带来了很多活动，并且这些活动更加依赖个人的判断力、主动性和责任感。商人需要自己做出商业决定，并最大化自身的利润。他们不再遵循传统的社区式的商业惯例，去和社区内的人员协商并共同为社区谋取利益。因此，个人主义的自我融入了经济变化之中。

　　　　现代的个人主义文化主要是在英国出现的，这是一个导致了英国大革命的时代。它始于 16 世纪 60 年代清教徒反对派的兴起……清教徒的组成成分是英国经济发生深刻变化的产物。在那个时代，农业所有权的私有化以及国家市场的出现刺激了广泛传播的商业化，并鼓励了专业化生产、技术的进步和所有权的合并。在这一新的市场经济中，个人主动性、商业敏锐性和成败的责任的作用越发显著，并产生了一批极具事业心的乡绅、自耕农和工匠……财富更加依赖于个人的行动，这也导致人们更加依赖个人判断和主动性。（Block，2002， pp. 39—40；Ratner，2002，pp. 41—42)

社会学、人类学和心理学已经证实，从农业到商业发展的经济过程包 *80*
括了个人心理更加独立的过程。

印度的一项长期民族志研究表明，不断增长的商业化与有着更多独立
个体的社会化模式有关。在一项危地马拉的两个玛雅人社区的比较研究中
发现，与仅从事自给性农业的社区相比，从事商业化棉花工业的社区更加
强调脱离家庭的自治和更加内部的控制点(Locus of control)。在艾奥瓦州，
不断远离农业的历史运动也产生了类似的心理效果，没有成为农民的参与
者比起农民来说具有更高的独立性(Greenfield et al.，2003，p. 457)。

托马斯(Thomas)和扎涅茨基(Znaniecki)观察到，20 世纪初波兰社会
经济的变化也带来了相应的心理变化。如果农民依旧与城市发生的制度改
变相隔离，那么他们的心理便仍旧是传统的。但随着新运动不断席卷农
村，农民不断地从农业转移到资本主义产业当中，人们开始传播关于生活
的新的概念，巨大的、系统性的心理变化也开始产生。随着商业生产的扩
大，农民开始计算其个人行为的价值并要求对其进行补偿。甚至儿女都开
始不愿照顾他们的父母，因为能够收回这笔费用的机会很小。在旧的制度
中，社会帮助并不会产生对他人特定互惠服务的期待，但随着社会交换心
态的引入，所提供服务的商品价值而非社会价值变得更加重要了(Ratner，
1997，p. 216)。

**性别认同**：性别认同是另一种心理属性，它也是宏观文化因素的一部
分。在 20 世纪早期：

> 随着男人们越来越多地在大型官僚制度公司而非小商店工作，他
> 们开始在没有人情味的大城市而非小城镇度过闲暇时光，他们开始通
> 过公开发行的杂志而非地方报纸来了解世界，他们开始设计新的思考
> 自己男性认同的方式。与现代文化一起发展的阳刚之气开始强调人 *81*

第三章 心理现象与宏观文化因素间的辩证统一 | 87

格、性、自我实现和对外表的迷恋，所有这些特质都使得男人们更加适合参加这一时期的社会和经济活动。（Pendergast，2000，p. 13）

在中产阶级群体中，这些男性特质逐渐与女性特质分离。人格上的性别差异包括支配与服从、快节奏与耐心、身体与精神、主动与被动、大声与安静、要求与支持、攻击与和平、理性与感性。人格上的性别差异被融入男女的性别角色，并被这些性别角色很好地描绘出来。"男性与女性的形象与活动差别变得越来越鲜明，并与'理性'和'感性'的风格联系在一起。这一性别差异的过程与科学与艺术、国家与教会、工作与家庭的分化密切联系在一起"（Bloch，2003，pp. 49－50；Ratner，1997，pp. 104－105，2002，p. 116）。

**情绪**：情绪是主观过程的重要组成部分，并且能够指导宏观文化因素的建构、维持和转换。宏观文化因素需要情绪，情绪也被宏观文化因素所激发和组织。

历史学家比较了1780年之前的英国与1780年之后的英国，发现只有在1780年之后（资本主义体制化之后）浪漫的爱情才成为求爱与婚姻的主要动机。在1780年之后，浪漫的爱情仅限于发起和管理资本主义制度的资产阶级，其他阶级则尚未采用资产阶级的角色和价值观，也因此没有机会体验浪漫的爱情（Ratner，1997，p. 216）。

18世纪的经济变化也导致了情绪表达的巨大转变。与过去的人相比，18世纪美国的中产阶级男女显然在情感上更加克制，他们被教导如何掌握情绪表达的技术，包括面部表情、笑声和语言。男人被期望要比女人更加克制。"在17和18世纪之前，人们可以自由地沉湎入欢腾的笑声、热情的哭泣和暴烈的愤怒之中，而之后几个世纪甚至孩子也不被允许这样"（Kasson，1990，p. 147）。

这些形式的情绪表达方式支持着社会活动的开展。控制情绪表达对于18世纪的中产阶级来说是十分重要的，因为它是自我规训的一部分，人们必须能够控制自己的情绪以在市场经济中进行竞争。在商业世界竞争需要人们有着一个计算性的大脑，可以摆脱情感和个人偏见的限制。男人不仅需要训练自己的工作技能，还需要努力发展自己以培养出合适的能力感、勤奋感和可靠感，从而让他们能够在市场上露面。一个非情绪化的行为举止可以在竞争对手面前隐藏信息。因为在商业场合，个人的焦虑、恐惧甚至强烈的欲望都有可能会被对手加以利用（Ratner，2000b，pp. 18—19）。

## 四、宏观文化因素组织心理现象

宏观文化因素构成了心理的特征，它们不只是引起或限制自然的、先前存在的心理现象特性的外部影响因素，也不只是影响心理现象外部表达的影响因素。

这在语言当中表现得尤其明显。正如维果茨基所说，语言是一套符号系统，人们使用这套符号系统来与社会制度协调自己的行为，来思考、定义并分类事物。社会制度和文化产物同样也组织了心理现象。

宏观文化因素包含了结构和目的，这些结构和目的能够"推动"和"拉动"心理现象使其成形。结构是已存在的活动、文化产物和文化概念的特性，以某些特定的方向来限制（"推动"）心理的形成。目的则是宏观文化因素需要达到的目标，它能够鼓动（"拉动"）心理现象的发展（Ratner，1997，pp. 110—116）。结构是心理现象形成的"棍棒"而目标则是"胡萝卜"，下面让我们来更加细致地说明这两个过程。

### 作为心理现象的目标或终极目的

本章的第一节介绍了宏观文化因素如何促进了普遍心理能力的发展，我们的思考、记忆、学习、知觉和情绪能力都是（至少是部分的）为了创造和维持宏观文化因素，而这些宏观文化因素可以通过提供支持力、协调性和稳定性的方式来提高我们的生存能力和满意度。即使是在宏观文化因素发展的初始阶段，人们也能感觉到发展这些因素的可能性，而这也导致了我们发展心理现象以支持这一过程。依照舒茨（Schutz）的说法，宏观文化因素是作为"为了"（in order to）动机而起作用的。

人们不会抽象地建构一些普遍的文化，而是创造一些具体的文化。具体文化的具体特性是我们发展心理现象的动力，这是一种具有具体形式和内容的心理现象。

宏观文化因素是文化发起者的目标，或称终极目的。这些建立者努力发掘我们的人格特质、情绪、动机、思考的方式、知觉、学习和记忆等可以促进社会建设的心理能力。宏观文化因素同样也是文化中的新参与者的目的，他们努力参与到已有的宏观文化因素之中，努力开发合适的心理能力，就好像求职者努力表现出适当的外貌、语言风格、人格类型和动机以提高自身吸引力一样。

由于心理现象是知道宏观文化行为的机制，个体必须拥有一些特定的心理现象的品质，从而能够建构和维持宏观文化因素。在这种意义上，宏观文化因素便是心理现象的动力或终极目的。人们必须拥有特定的心理，从而能够建构和维持以下这些因素：生产线的生产、一夫一妻制、包办婚姻、商业、在洛杉矶的高速路上驾驶汽车、学业能力测试、现代化军队、电视娱乐节目、迷你裙、快餐店、集体的采猎社会等。

奥格布和斯特恩（Ogbu & Stern, 2001, pp. 8－9）描述了宏观文化因素如何由能够激发心理现象的目标构成的。

当文化活动能够刺激、提高或是扩展适应性理智技能（adaptive intellectual skills）的质量、数量和文化价值之时，文化活动便成为一种增强器。一些典型的西方中产阶级文化生态圈的增强器包括处理技术、大规模经济的参与、官僚机构的协商和都市生活。这些文化活动要求我们提高自身的智识能力，如抽象思考、概念化、对关系的把握和渗透其他生活方面的符号思考的能力。每一个文化生态位都展现了许多智识技能的增强器，这些是在各自生态圈获得成功所必须掌握的技能。不同的文化生态位需要不同的智识技能，一些被特定生态位强化的技能在其他一些生态位可能也会有价值。另一些可能相关的增强器包括陶器的保护、市场的交易数学、觅食空间感知、电脑游戏空间感知和口头游戏的语言能力等。

*84*

奥格布运用了结构功能主义的视角来看待心理现象。心理现象使得个体能够适应社会结构并发挥一定功能，它们是被结构所要求的。类似地，斯滕伯格（Sternberg）、加德纳（Gadner）和王琪也将个体的认知能力看作在社会的技术和经验领域扮演了必需的角色（Wang et al.，2004，p.226）。

在历史上，刺激人们阅读的目的是促进商业的发展。在资本主义兴起的阶段，那些商业中心有着最高的识字率（Ratner，2002，pp.23—24）。

商业还是我们发展数学的动力。大量的计算对于商业来说是十分关键的，所以随着人们从事商业活动的增多，人们也开始发展和学习数学原理，从而能够在商业领域获得成功。除此之外，商业还为数学的发展和教育提供了资金，同时还是希腊数学、巴比伦数学和文艺复兴时期数学的发展动力。此外，在新几内亚高原上，随着商业活动的引入，孩子们也改变了自己的算数系统从而能够学习更加复杂的数学（Ratner，1991，pp.98—99）。

### 作为心理现象的结构框架

不断巩固的宏观因素形成了具有压力、限制和过滤作用的情境，这些情境塑造了参与者的心理现象。正如韦伯所说，宏观因素——或者按照韦伯的术语叫作"社会学场所"（sociological loci）包括共同的生活机会、惯常的经历、存在的社会条件和基于个人社会行为的要求和额外费用。宏观因素以一种特殊的方式来建构生活，使得人们很有可能改变自己的心理现象以使其能在这种结构中发挥作用。例如，韦伯指出，城市小资产阶级的商业活动使得他们更可能培养出计算性的心理、对合同义务的尊重、对情感放纵的厌恶以及对个人在分工方面专业地位的关注，而非一般意义上的对生命的理论关注（Kalberg，1994，pp.42—43）。"韦伯认为，行动取向的演变和盛行不是简单的个人的理性选择的结果，而是被社会背景所印记和塑造的"（Kalberg，1994，p.40）。

宏观文化因素建构了心理现象这一事实并不意味着它们之间是独立的或者有先后地位的，就好像自变量引起因变量一样。建构了文化参与者心理的宏观文化本身也需要被知觉、语言、情绪、推理、记忆、学习和动机感知和协调。

宏观文化因素包含了能够构成个人经验和生活意识的条件。物质条件、生活水平、文化产物、机会和限制、压力、支持、人员待遇和社区的物理基础设施（交通系统，社区的美观度，商店、学校、工作场所和家之间的距离）都构成了以下这些问题的答案：我是谁？我的能力是什么？我应该做什么？什么与我有关？我是如何思考、表达感受、表达自我、学习以及被驱动的？宏观文化因素还提供了我们定义和解释事物的概念。文化概念定义了爱情、愉悦、情绪、学习、儿童、婚姻和财富的本质和含义。

我们不仅通过父母、教师、老板对待我们的特殊方式，也通过内化重要的关于自我的文化概念来形成自我概念。例如，教师坚持让学生坐在独立的课桌之后，独自完成作业，独自参加考试，直接向学生说明每个学生都是独特的，这些都帮助学生培养了个体主义的自我。

杜威（Dewey）解释了工作是如何以这种方式建构心理现象的。

职业……提供了工作分类和价值的含义，也控制了我们的欲望过程。而且，职业还决定了哪些对象和关系是重要的，从而向我们提供了需要关注的材料和内容，以及哪些才是有趣的重要属性。因此，这些关于精神世界的指导便延展到人们的情感和智力特征之上。职业活动是如此基础以及普遍，以至于它直接提供了心理特征的结构组织的方案或模式。职业将特殊的（心理）要素整合到一个功能整体当中。（Dewey，1902，pp.219—220）

职业通过以下这些方式来组织人们的心理：隐性或显性地构造人们的

动作、语言和知识；要求人们具有特定的动机、推理、情绪表达和限制的形式以及学习策略；定期展示物理和社会刺激；模仿行为；扩展或是限制行为的机会；以特殊方式对待雇员和消费者。

研究已经发现，有许多心理现象是通过以上这些方式被职业所组织的。职业上的自我指导使得人们具有智力上的灵活性、自信、独立、低焦虑、对行为的个人责任、反权威的态度和对于父母子女关系的现代化态度（如不愿意将父母带到自己家中，或是将年长的孩子留在家中）。路径分析揭示了职业自我指导能够显著影响心理因素，但心理因素却无法反过来显著影响职业的自我指导（Ratner，2002，p.29）。

宏观文化因素外显而内隐地建构了心理现象：一是宏观文化因素通过关于我们如何感受、思考、感知这些外显的规则和指导来建构我们的心理。这些规则和指导包括以下这些陈述，如"不要悲伤""接触你的感受""这便是解决问题的方式，你只需要⋯⋯""现在就买吧""这是蓝色的而那是绿色的，别搞混了""女孩数学不好""准时回家""你很漂亮""你总是做错事情""如果你和学生调情的话，你会被惩罚""如果你和异性工作者开色情玩笑的话，你会被惩罚""你在想象事情""你知道你是爱妈妈的（当你实际不爱的时候）"；二是宏观文化因素以如下这些方式内隐地建构了人们的心理现象，以特定的方式对待他人，限制他人的机会，提供无处不在的模范榜样，以特定的方式与他人说话，不明说地限制某些行为而鼓励其他一些行为。内隐的心理建构是很难被捕捉的，它潜移默化地影响人，使得人们很难抗拒。

宏观文化因素对心理现象的组织不是一个机械的过程，个体是主动地参与到这一过程中的。格特和米尔斯（Gerth & Mills，1953）很好地解释了这一道理，"通过不同角色中的经验，个体将自己的一些指导行为的特定目标和价值，以及他精神结构的一些要素结合起来"（p.22），"履行某些角色的技巧涉及心理训练，需要我们学习什么是应该寻找的事物，以及这些所见之物的含义是什么"（p.70）。个体主动地参与到心理的文化组织中去，因而"他的记忆，他的时空观，他的知觉，他的动机，他的自我概念，他的心理功能都通过他所融入社会的特定角色配置得到了塑造和指导"
（p. 11）。

　　　给出宏观文化因素是如何建构心理现象的更多例子将是有益的。接下来，我们将会展示一些外显和内隐的建构方式，以及如何通过生存状况和文化概念建构心理。

　　建构心理现象的生存状况：马丁-巴罗（Martin-Baro）是一位神父和心理学家，他因为参与进步的政治运动而被萨尔瓦多死亡小组谋杀。他解释了拉丁美洲的宿命论是如何被宏观活动和概念潜移默化地建构的：

　　　　宿命论是一种人们用来理解超出自身理解力和控制力的世界的方式，它是一种由整体社会结构的压迫性功能所产生和不断强化的态度。拉丁美洲贫民窟的边缘儿童会将宿命论内化为自身的一部分，这并非从父母那儿继承的结果，而是由于他们自身的社会经历。他们逐渐发现自己在学校的学习是无济于事的，街道也不会奖励他们早熟的行为（卖报、保养汽车或是擦鞋）。因此，对于他们来说，最好的办法便是不去做无法实现的美梦。他们学会了屈从与顺服，这种价值大多并不从封闭的亚文化中传递而来，而是从他们的日常经验中来，他们的努力改变是无济于事的，这个环境本身就是一个普遍的压迫性社会系统。（Martin-Baro，1994，pp. 210—211）

　　　　尽管宿命论是一种个人症状，但它在心理上却与特殊的社会结构相关……我们在这里并非假定它们之间有一种机械的因果关系，或是存在着一种"基本人格"。我们仅是注意到一个明显的事实，即每个社会系统的组织和功能都会偏爱某些态度，从而奖励一些特定的行为而惩罚另一些行为……宿命论是一种在拉丁美洲十分流行的行为模式，尤其是在某些特定阶层的人口中。为了让拉丁美洲人民摆脱宿命论，我们不仅需要改变他们关于世界和生活的信念，还需要让他们实在地体验到改变世界和决定自己的命运。（Martin-Baro，1994，p. 218）

马丁-巴罗强调了心理宏观分析的政治含义：因为生存状况会促进宿命论，因而社会改造对于消除宿命论便是必要的。

诸如住房、工厂、监狱、教堂、教室、办公室、城市和商场等物理基础设施也潜移默化地建构着我们的经验和心理现象。被区隔开的大学的物理构造是由乏味的教室组成的，它们将学习与实践区分开，并让我们能够通过口头交流、思想上的智识操纵和情绪抑制来学习一些抽象的概念。将上课时间定为一小时的设计使得学生可以集中注意力这么长时间，即使不用外显地告知学生这一点。类似地，当一个照管者与婴儿睡在同一个房间或床上时，他们之间的互动模式相比两间房的情况会使得婴儿产生不同的心理。就算照管者对话的内容是一样的，房间的布置也会产生不同的心理结果。

类似地，相比于萨摩亚人母亲让婴儿面对着他人哺乳或是交流的情况，美国母亲面对面抱着小孩会让小孩产生一种更加个体化的自我。相比于玛雅人母亲用褪褓包着婴儿，美国母亲让婴儿自由地移动会让婴儿更加好动。相比于玛雅人母亲习惯性地不看婴儿的脸或是与他交流，美国母亲与婴儿面对面的互动和沟通会让婴儿更加开放和个体主义取向，无论他们的具体谈话内容是什么。美国母亲会认为婴儿有自己的意图，会向婴儿问问题，会在行动前等待婴儿做出反应，会向他们解释事情，这些都使得婴儿产生了自我中心的期待。和这种自我中心的取向相反，萨摩亚和卡努里（Kaluli）的孩子由于互动风格的不同发展出了更加社会中心的自我。除此之外，年长者和年轻人的学徒式关系——前者密切地教导并监视后者的每一步行动——也会潜移默化地使年轻人产生更加非个体主义的自我概念，而西方老师则让学生自己完成家庭作业，这会让他们产生更加个体主义的自我概念。最后，对女孩微笑比男孩更多，会潜移默化地使得女孩更具情绪敏感性，这产生了两种性别情绪活动上的差异（Ratner，1991，pp. 173—178，2002，pp. 19—20）。

学校通过学术和行为规范来建构学生的心理能力，这些外显的规则要求学生能在课堂上专注于抽象的词汇和概念长达一个小时甚至更久，也要求学生控制自己的身体动作、话语、情绪和身体功能（如打嗝）。作业和测试强迫学生快速学习抽象的材料，从而能够赶上进度并完成每日的家庭作业。学生必须准时完成作业，必须获得能够记忆抽象概念的记忆能力，必须能用抽象的语言描述不在场的事物，必须自行完成工作并发展出个体主义的自我概念，必须在限时的测试中快速回忆并解决问题。

这些例子都说明了心理社会化中很重要的一个方面，即特定的社交活动可以被用来社会化那些在不同活动中具有功能性的心理现象。许多支配我们学习的行为和学术规范都是一种必需的心理能力，一种我们作为社会参与者想要在社会上成功找到工作的心理能力（Levine et al.，2001）。通过死记硬背记忆抽象概念和事实的能力，按时完成工作的能力，快速学习材料并在限时考试中准确回忆的能力，独自解决问题的能力，静坐的能力，控制身体动作和机能的能力，在乏味的教室中将注意力集中到抽象概念上的能力，以及功利化情感和社会互动的能力。事实上，这些都增加了我们学习的难度，更加具体的情境会使得我们的学习更加有效率。然而，这些社会化的心理能力更重要的作用其实是让我们在资本主义经济系统中扮演一定功能的社会角色。

父母教给孩子的语言和其他技能也是如此。在教学过程中，父母教给孩子的不仅是技能本身，还包含了它的许多社会化内容（通过父母与孩子之间的教养方式），它们无关具体技能，但却在扮演社会角色中有一定功能。例如，语言的学习便包含了个体主义和集体主义的自我，而这与语言学习本身是没有关系的。

这种无关技能本身的心理社会化能力是与技能本身混杂在一起，无法轻易分开的。老师和家长相信他们的教导方式是必要的，但事实上他们只是在教导一些社会心理能力。这种现象是十分常见的，是一个在社会再生产过程中十分有用而微妙的过程。

在广告中存在着一种潜移默化的心理建构方式。亨利（Henry，1963，第三、第七、第八章）十分有说服力地论证，商业广告会潜在地引导观看者的思维方式，将产品与自然景色、社会情境和名人并列放在一起使观看者下意识认为在这两者之间存在着逻辑联系，这样一种并列使得产品本身也得以沾光。这种误导式的联系和隐喻是为了刺激消费，其背后隐含的是"金钱逻辑"。亨利指出，广告中的金钱逻辑对观看者的认知有着很大的影响，它鼓励我们进行非理性的思考，相信一些不存在的关联，导致我们接受一些错误的偶然的联系，并且减少我们批判的理性分析。

新的"更好的"产品会被展示在我们面前，这同样有着心理上的影响。这种展示使得我们对已有之物感到不满意，使得我们不断寻找新东西、新体验和新满足，即使我们被告知这样是不对的。动机、耐心、满足感和烦躁感都会被环绕我们的数量众多的商品所影响。被消费主义鼓励的享乐主义也促进了我们非理性的主观主义的发展，自我放纵的人接受了他们自身的欲望，而非理性地分析这一欲望的源头、内涵和后果。

宏观文化因素还通过展示情绪、人格、动机和理性的模范来建构人们的心理。模范化的心理现象会在广告、歌曲、书籍、电视和电影中被展现，而人们则会模仿这些模范从而改变自身的心理功能。

**文化概念建构心理现象：** 文化心理学家认为，文化通过对感知觉信息的过滤和分类来建构心理现象。

格尔茨（Geertz）在他的文章《作为文化系统的宗教》中解释了这一过程，他认为文化概念和文化符号是我们世界的模板，同时也是我们如何行动和经验的模板。概念不仅被用来诠释事物，还被用来引发我们的行为和心理反应，从而导致一系列不同的行为倾向、能力、技能、动机和心境（如欣喜、忧郁、自信、自我厌恶和庄重）。

阿赞德人（Azande，主要生活在刚果、中非共和国、南苏丹等地区）不仅从他们的巫术中明白各种意外必定事出有因，还学会了去痛恨导致意外发生的主体，并尝试用适当的方法来解决这一问题。而在爪哇人中，拉莎（Rasa，一种爪哇人在日常对话中常用的表达，主要用来表达个体的情绪感受）不仅有着真相、美丽和善良的含义，同时也是一

第三章 心理现象与宏观文化因素间的辩证统一 | 97

种体验方式和与世独立的超脱和冷静的状态，并被大家所推崇。
(Geertz，1973，p.124)

　　　文化概念包括能够组织人们颜色知觉的颜色类别。鲁利亚于1930年在乌兹别克斯坦进行的一项调查中说明了这一点，他在一个大型的集体农庄中分别向传统的农民和现代化的教师展示了27种颜色的羊毛，并让他们将这些看起来都十分相似的颜色分成5类。农民无法将27种颜色分成5类，他们没能察觉到足够的颜色间的异同点来将它们分类，他们只能说"牛粪"看起来不像"猪粪"。而教师则很轻松地将这些颜色分成了5类，比如棕色等。

　　　尽管鲁利亚并未这样说，但这种差异背后的原因其实是关于颜色不同的文化概念。农民会将颜色看作物体不可分割的一部分，他们有关颜色的词也往往与物体联系在一起(如橙，它既表示颜色也表示一种水果)。而教师则将颜色看作一种独特的现象，并往往用抽象的名词来表示(如蓝)。这样一种语言编码和文化概念的差异导致了他们知觉上的不同。农民将颜色看作特定物体的一种属性，两种不同的颜色仅在处于功能性相关的具体物体上时才能被归类到一起。颜色自身是不能独自存在的，因此对颜色的感知取决于实际物体。而在这项研究中，那些有颜色的物体在农民的生活中是没有实际意义和功能的，因此这些颜色也是不相似的。相反，教师的文化概念和语言词典对颜色这一概念进行了抽象化处理，使得颜色具有波长这一属性，而非必须与物体联系在一起。他们能够单独对颜色进行分类，因此便能够看到农民看不到的相似性。

　　　因此，文化概念和关于颜色的语言词典组织了这一实验中被试对颜色的感知。两组人都看到了这27种颜色，但却以不同的方式在感知，因为他们对颜色的感知已经被文化概念和术语塑造过了。

　　　厄兹根(Ozgen，2004)也支持了这一发现。有一种非洲语言不区分蓝色和绿色，于是他将英语使用者和这种非洲语的使用者进行了对比。两组被试都会被呈现一个三色组合(2蓝1绿或2绿1蓝)，被试需要挑选出其中不同的颜色。英语使用者能够将不同的颜色挑选出来，可这种非洲语的使用者不能区分出不同的颜色，因为他们不能对蓝绿进行区分。类似地，土耳其语会根据亮度将蓝色分为两类，因此他们也能够区分这两种颜色。在一个搜寻任务中，土耳其人能够更快速地发现目标蓝色（在干扰项是另一类蓝色的前提下），这背后的原因便是土耳其人会将这种蓝色看成另一种颜色，因而没有受到它的干扰。

厄兹根发现，不同的颜色类别（宽泛的或是细致的）使得人们用不同的方式对色调进行分类。在学习了不同的颜色类别之后，被试可以用新学习的边界来更好地区分颜色，检测阈限（最小可觉差）相比之前明显降低。对颜色类别概念的学习建构了颜色知觉。

社会依据不同的颜色概念和术语来感知颜色的相似性。印度尼西亚属新几内亚岛上的达尼（Dani）人会用一种十分独特的方式来表示亮度。一个有着 8 点亮度的绿色会被看作暗的，而 3 点亮度的红色却被看作亮的（Roberson，2005；Roberson et al.，2005；Ratner，1989b 以获取更多例子）。

人眼可以分辨出 750 万种光的波长（最小可觉差），然而我们仅能感知到具有文化显著性的很少的几类颜色。比如，彩虹由一系列由最短波到最长波平滑变化的连续可见光组成，但我们却将它看成由 7 种颜色组成，具有各自的边界。厄兹根（2004）认为是关于颜色的概念和术语将不同的波长组织成为不同的颜色。

视错觉的文化差异是另一个证据，它说明了视力背后的认知模式是由文化组成的（Ratner，1991，pp. 204—212，70—75）。

听觉感知同样受文化概念的影响。如果一种文化没有可变的音程，那么 C8 和 C7 这两个音会被看作是相同的。而在我们的文化中，这两个音会让我们有不同的感受（Ratner，1991，pp. 70—73）。

有关空间关系的语言同样会组织我们的认知过程。某些语言——如玛雅人的泽套语（Tzeltal）——主要使用绝对方位，如北和东，而英语则主要使用左和右这类相对方位。在泽套语中，人们不能说"这个杯子在左边"或是"在我的右手边",而是说"给我那个西边的杯子"或是"我北边的腿"。这种绝对空间的语言要求使用者有一个不同的认知加工方式,需要使用者能够在任何时候分辨东南西北。记忆也必须能够储存每个物体的方位信息,从而让人能够记起之前遇到的事物的位置。而我们无法这样思维,也无法这样记忆,我们可能很难判断餐桌面对的方向或是杯子的方位,因为这不是我们认知和记忆系统正常的加工方式(Levinson,2003)。列文森(Levinson)发现,使用绝对方位的话语者方向感比相对方位的话语者要更好,他们总是知道东南西北的方位并能够很轻松地描述新的地点的位置。在感受了一个新地点的方位之后,相比一个相对方位的话语使用者,一个绝对方位话语使用者在旋转了180度之后依然能够更加轻松地描述方位。语言编码塑造了认知分类和能力这一事实支持了沃尔夫假说(Levinson,2003;Ratner & McCarthy,1992)。

语言系统形成了一种模板,它能够建构婴儿对声音的感知。在最初的6个月,婴儿能够区分全世界语言中的所有音素。而在1岁的时候,婴儿则只能区分自己母语所有的音素。例如,6个月大的日本婴儿可以区分"r"与"l"的发音,就像美国人一样。但到了12个月大的时候,日本人便不再具有这一能力。当日本人听到"r"和"l"这两个音时,他们都会认为是"r",因为日语中没有"l"这个音。相反,美国人则能够很好地区分这两个音,因为他们的母语中就存在这两个音。

语言系统还会限制发音。新生儿大多能发出一套类似的语音,但受周围语音的影响,他们的发音很快便开始分化。到了1岁的时候,他们的韵律(语调)和发音便和周围的语言一致了。

对感知和行为能力的文化组织发生在学习语义和语法之前。感知能力的文化组织帮助孩子能够学习更高等级属性的语言,婴儿会使用他音素的知识来识别单词的形式。美国儿童能够区分"r"和"l",这使得他们能够学习包含这两个辅音的单词。如果他们不具备这种感知能力的话,他们便会在学习不同的单词时混淆,而这正是日本人在学习英语的过程当中很难克服的一道坎。

对语音模式的学习能够促进语言的发展。乔姆斯基（Chomsky）认为，语言并非一种能够自行发展的内在能力，也不是一种会被简单触发的先天倾向。相反，它建立了能够成为我们精神世界的处理系统的类别系统，或称模块或脚本（Kuhl，2000）。

这些人们碰巧会说的语言提供了一些复杂的概念，但也使得其他一些复杂的概念变得难以获得了。有一些语言只有很少的一些数字，于是对他们来说"73"这个数字都是很难设想的，更别提数学计算了（Levinson，2003a，pp. 33—34）。

语言对心理的其他一些"沃尔夫（人类的思考模式受到其语言的影响）"影响如下：尤卡坦语中没有量词，于是在一些非语言的判断识别任务中，他们也会倾向于忽略数字。英语的使用者则能够十分准确地判断和识别数字，因为它们的语义系统十分强调数字。

因而语言不仅反映了基本的概念发展，更是建构了我们概念的发展（Levinson，2003b，pp. 301—307）。

## 作为个体可以利用的资源

宏观文化因素通过它对生活活动的建构塑造了心理现象，但它也可以以一种不那么强制的方式发挥作用，即由个体自主利用这些宏观文化资源，从而使其在日常生活中发挥作用。

在萨特的《辩证理性批判》当中，萨特向我们解释了个体是如何利用环境当中的不同可供性（affordance）的。一种行为会有选择地将个体所处的环境的各个方面汇总并联系在一起，这种行为能够体现其所处环境的先决条件，同时也用自身独特的方式充实了这些先决条件（Aronson，1987，pp. 54）。萨特解释了一名拳击手是如何面对他低等阶级生活中的暴力的，他的渴望逃脱这一阶级的欲望，拳击手能够赚钱并且能够提供阶级跃升的机会的事实，拳击手的身体素质，观众对拳击运动的渴望以及可能影响他成功的其他拳击手的群体汇总并联系在一起。这位斗士整合了所有这些先决条件并最终成为一名拳击手。

这名拳击手既没有创造这些条件，也没有自由地选择（如同很多文化心理学家认为的那样）。相反，他选择成为拳击手是因为这是社会给他这个种族和社会阶级群体所能提供的仅有的几个能够成功的选项之一。成为拳击手绝不是一种自由的选择，而是一定社会条件内的社会可能性的实现。拳击手主动地选择了拳击，并以获得成功作为自己选择的条件，然而他的活动是在一个充满可能性的结构中做出的，而这一结构并非由他所创造。他的这一选择使他适应了这一结构的需求。

贝克尔（Becker）说明了理想的身材是如何汇总并体现了社会机会和需求的。在20世纪90年代引入市场经济和美国的电视节目之后，斐济少女们的理想身材从适合农业劳动的强壮的身材彻底转变为苗条的身材。少女们模仿在美国电视节目中观察到的苗条身材，这是一种感受现代化和全球化的方式，是为了在更加喜欢苗条年轻女性的商业领域找到一份更好的工作，是为了能够满足父母对此的要求，是一种需要通过控制自我身材来成为现代概念上的主体。斐济少女们不再将传统文化因素看作自我认同的来源，而是接受了现代文化因素作为自己社会性别和生理性别认同的来源。她们这么做，是为了适应这个市场社会。

人们常常利用宏观文化因素来应对压力。他们采取一种规范化的价值观和行为，从而能够获得认同感和安全感。处在压力之下的年轻的、中产阶级的、西方的、白人女性通过获得一种固化的外表来寻找认同感和安全感，她们可能成为狂热的服装消费者，或是控制自己的体重。这些都使得女性更加深刻地融入了社会规范之中。

布莱森（Brison）总结认为，大多数痛苦的经历都会导致个体采用一种符合社会规范和社会价值的应对策略。例如，在新几内亚的科旺加（Kwanga）族群中，丧失亲友的男人和女人会不知不觉地遵从文化的要求，这使得他们会去确定并表露一些能够获得族群支持的情绪，以此来消解自己的痛苦。但这一应对策略却有着很大的性别差异，女性会将她们内化为无助的受害者，而男性则承担了自己需要在村庄行使领导权的必要角色。简而言之，为了保持积极的自我意识，科旺加的个体需要以一种特定的方式来思考与感受，而这种方式最终支持了男性的支配地位(Brison，1998，p. 372)。

德尔纳(Derne，1994，p. 218)分析了当代印度女性中的那些强化了她们从属地位的策略。最终，她得到了一个充满矛盾性的结论，"为了应对结构性的约束，女性会去建立能够重塑社会结构的意义系统"(p. 222)。坎蒂尤提(Kandiyoti，1988，p. 275)也得出了相似的结论，即女性是在一系列具体的约束条件下制定策略的，而这些约束条件揭示并定义了"与父权讨价还价"(patriarchal bargain)的蓝图。"与父权讨价还价"对于塑造女性的性别主体具有很大的影响力。

承受压力的个体的需求是如此迫切，以致他们要采取一些极端的方式来利用文化因素。就好像饥肠辘辘的人强迫性地需要夸张的、大量食物来满足自己的胃口一样，焦虑的人也强迫性地需要采取一些夸张的文化行为以满足自我。通常等级的服从是不够的，就好像通常程度的食物对于饥肠辘辘的人来说是不够的一样(Ratner，1991，pp. 273-274)。

维多利亚时期那些歇斯底里(hysteria)的女性会采取一些极端形式的中产阶级女性行为，以应对她们受到限制的家庭角色和沉重的家庭责任。歇斯底里的女性会十分虚弱，感染疾病，失去运动能力(行走，抬举)和感觉功能(歇斯底里式地失去视觉和听觉)。这些歇斯底里的症状是夸张版的当时人们对中产阶级女性的刻板印象，在当时女性被认为是脆弱的、服从的、需要保护的、需要避免受到感官刺激和体力消耗的(女性被认为有着"脆弱的神经"和"稀薄的血液"，因而不能进行体力劳动和接受正规的教育)。在社会压力之下的中产阶级白人女性利用性别刻板印象来应对这一压力，她们变得"过度女性"。歇斯底里症能够帮助她们应对通常的压力，但也使她们限制在自身角色所给定的参数之中，并阻止了真正的社会变革。

进食障碍是关于这种通过利用文化因素来应对压力的另一个例子。美国的中产阶级白人女性倾向模仿那些具有完美身材的文化理想型，以此应对自身所面对的压力。她们通过控制饮食行为达成这一目标，并通过模仿理想型，穿着时髦的衣服或是开着名贵的汽车来获得满足感。而有进食障碍的女性会夸大这种理想化的苗条身材，并以一种夸张的方式控制自己的饮食，因为她们迫切需要自身被夸大的满足感和被接纳感。她们很难满足自己，这促使她们更加努力地使用自己掌握的文化手段。

一篇文献综述总结认为，进食障碍的决定性因素是"个体是否将体重和身材看作解决认同和自控问题的答案。一些年轻女性将'完美'的身材看作自身存在的方式，一种能够赋予自身存在以意义、一致性和情感满足的方式"（Polivy & Herman，2002，p. 199；Ratner，2002，pp. 39－40，49－50）。当个体试图通过苗条身材的文化刻板印象来应对焦虑之时，进食障碍便产生了。波利维和赫曼（Polivy & Herman）没有采用进食障碍的心理学解释，因为它们太过笼统而无法解决具体问题。诸如儿童时期的欺凌、自我控制下的敌意、愧疚、抑郁、低自尊和冲动这些心理学（个体）因素可以激发各种各样的行为，而进食障碍可能是应对所有这些心理因素的尝试。所以，在进食障碍和这些特定的心理因素之间没有关联，进食障碍其实是一种文化应对策略（拥有关于苗条身材的被夸大的文化理想型）的产物，并被具有特定文化环境的群体（美国的中产阶级白人女性）所采用。

当非西方的国家采取了资本主义的社会制度，进食障碍便会在这个国家流行起来，这证明了进食障碍其实是一种文化现象。在过去25年的时间里，日本的进食障碍人数增长了6倍，"日本进食障碍的增长与不断增长的工业化、城市化和第二次世界大战之后传统家庭形式的瓦解有关，这是毫无疑问的"（Pike & Borovoy，2004）。其他一些刺激了进食障碍的因素还包括日本中产阶级女性的性别角色，以及美丽的苗条身材的理想型。卡茨曼等人（Katzman et al.，2004）称，加勒比海库拉索岛上极少出现厌食症，仅有的案例也是发生在一些受过教育的高收入浅肤色并曾在国外生活过的女性身上，而在主要的黑人群体当中则从未出现过厌食症。厌食症患者总是被那些浅肤色的西方中产阶级理想型所吸引，因为这对于她们的社会地位十分重要。这些患者会将这些中产阶级关于苗条身材的女性理想型夸张化，从而能够应对社会失序（social dislocation）的压力。她们倾向模仿上层社会的白人，并与大多数的黑人群体保持距离。然而，由于她们复杂的种族背景和复杂的肤色，她们在阶级跃升上会遇到困难。同时由于她们的肤色、中产阶级的生活方式以及国际化的经历，她们也不被作为大多数的黑人群体所接受（参见 Becker，2004；Le Grange et al.，2004）。

鉴于宏观文化因素会深刻而难以捉摸地组织我们的心理现象，文化心理学家便有义务细致地审查文化因素对心理的影响。文化心理学认为，看似离散的宏观文化因素（如道路与商业街）构成了我们的社会结构，并灌输给我们一系列的行为和心理现象。其他一些类似的宏观文化因素还有服装的风格、通勤方式、娱乐节目的内容和艺术水平、被广告分割的电视节目、父母对子女笑的频率、建筑的结构、社区的物质条件（公共场所、残旧的建筑物、街上的垃圾、噪声）、专业律师而非朋友的帮助、专业游泳教练而非朋友或亲戚对孩子的授课、工作被建构的方式、快餐店大声的音乐、杂货店引入的食物扫描仪、养老金和供水服务的私有化、基因专利、让通话者等待并听取矛盾信息（你的通话对于公司的业务十分重要，然而却无人接听）的商业电话答录机，所有这些都塑造了我们的心理现象。

心理现象的文化组织不仅决定了我们知觉、学习、回忆、感受、努力和推理的内容和方式，也决定了我们不会采取的知觉、学习、回忆、感受、努力和推理的内容和方式。它使得我们无法意识到某些事情（Ratner，1994）。例如，资本主义制度、物质基础设施和文化概念都会促使我们产生一种个体主义的自主意识，这种自主意识会让我们无视社会对行为的影响。资本主义的宏观文化因素导致个体忽视了宏观文化因素对他们行为和个体主义的自我概念的影响，而宏观文化因素本身正是导致他们忽视宏观文化因素的原因。

### 对心理的文化组织并非一个机械的过程，而是取决于主观活动

宏观文化因素塑造着人们的心理，换句话说，其实就是人们在宏观文化结构和目标的推动之下塑造着自己的心理。为了形成、改造并参与到宏观因素当中，人们需要调整自己的知觉、情绪、动机、人格、推理、记

忆、学习能力。无论是心理现象的发起者还是跟随者，都需要进行这些主观的文化活动。

人们参与宏观文化因素的同时也会形成自己的心理，他们被宏观文化因素所限制，因而需要让自己的心理与宏观文化保持一致。因而，人们的心理是主观且主动的。心理并非宏观文化因素的一个机械式的副产品（就像二氧化碳是汽车的副产品一样）。通过主动地在宏观文化中寻求一致，我们获得了自我认同，我们会使用宏观文化的语言来定义自我。例如，中产阶级群体根据在下层阶级和上层阶级之间的社会地位来定义自己，并以此而感到自豪。与下层阶级相比，他们觉得自己有着更高的生活标准。与上层阶级相比，他们觉得自己在道德上有优势，不会傲慢或挥霍。于是，中产阶级群体主动采纳能够区分于下层阶级和上层阶级的时尚、道德原则、个人行为、动机、情绪、推理、学习、注意力和努力。

中产阶级的自我认同的确是被建构的，但不是自由的、随机的、任意的或是个体的建构。他们的自我是为了能够在宏观文化因素中获得成功，并能够支持宏观文化因素而被建构的。所有的心理现象都必须与宏观文化因素相一致。

"尽管个体在自我创造的过程中是主动的，他们能够用来书写自我故事的材料却只是我们共享的公众的人格概念的一部分。例如，美国人关于自我的解释便涉及一系列由文化定义的想法、成功的图景、能力、技能和'感觉不错'的需求"（Oyserman & Markus，1998，p.123；Ratner，2002，pp.84—86）。

一个典型的例子是克拉克与克拉克（Clark & Clark，1939，1940）所做的关于种族认同的研究。他们发现大约有44%的3～5岁黑人儿童（在19世纪三四十年代就读于种族隔离学校）会以白人儿童图画的形象来定义黑人儿童（自己或是同班同学）。尽管受试黑人群体当中有着从浅色到深色的各种程度肤色的人，但还是有41%的黑人儿童会将自我定义为白人式的。很大部分的黑人儿童会将白人对黑人的特权内化进自我概念之中，即使他们是被完全隔离开的。

这些 3～7 岁的黑人儿童还被要求依据不同的标准来选择娃娃。结果 67％的人认为白人娃娃是好的娃娃，50％认为黑人娃娃是坏的娃娃，60％认为白色是好的颜色（Clark & Clark，1947）。

种族认同会随着年龄增长而发生显著的变化。浅色皮肤的黑人儿童随着年龄的增长会更加具有白人的自我认同（从 3 岁到 5 岁，对白人的认同比例也从 42％增长到了 61％）。中等程度和深色的黑人儿童则随着年龄的增长逐渐更加具有黑人的自我认同：在中等程度肤色的儿童中，从 3 岁到 5 岁对黑人的自我认同从 32％增长到了 53％；而在深色的儿童中，从 3 岁到 5 岁对黑人的自我认同从 52％增长到了 70％。自我认同的形成（即使是物理上的自我认同）是一个主动的过程，但是与环境所提供的模范和理想型脱不开关系。

当然，主观性也给宏观文化因素的经历带来了很多独特的个体的变化（Ratner，2002，pp. 62，93），但这并非文化心理学所关心的内容。我们关心心理现象中从社会制度、文化产物和文化概念中提取出来的共同点。

### 五、宏观文化因素赋予心理现象以具体的特征

由于心理现象起源于具体的宏观文化因素，被具体的宏观文化因素所渗透，并支持了具体宏观文化因素的形成，因而心理现象具有具体的特性。心理现象是它所吸纳并汇总的宏观文化因素的一些方面的"总和"现象。正如萨特所说，拳击不是简单的技术动作，而是体现了背后的一系列社会因素，并最终以一种技能的方式被统一展现出来。所有的现象都是以这种方式运作的，在学校对方程式的记忆、爱情、性、对丈夫的愤怒、儿童故事都是使得它们具体化的大量文化因素的体现和总和。

**记忆**：一个典型的例子是中世纪学者所培养出的无与伦比的记忆敏感性。他们可以将一部完整的作品倒背如流，可以背出每本维吉尔的书的倒数第二句，可以在冗长的作品中记起有关某个主题的所有段落。一些人甚

至可以同时回忆三个不同的段落，而学生也被教授如何使用线索来划分文章以帮助记忆。通常这些线索都是内嵌于书面材料之中的，如使用大而生动的大写字母作为段落的第一句，或是在旁边的空白处绘制图像，甚至对页面进行着色以区分它们。

宏观文化因素构成记忆的"操作系统"的另一个例证是，西方人可以进行无情境式的信息回忆，而非西方人则需要进行情境式的信息回忆。"自由联想"和"情境联想"是两种十分不同的操作方式，并在各自的宏观文化因素中发挥作用。

**推理**："构成理性的所有原则和类别都是在历史的过程中形成的"（Durkheim，1983，p. 67）。

在思考了列维-布留尔（Levy-Bruhl）的观点后，维果茨基认为推理有两种不同的文化形式。一种是在概念中的思维，即以一种基本的概念同一性来关联事物，如"这些人是道德的"。另一种形式是复杂的思维，即用单一的具体的属性来联系事物，如"这些鸟有着红色的胸部"（Ratner，1997，pp. 166－167）。

绝大多数人都是依据逻辑原理来进行推理的，而有一些逻辑原理对于本书的大部分读者来说却是无法理解的。考虑下面这个前提，"我站着（A）并且我听到了（B）"，对于本书的大多数读者而言，这句话意味着 A 和 B 都是真实的，并和以下这句陈述"我没有站着（－A）并且我听到了（B）"有冲突，因为如果"A 和 B"是真实的话，那么"－A 和 B"就不可能是真实的。然而，在纳瓦霍印第安人（Navajo Indian）眼中，只要 B 是真实的那么这整个前提就都是真实的，无所谓 A 是否是真实的。因此，"我没有站着（－A）并且我听到了（B）"便是与原始句子兼容的，它们在逻辑上是自洽的，尽管对我们来说是不一致的（Ratner，1992）。这个例子说明了推理的原则——从一个前提会得到怎样的结论——事实上是在文化中构成的。

有一些人还没有获得基于三段论的形式逻辑推理能力，如以下这个三段论式的问题：①柏林是德国的一个城市；②在德国没有骆驼；③柏林有骆驼吗？他们会回答"我不知道，因为我从未去过柏林"。基于抽象原则的逻辑推理的能力是一种文化上获得的认知系统（Ratner，1991，pp. 91－92）。

宗教信仰可以被看作一种独特的，在文化上被组织的推理形式，它违反了世俗推理中的逻辑原则和经验证据。天主教徒相信耶稣的母亲是处女，他的身体从地面升到了天堂，尽管如此他依旧徘徊于众生当中，聆听每个人的祈祷，能够理解每一种语言，并能用每一种语言和信徒交流。所有这些信念都是和科学关于出生、重力或是语言和感知觉的生理心理基础知识相冲突的。

宗教思维和科学思维所需要的是两种不同的文化，但有趣的是信徒可以同时掌握这两种思维能力。在世俗事务中，他们能够进行逻辑推理，并能够注意到假设和证据之间的冲突从而依据证据来修改理论。如果他们的配偶或是有人宣称其身体升到了空中，他们是绝对不会相信的。然而，在宗教事务上他们却抛弃了这种常识的、逻辑的、经验的思维模式。他们能够在这两种思维模式中间来回切换。

现代浪漫的爱情是一种情绪，它有着独特的具体的属性，这些属性来源于具体的历史文化因素当中，体现了这些具体的历史文化因素，并且能够支持这些具体的历史文化因素。

现代浪漫的爱情是一系列独特的感官热情的集合，是个人的吸引力和与他人和谐共处的能力，是亲密的分享，是隐私，是快速的性唤起，是一种超越（爱情可以克服所有的问题和差异），是一种极度愉悦的心情，是现实和理性的缺乏（爱情是盲目的，爱情是一种神秘的化学）。它是在 17 世纪被资产阶级发明的，并且只能在资本主义的社会经济关系中存在。

浪漫的爱情体现了个体主义，表明了个人生活和公众生活的分离，而这些都是资本主义的社会经济关系的特征。那些把自己看成独特个体的人们寻找能够欣赏他们独特性，并能够和自己和谐共处的另一半。然而，在一个充满独特自我的世界里想要找到能够和谐共处的人是十分困难的，因

*102*

第三章　心理现象与宏观文化因素间的辩证统一 | 109

此人们便以非人格的物质主义、竞争和疏远来向这种困难妥协。同时，这种困难也使得它更加令人向往，人们需要爱情在这个缺少爱情的世界给自己提供亲密感和支持感，当一个适合的并且关心你的人出现时，这便是一种意外的神奇的运气。这也使得爱情更加振奋人心，坠入爱河的人可以解决世界上一切难以解决的问题。

浪漫爱情是个人领域的一部分，并与竞争的、物质的、计算的工作和公众领域区分开来，这便解释了它的本质为何是完全个人的、亲密的、自发的、情绪的。浪漫的爱情与理性、严肃和社会行为毫无关系，它是由个人的品质和轻松愉悦感所刺激的。

因此，浪漫爱情的这些微妙品质都来源于被社会制度和文化概念所建构的行为方式。这些宏观文化因素不仅影响了一些边缘的特性（如爱情的强度），还促进了爱情的品质（以及它所附带的情绪）、引发爱情的情境、表达方式和爱情的组织（哪些情绪被认为是相似的和不相似的）的形成。

在不同的历史文化条件之下，爱情有着不同的品质、体验、组织和触发条件。在12世纪，浪漫的爱情通常发生在已婚的贵族妇女和低阶层的骑士之间，它很少是关于性的，也不是关于个体间的或是亲密关系的，它是一种沮丧的向往而非最终的成果。符合礼节的爱情是基于对爱人社会地位、社会成就甚至外貌的刻板印象，它强调能够体现社会关系的服侍和礼节。那时的爱情是一种能够提升恋人灵魂的精神上的情感。而古希腊的爱情则与宫廷爱情或是现代浪漫的爱情完全不同。殖民地时期的美洲的爱情也有着自己的独特属性，它是关于精神上的对他人工作和灵魂的崇拜，是理性且保守的（Ratner，2000）。

在特定的群体中，人们会在特定的历史阶段参与到特定种类的社会关系当中，也因此产生了形态各异的爱情。爱情并非一些普遍的、自然的要素的集合，而是将这些普遍的自然的现象（如关爱、吸引力和性）再组织进一个文化心理系统当中，并赋予它们具体的多样的特性。

**愤怒：** 即使像愤怒这种普遍的情感，在不同的文化制度和文化概念中也会有不同的组织形式。礼节、仪式、宗教权威人物和群体对思想、感受、行为的约束都决定了愤怒情绪被体验的方式。

依据愤怒的民族志理论，在不同的文化中愤怒有着不同的品质。在美国，人们可能会认为知道并表达出愤怒情绪是好的。在巴厘，表达出愤怒情绪则是十分危险的，这种情绪必须被压抑以确保不被表达出来。在伊法利克和菲律宾，愤怒情绪同样是十分危险的，人们需要将这种情绪转换为其他一些思想或情绪。这三类文化对愤怒的体验是十分不同的，美国人在表达愤怒后会感到放松和满足，而巴厘人和伊法利克人则会感到害怕、惊讶和羞愧。相反，美国人在压抑愤怒后会感到不满、害怕和羞愧，而巴厘人和伊法利克人则会感到舒适并体会到舒适感。

**悲伤：** 佛教徒认为苦难和悲伤是所有人的共同命运，因此悲伤是普遍的、被期望的、可以理解的、共享的。事实上，佛教传统会将悲伤建构为一种令人愉悦的体验，因为它证明了所有人都是会被日常琐事所困扰的普通人，证明了我们的脆弱和谦卑。人们需要学会接受悲伤这种状态，悲伤体现了自身品格的力量和与他人的共通性，而想要努力逃避或是改变悲伤的命运则是一种自大的表现。在信奉佛教的社会中，悲伤很少会恶化成抑郁，因为这种情绪会在社会上被分享、理解和接受。而在北美洲悲伤则具有十分不同的品质，因为它们的文化概念基础不同。在北美洲，悲伤被看作一种偏离的状态，与主流的成功、愉悦和乐观的价值观相违背。此外，悲伤还被看作因为个人不幸所导致的个人状态，并只在很少部分人中得到分享。这样一种概念基础使得悲伤被看作孤独的、不寻常的、令人不安的、不愉悦的、可怜的、无助的（我应该怎么做）、被失败压倒的状态，并且每个人都需要焦虑地找到方法来克服它。然而，这些品质却使得悲伤很难被克服，并让其最终恶化为抑郁（Ratner，1997，pp.106—107）。

两种形式的悲伤差别不在于触发悲伤的情境不同，而在于感受本身的品质不同。斯里兰卡的佛教徒和美国人所体验到的悲伤情绪是不同的，尽管两种悲伤的确存在一些共同因素，然而在这些共同因素中却充满了特定的明显区别(Ratner，1991，pp. 265—268，1997，pp. 106—107)[11]。

**羞耻**：另一个能够证明情绪品质受文化概念影响的例子。和现代关于自我、成功、物质财富和社会关系的概念相比，道教有着一套对羞耻完全不同的概念体系。古代道教徒认为羞耻是一种人类内在的脆弱性，也就是无法实现道的状态。道是一种理想的状态，它需要人们摒弃知识和理性，并能够直观地认识到主客体的统一。而由于人们几乎不可能摒弃自己的自我意识并融入世界中，因而大多数人都会体验到羞耻，羞耻是一种普遍的、本体的、持久的状态。羞耻是在社会上能够将人团结到一起的纽带，并充满了同情心与理解心。在韩国情况则又有所不同，例如，现代韩国女性会因为自己衣着不佳而感到羞耻。对于她们来说，羞耻是一种特定时间特定情境下的个人失误，是理性和自我控制的失败（并非要摒弃理性）。理论上说，个人的决心和努力（如工作努力，生活美满）可以避免体验这种现代性的羞耻感，并且也与人类的本质或是主客体的统一毫无关联。此外，现代性的羞耻还会使得人们被他人指责并排斥，它不能充满同情和理解地将人们团结到一起。这两种不同的羞耻都有能力不足的感觉，但由于不同的文化中介，这种能力不足感是十分不同的(Ratner，2000b，p. 11)。

施韦德尔(Shweder，2003a，p. 1127)也对美国和印度的羞耻感做了相似的评价："印度东海岸的拉贾亚与曼哈顿上西城有着不同的'羞耻'，这种不同不仅是对两种不同的对缺陷的恐惧的表现，因为特定方式（如抽象概念）所采取的特定文化和历史形式会产生一些新的可区分的心理状态。"

**性**：另一个被宏观文化因素组织为具体经验的例子。福柯解释认为，性并非一种自然的事实或是人类体验中的固定要素，而是一系列感受、想法、欲望、动机、行为、权利和个人关系的综合体，并被文化所组织。性当中的一些具体要素可能是普遍的，但它却始终被包含在文化心理的过程当中。一些特定的性行动可能是普遍的，然而性认同和性体验则是存在文化差异的。

福柯认为性体验是被知识系统（我们的文化概念）所阻止的，如精神病学、药学、心理学和犯罪学，同时性体验也被我们的权力关系（我们的社会制度）所组织，如治疗关系、监狱、学校、家庭和工作。

21世纪资本主义的性欲式的性观念和清教徒的性观念是不同的。

性认同并非人类个体的一个必要组成部分（但性行为通常来说是必要的）。福柯观察到，在19世纪之前的西欧，性与生理上的性特征是等同的，如果一个人在生理上是女性的话，那么她便只能是女性，并不存在作为人格特质的性认同，也没有关于这种认同的概念或是经验基础。在当时，感受到不同于自身生理属性的性体验是不可能的，就好像鲁利亚的农民不能体验脱离物体的颜色一般。

如今，我们以关于自我和人格的性认同来定义性。由于性依赖于人格，因而只有在自我被认为并概念化为一种独特的现象时，这种性才是可能的。如果自我被看作社会或是自然世界的一部分，那么这种性认同便失去了它的概念和心理基础。自我是不同于身体、社会和自然的，这种心理概念是诸如性的人格特质的前提条件。因此，如果我们的世界依旧是被生理学上的性所定义的话，那么19世纪70年代的新观念（失去子宫的女人依旧还是女人）便是难以想象的。而在这之前，女性在子宫被切除后自身的性也会发生很大的变化，就好像伏都教的信徒在得知自己的敌人用针刺了自己模样的娃娃后会感到绝望一样。

现代性的性特征是17世纪之后兴起的，并在19世纪的西方才流行起来。在古希腊时期，性和社会地位联系在一起，人们只能与拥有特定社会关系的人发生性关系。一个成年男性雅典公民只能与下等社会发生合法的性关系，一个雅典人在床上的所作所为是被他和他伴侣的社会地位所决定的，而非一种独特的个体的心理现象，也没有定义或者表达个体的人格。"不同的社会行动者有着不同的性角色，认为上级的性关系和下级的性关系是相同的这种想法是很奇怪的"（Halperin，1998，p.256）。

在希腊实际上并没有单独存在的性，因为性永远是发生于不同的社会角色（和解剖结构）当中的，性并非一种抽象的现象。如果这听起来很奇怪的话，那么其实对于很多其他的现象我们也会认为很奇怪，许多我们认为是独特的独立存在的现实对于前现代的人来说其实并不存在。颜色、时间、数量、情绪和自我这些单独的抽象概念在前现代都被认为是更广泛的事物的一部分，很多文化甚至都没有用来形容这些现象的独特概念或是词汇。只有在现代随着艺术、教育、家庭和工作发展为独特的活动之后，这些概念才被建构为抽象的独特的现象。这种文化意义和功能上的差异导致对这些现象的体验在不同的时期也存在着不同（Ratner，1991，pp.69—111）。

> 在古典时期的雅典，性规范与性实践的对应关系是十分严格的，以至于向雅典人单独询问"性"本身是十分荒谬的……这将掩盖古典时期雅典人关于性的唯一背景，这一背景或称性协议使得性本身有了意义，即古代雅典的政治结构。

> 他们关于性体验的基础和我们十分不同，我们会通过内在的本质的定义来描述性，而他们则通过外在的公众的社会的定义来描述性……性欲望通常不是被生理基础（男性与女性）所决定的，而是由权力的社会表达（上层与下层）所决定。（Halperin，1998，pp.256—258）

因为性是社会地位的组成部分，所以性的分类也是由社会类别决定，而与性本身关系不大。就像颜色的类别可以被物体的类别所决定，而与颜色本身关系不大一样。这便推导出了一个非同寻常的结论，即性伴侣的社会地位比他/她的性别更加重要。一个男性公民和外邦女性或是男性发生性关系是由他们的社会地位决定的，而非他们的性别。因为这些外邦人都具有相似的社会从属地位。

这便消除了同性恋与异性恋之间的差别。性选择被还原为了简单的偏好或是口味问题，就好像人们会喜欢不同的食物一样。

> 如今我们流行的对于同性恋和异性恋划分……对于古代雅典人来

说是没有意义的，因为对他们来说这两种"性"之间是没有差别的，并不存在不同的性心理状态或是情感取向模式，有的只是成年男性所共享的自由的性体验……没有能够用来识别一个人固定且确定的性取向的概念工具……

认为一个人在性上的选择比起诸如食物的选择更能反映自我的气质，更能反映个人的认同，这并非显而易见的。我们从来不会将一个人的饮食偏好（如一个人在心理上和生理上都强烈地甚至恒久不变地喜爱鸡肉）与他先天的性格倾向关联在一起……我们也不会去询问个体早期童年经历或是青春期中所遭受的美食创伤……这是因为我们仅仅将对食物的喜爱看作一种个人的品位……同样，古人也不会将人的性品位与人格中的一些确定的、结构性的并被制定好的性特性联系在一起。这就好像我们不会将饮食习惯与个人性格联系在一起一样，因为我们认为每个人都有着相同的饮食欲望，尽管每个人的饮食习惯都差异巨大。在大多数前现代和非西方文化看来，尽管每个人的性行为都差异巨大，但性偏好与性格之间是没有关系的，因为我们都有着相同的性欲望，也就是相同的"性"。"性"远非人类生活的必要组成部分或内在组成部分，而更像是一种独特的现代西方资本主义的产物……（Halperin，1998，pp.258—260）

在许多社会中都存在同性恋，但在希腊人和新几内亚的萨姆比亚人看来，同性性交并不被认为是"同性恋"，那些进行同性性交的人也不会认为自己是"同性恋"。换句话说，性行为并没有导致性认同。在萨姆比亚，8岁大的男孩需要与成年男性产生身体接触，这是一种启蒙仪式，是一个社会强制性事件，而这显然是对男孩有创伤作用的。男孩之后会有妻子，男孩和那个男性也都不会认为他们是同性恋，尽管他们之间的确进行了同性性行为（Ratner，1997，pp.169—171）。如今的同性恋有着对性十分不同的看法，它主要是从个人的性认同上来判断一个人是否是同性恋的，这样一种认同无疑是被"同性恋"这个词语所促发的，一个在1869年才在欧洲被发

*108*

明出来的词语。

资本主义社会看重个人属性而轻视社会地位，我们的性也被认为是由个人的"性驱力"触发，而他人的吸引力也主要源自他们自身的人格或是外貌。我们关于性的这种个人观念的文化基础部分在于公共领域（如工作）和私人领域的分化，这导致我们将个人事务与社会制度、社会地位和社会标准区分开来。性成为一种私人的事物，被从社会生活当中抽离出来。这也被我们如今的建筑结构具象化了，在现代的房屋结构中，卧室是独立于其他房间的，这便使得私人化的活动成为可能（而在中世纪时并不存在这样区分开来的房间，睡觉、性、饮食和娱乐活动都会在公共场所进行，亲戚、仆人和朋友也都在场）。现代化的性是从社会活动中抽离出来的，并且是十分个人的。

同性恋在现代社会表现如此突出的一个原因是，它违背了社会提前制定好的对性关系的要求。现代社会的规范和宗教意识形态提前规定好了异性恋的正统地位，认为只有异性恋才是合适的性行为，对这一规范的挑战使得同性恋成为一种显著的行为和心理现象。而古希腊并不会提前规定什么是合适的性行为，因此也不存在对规范的冲突，同性恋也不会被明显表达出来，因为在他们看来，同性恋没有什么需要特别引起注意的，需要解释或需要指责的地方。

对于古希腊人和我们来说，性具有不同的特性，我们以不同的方式进行性行为，看待性和体验性。对于我们来说，性是一种独特的有着清晰边界的个人属性，并与其他活动区分开来，是我们注意力关注的主要对象并被伴侣的性别所驱动。而对于古希腊人来说，性是社会生活的一部分，并与社会地位而非个人属性或性别联系在一起。

## 六、心理中的跨文化相似性与心灵的文化本质相容

心理现象在不同的社会系统中具有不同的具体的特征，这一事实并不意味着社会与社会之间不存在相似性。由于宏观文化因素的相似性，心理

也具有相似性，所有的社会都有着一些共同的因素，都涉及交流、教育、分工、协调、规则和管理。这些普遍的社会特性促进了普遍心理功能的发展，如语言、推理、计划、情绪、视角采择、顺序、抽象概念、动机和自我。这些心理功能的特征是普遍的，就像社会特性也存在普遍成分一样。

在具体层面，心理和社会也都表现出了相似性，并和他们的不同性同时被表现出来。两个不同的社会可能具有相同的正规教育系统，而这个相似的正规教育系统可能导致两个文化的个体具有相似的认知过程（Ratner，1991，第三章）。

### 七、心理现象促进宏观文化因素

尽管心理现象起源于宏观文化因素，但它同时也可以反过来支持和传播宏观文化因素。文化活动、文化概念和文化产物都需要情绪、知觉、动机、推理、记忆、自我概念和学习的支持，从而使得自身能够被觉察、计划、协调、维持和改变。因此，心理现象具有支持和促进宏观文化因素的功能，并必须与宏观文化因素协调一致。

布迪厄（Bourdieu）使用了"惯习"（habitus）来表达这一观点。"惯习"是一种认知、感知和情绪倾向的结构，是被社会地位和条件所建构的，同时也能反过来生产和再生产社会地位和条件。"惯习"的心理倾向是文化的，因而布迪厄将之命名为"文化资本"。换句话说，心理倾向通过文化资源而不断积累，从而使得人们能够在文化场域中成功应对。例如，金融资本作为一种文化资源，人们可以利用它来在经济场域中成功应对[12]。

（社会学和人类学中的）结构功能主义观点阐明了心理现象对文化的功能性作用。这一视角将心理看作文化的一个方面，能够满足文化的需求。换句话说，我们需要解决以下问题：文化需要哪些类型的心理以维持自身？心理需要满足怎样的文化？非情境的记忆（自由联想）、嫉妒、浪漫的爱情、抽象思维、个体化的自我、攻击性、性别区分的人格属性有着怎样的社会功能？王琪等人（2004）支持了心理的结构功能主义视角，他们认为心理现象通过调整与适应文化的需求促进了宏观文化因素的持续。

　　例如，嫉妒心强化了个体对财产、产品和他人的控制，使得我们有了专门占有财产和他人的动机，这种心态还鼓动我们与威胁到这种专门占有关系的因素斗争。

　　而与之相反，集体所有权和共享制则最大程度弱化了所有欲和嫉妒心。尼泊尔的宁巴人(Nyinba)实行一妻多夫制，女性会和另一个家族的所有男性结婚，在他们的文化中嫉妒是很少见的(Ratner，1997，p.106)。嫉妒心在摩梭人中也很少见，由于走婚制度，当男性发现女性房子里已经有另一个男性时，也很少会产生嫉妒心。一个摩梭男孩描述了他们很普遍的一次晚间巡游，"在第一个房子那儿，我想约会的女孩的姐姐很和蔼地告诉我，她已经有了一个男朋友了，明晚或者后天晚上再来吧"。当被问及他是否会嫉妒时，这个男孩回答说，"为什么我要嫉妒呢！这种情况下我们是不会嫉妒的，你问我们任何一个得到的答案都是一样的"。"女孩属于所有人，所有想要约会的人，并不存在需要嫉妒的对象"(Hua，2001，pp.212—213)。还有另一个例子，有一个叫索拉(Sola)的男性与一个女性保持了三年的关系，但当另一个男孩说他也喜欢这个女性时，索拉鼓励他去追求她，这个男孩和她共处了两天可索拉却完全不介意。

　　在摩梭人中，男性和女性有些时候也会嫉妒，尤其是在决定结成夫妻之后。这并不违背我们所主张的社会关系对情绪的促进作用，即对他人独占式的宣称会引起嫉妒。嫉妒被看作异常的，并被认为是懦弱的表现。如果一个人表现出很强的嫉妒心，那么其伴侣便会离开并且其还会被村民嘲笑(Hua，2001，pp.257—259)。

　　嫉妒也成为获得更多财产的竞争性驱力的动机。嫉妒情绪在19世纪到20世纪改变了自身的属性，从而能够促进消费主义的发展。文化鼓励大家嫉妒富裕的生活，因为这种情绪能够鼓动人们参与到20世纪初的消费经济之中。"30年前被认为是一种严重罪行的嫉妒，如今却被认为是一种促进社会和个人进步的有益力量"，"嫉妒的含义和合法性的这种转变是十分显著的，因为它是能够促进消费经济发展的情绪和行为的一部分。美国人只有在自己能够克服宗教上对物质主义的保守偏见，发展出强调愉悦、放纵和欲望的情绪形式，并轻视克制与延迟满足的重要性之后，他们的成熟的消费经济才能够被继续维持下去"（Matt，2003，pp. 2 - 3；Ratner，*112*2000b）。

个体主义的自我也支持了资本主义经济。当青年人努力成为个体并"做出自己的决定"而非听从父母的建议时，他们便获得了购买父母不愿意购买的消费产品的自由。医药公司鼓励病人"主动选择"药物时，这种个体主义也促进了贵重药物的消费，而这能够让公司受益。

研究已经说明了一些其他心理现象的文化功能。依据阿布-卢格德（Abu-Lughod，1990）的研究，贝都因妇女的羞耻心（尤其是关于性的部分）能够促进父权制、父系经济和家庭关系的延续。婚姻的安排是为了在经济上增强父亲的角色，而不是为了新郎与新娘。性克制可以防止未婚女性私自吸引男性（可能不被她父亲所喜爱），从而使得丈夫只能由父亲来挑选。在结婚之后，父系家族也拥有支配地位，而夫妻之间的关系是从属于其下的。性克制也阻止了已婚女性与丈夫之间过于亲密，以至于与父系的控制产生冲突。因此，性方面的羞耻支持了这一类型的家庭系统的维持。

甚至"自传体记忆"也"主要起着社会和文化作用"（Fivush & Nelson，2004，p. 576）。人们关于自我的记忆定义了我是谁（反过来说也是对的，特定社会中的自我也会影响人们关于自我的记忆，以及记忆信息的方式）。西方人普遍有着更多细致的并且情绪化的自我记忆，而东方人则较少。这使得西方人更能够将自己看作独立的个体，因为它们有着独特的对过去的记忆。因此，西方自传体式的记忆促进了个体主义社会中个体主义的运作，而亚洲的不详细的记忆则使得他们轻视自我的独特性，从而将自己看作集体社会的一员，而在这个社会中大家都有着相似的关于过去的回忆和交流方式。

如果说心理现象反映并促进了宏观文化因素，而宏观文化因素是被经济制度所支配的话（正如我们在第二章中说的那样），那么心理现象便会在很多方面（而非所有方面）反映并促进经济制度。在卧室当中的诗意是与董事会中的政策息息相关的。

　　　即使是一些不被希望也难以预料的心理反应也会有着社会功能，比如心理疾病。心理疾病是被宏观文化因素所助长的，是宏观文化因素的具体表现，同时也使得宏观文化因素能够维持下去。从社会的视角来看，心理疾病是一种能够被接受的恶行，因为它并不会挑战已有的权力关系和社会结构。心理疾病患者自然是不会理解自己疾病的文化基础，也不会设计替代性的社会系统并努力去实现它。社会也设法迷惑并拉拢了社会服务、社会科学、社会政策和医药学的工作者们，使得他们拒绝心理疾病的文化解释，因为这些文化解释会导致社会改造。而作为一种自然疾病，心理疾病便能够被安全地接受了，并且能够引起社会领袖们的同情。

　　　心理现象支持了特定的社会系统，这一事实使得心理现象有了政治维度。心理现象维持了一些特定的生活方式、制度、阶级斗争、消费主义、性别和种族关系、政府形式、法律法规、生活标准、资源使用、工作条件、物质基础设施、技术使用、环境退化和军事行动。人们需要意识到心理的政治功能，需要意识到因心理而可能的社会政策，需要意识到自身的心理反应有着广泛的政治意义。如果人们对现状的一些方面不满并想要改变的话，那么他们就必须相对应地改变自身的心理反应。政治上的责任是包含这种心理成分的。


## 八、心理是一种宏观文化因素

　　　心理现象有着宏观文化因素的属性：心理现象是被社会建构并被社会共享的；心理现象是文化产物而非自然现象；心理现象是超越个体过程的存在，尽管也需要依赖个体过程；心理现象通常是被社会领袖所管理的；心理现象是在社会中被模仿的；心理现象是在模仿中被内化的；心理现象是易变的；心理现象是被其他宏观文化因素所促进的；心理现象在心理上统一了人的行为，使得人们能够与社会制度、文化产物和文化概念相一致；心理现象作为一种社会符号，体现了人的社会地位。

菲伍什和纳尔逊(Fivush & Nelson，2004)观察到，记忆构成了与他人的共同纽带，而这些人与我们有着相似的回忆过去的方式。特定文化下的个体会以相似的方式记忆事物，创造共同的过去，从而使得文化中的每一个个体都能进入到群体或是文化当中去。因此，记忆是一种宏观文化因素，是人们分享经历并创造社会纽带的方式，而这些都构成了文化。

　　"代表了特定社会文化生态位的关于自我的公共表征是作为一种共同的分母而发挥作用的——这些自我表征提供了在这一环境中生存的个体的关于自我的主要结构。这些共同的想法产生了一些必要的(常常也是不可见的)共同性"(Oyserman & Markus，1998，p. 109)。"尽管我们的自我表征使得我们认为自己是独特的个体，有着自己独特的追求，但这同样是一种集体想法和集体化的追求"(p. 107)，"从社会视角来看，自我建构太过重要，以至于不能完全留给个体。社会整合和社会规范要求特定群体中的个体对'我是谁'和'我来自哪里'有着相似的答案"(p. 107)。

　　这同样也对心理现象适用。从社会视角来看，动机、情绪、知觉、推理和记忆都太过重要，以至于不能完全留给个体。它们必须与宏观文化因素相一致，从而保证能够维持这些因素的存在。

　　心理现象常常被强大的能够统治其他文化因素的个体所发起和调节。正如我们之前所说，个体化的自我、现代的男性人格和浪漫的爱情都是由不断发展的商业阶级所发起、调节并传播的。这一阶级同时也施加给我们新的情绪管理能力、动机和数学能力(Ratner，1997，第三章，2002，第一章)。

　　福柯强调了心理现象的社会控制，借助他的观点，我们可以看到当代的心理疾病其实是一种宏观文化因素。心理疾病的定义、解释和治疗都是被精神病学家、心理学家、制药公司和保险公司所制定的，当个体在生活中遭遇困难并十分沮丧时，他们便会借用那些官方的定义、解释和治疗方式来帮助自己理解并克服自我。他们将自己看作是抑郁的，借助精神病关于生理失调的概念来解释自己的抑郁，并相信药物是最佳的治疗办法。他们的抑郁体验是一种宏观文化因素，因为它是被社会性地建构、共享并管理的。

　　同样，制药公司和医生也生产了勃起功能障碍的文化定义。他们以生理的原因来解释这一障碍，并将药物看作最佳的治疗方法，他们对这一障碍的定义还十分宽泛，以至于它还会包含很多大部分男性群体都出现过的无害的症状。所有感觉自己勃起功能不如过去，或是觉得自己不能一直勃起(尽管过去他们可以)的男性都会认为自己有着"轻度勃起功能障碍"。是辉瑞(Pfizer)制药公司生产了关于性异常和性正常的文化概念，因为这能够创造由辉瑞所生产的伟哥的经济利益。报纸帮助散播了这种被生产出来的关于性异常的定义，在一项对1970—2000年所有报纸文章所进行的研究中发现，对性异常的解释由心理到生理的转变是巨大的："在1970—1980年刊登的18篇文章中，有一半都提及了导致性异常的可能心理因素；而在1980—1990年的363篇文章中，有1/4的文章提及了心理因素；在1990—2000年间，只有不到1/5的文章提及了心理因素"(Loe，2004，p.32)。这种被管理的关于性异常的文化概念最终被广大男性群体所接受，许多人都接受了辉瑞对性的定义(即使到了老年也可以达到最大的硬度和持久性，其他的都是异常或功能失调的)。(这就好像在超级碗的失利会被看作彻彻底底的失败，而非将自己看作整个国家第二好的队伍一样)，讽刺的是，伟哥所引发的对性的关注可能在事实上创造了更多性异常。

　　在殖民和帝国主义国家，这种对心理现象的管理是最明显的。殖民地的行政官堂而皇之地操纵并塑造着当地人的意识，从而能够让他们做出合适的行为(Mitchell，1988)。"无论是打着'良性的'或文明化的借口，或者纯粹就是自私地追求更多的劳动力，殖民者的最终目标都是为了让当地人将一种外来文化当作最正确的和最美的"，"茨瓦纳[南非]的早期殖民意识有两个层面的发展"。在表面层次，它涉及传教士所说的"直接影响"——教授一些特定的信念和行为的努力，如崇拜基督教的上帝。但在更深的层次上，传教士试图灌输一些思维、交流和学习的形式，殖民者试图去组织非洲人意识的形式与内容。其中一种方式便是控制当地人在争论中所用到的术语，"这种争论的结构具有殖民文化的想当然的霸权形式"(Comaroff

& Comaroff，1991，pp. 4，199，1997）。例如，传教士会参与到当地人关于水从哪里来的问题当中。

> 在需要对话时，茨瓦纳人只能（无意识且常常是不乐意地）采取欧 *116*
> 洲话语的形式，而没有其他选择。他们被诱导采用以资本主义文化为
> 核心的理性讨论、实证知识和经验推理的话语形式。茨瓦纳人可能并
> 没有被教会人员的主张所说服，他们的世界也没有简单地被西方话语
> 风格所取代，但他们无法逃避术语的内化影响。即使是为了回应来自
> 欧洲的争论，也意味着需要采取西方的某些符号和做法——简单来
> 说，就是内化西方话语的形式和惯例。（Comaroff & Comaroff，
> 1991，p. 213）

当然，这种意识的殖民化并不是完全成功的，传教士也留下了一些不必屈服的心理现象。此外，当地人也拒绝了许多传教士试图再社会化的努力。尽管如此，当地人的很多重要的心理领域都被传教士改变了，所以整体来说，当地人向殖民者的心理模式屈服了。

殖民主义可以被视作一个关于对心理的文化管理的纯粹案例，这种文化管理会在所有社会以不同的形式存在，即使是一个真正的民主社会也必须管理公民的心理，从而保证他们能做出合适的（民主）行为。这种管理可能会比专制社会的管理形式民主一些，但它同样是存在的。

情绪、人格、知觉、动机、问题解决和记忆都是一种宏观文化因素，因为它们都通过媒体中的图像被公开地展示在大家面前，并因此而有所提升。心理现象是标准化的，并在人群中广泛分布。就像其他宏观文化因素一样，个体将心理宏观因素内化为自身的一部分。当然，其中也包括一些选择性的占用和个体差异，这在其他宏观文化因素的内化中也是存在的。

作为一种宏观文化因素，心理不仅是个人的产物，而且和制度、文化概念和文化产物一样是非个人的产物，它也并不比其他宏观文化因素更加

民主，就像精英群体控制着制度、意识形态/概念和社会的物质基础设施一样。人们仅在民主的社会(与名义上的民主社会相对)能够控制自己的心理。

偏差的心理会损害其他宏观因素，而领袖们便要阻止这样的事情发生。具有社会上无法接受的人格、情绪、知觉、动机和认知能力的个体会像干扰了社会制度的罪犯一样被强有力地排斥。

作为宏观文化因素，心理现象也会影响其他宏观文化因素。将心理再概念化为一种宏观文化因素，并将其置于和其他宏观因素一样的水平上，具有具体的文化形式和文化内容，这使得心理能够与其他宏观因素产生互动而不会损害各自的特性。具体的文化心理现象可以作为一种具体的文化制度、文化概念和文化产物的主观活动。文化所共享的具体的自我概念、情绪、逻辑推理、记忆、学习、动机、儿童发展、知觉和性都部分解释了文化行为，例如，战争、恐怖主义、代际差异、学校表现和政治效忠。将心理现象再概念化为宏观文化因素消除了我在引言中所讨论的心理与文化之间的脱节或不一致。

## 九、心理与其他宏观文化因素的关系是差异的统一

心理现象是辩证地与其他宏观文化因素联系在一起的，从图 3.1 中我们可以看出它们一方面是独立的，另一方面也是相互渗透相互依赖的。

内在性的关联意味着文化因素并非心理现象的外部变量，仅仅只能影响心理特性的一些比率、强度或是程度。宏观文化因素并没有促进 16 世纪到 17 世纪个体主义自我的比率的提升，它不只影响着诸如外在的表达形式这样的自我的外周成分，也不是一种前置于个体主义自我，并与个体主义自我相分离的商业活动。自我是随着资本主义经济关系的发展而发展的，它是被人们需要创建这些经济关系的动力所启发，并被这些关系所培养。自我的特性来源于资本主义的经济关系，并且能够很好地体现这种经济关

系。此外，个体主义的自我对于建构和维持资本主义的经济关系也是必要的，它本身便是资本主义的一部分。宏观文化因素是具有丰富的心理因素的，而心理因素也具有丰富的文化因素（Asch，1952，pp. 418－419）。

通过对特定文化心理现象的历史起源分析，我们可以明显地观察到心理现象和宏观文化因素之间的有机依赖关系。通过对资本主义创立活动的分析，我们可以更好地了解在这之中产生的个体主义自我。对文化因素的起源和与之相伴随的心理现象的历史视角可以揭示创立者们是如何主动建构文化因素和心理现象的，这种历史视角让我们不再将文化与心理物化。

相反，如果我们将注意力局限在某种已知的文化形态及其建构心理现
象的方式上的话，我们便会忽视文化因素和心理现象同时且主动形成的过程，心理的文化社会化研究常常会犯这样的错误。在他们眼中，社会化（包括家庭和学校的教养）开始于某种已经存在的文化并被教导给新的参与者们（儿童、移民）。文化很容易被认为是静态的、物化的自然因素，并机械式地决定作为副产品的心理现象。为了纠正这种错误，我们需要理解文化与心理的历史起源，我们必须要强调社会化是一种维持文化的方式，并且文化是在主动的斗争后才被建立起来的。

尽管心理是宏观文化因素不可或缺的组成部分，它仍旧具有自己独特的属性。在宏观因素的整体中也存在着差异，黑格尔将这叫作"对立的统一"（unity of differences）或"统一的对立"（differences in unity）（事实上，赫拉克利特已经创立了黑格尔的这个术语）。

作为一种宏观文化因素，诸如知觉、情绪、人格和动机等心理现象与社会制度、文化产物和文化概念这些宏观文化因素有着明显的不同，尽管心理现象的内容是来自这些宏观因素的。

例如，我们可以思考一下拳击比赛中观众的情绪。比赛是在国际拳击系统下进行的，国际拳击系统有着由拳击协会授权的客观化的排名系统，这一排名系统决定了哪些人会相互对决。一系列的比赛会在夜晚开始，较早的比赛双方等级较低，而最后的比赛则是最强的拳击手的对决。拳击赛场观众的情绪便体现了这种等级安排，但他们也体现了很多正式社会组织

所没有预想到的主观的独特的品质，"这种等级制是在这样一种紧张关系中存在的，即观众的注意力不断地从一场比赛转移到下一场比赛"（Sartre，1991，p. 18）。换句话说，这种体制化的拳击比赛等级制也有着主观的因素，这些主观因素提升了大家的紧张感、预期和注意力。制度结构的这些主观联系是基于结构本身的，同时也来源于结构本身，但这些主观联系也有结构所没有的独特的品质。

只有当心理具有结构所没有的独特的品质时，心理才能够支持其他的宏观文化因素。如果心理和其他宏观文化因素一样，那么它便毫无价值了。

心理不能还原为社会，而社会也不能还原为心理，心理所具有的不同于其他宏观文化因素的独特性对于我们避免这两种倾向是十分重要的。我们将在第七章中看到，许多文化心理学家消除了心理与其他宏观因素的区别，他们认为心理和文化是同一件事情，他们将社会看成一种心理建构以避免将社会物化，而这会模糊社会制度、文化概念和文化产物的独特属性，也模糊了这些宏观因素被设计和管理的方式，这些宏观因素所体现的利益、原则和权力关系，对这些宏观因素更加细致研究的必要，以及这些宏观因素对心理现象的强有力的影响。只有在我们意识到心理现象与宏观因素的不同时，我们才能够强调以上所说的这些问题。一种辩证的差异统一是与一个"模糊的整体主义"十分不同的。

为了提供关于心理的文化解释，我们既需要心理也需要文化。我们必须建立心理或行为与宏观文化因素之间的对应关系。"这整个练习都是以以下这个命题为前提的，即概念和其他宏观因素在分析中是可以外部式地相互影响，在理论上是可以与行为本身分离的"（Shweder，2002，p. 56）。否则，便不存在能够解释心理现象的解释性结构了。

在概念上可以区分的因素使我们意识到，一些因素可能会比其他一些因素更重要。差异的统一并不意味着所有的部分都具有相同的影响力。

当然，各个因素间的区分并非绝对的，因素也并非独立于彼此。我们对特定因素的研究始终包含对它们具体特性的认识，这些特性源于它在各种因素的集合体中的位置。我们从来不会孤立地、脱离情境地，或是抽象地看待要素。并且，我们最终将会研究各个因素间复杂的相互作用，以及心理现象如何与文化因素相互影响，并成为我们对文化因素的行为反应的中介[13]。

## 十、心理是我们对其他文化因素反应的中介

我们在社会制度、文化概念和文化产物中的社会经历会产生独特的心理现象，这些心理现象是我们体验其他宏观因素的中介。我们被文化所组织的动机、知觉、情绪、推理、记忆、自我和学习都影响着我们是如何参与到宏观文化因素当中去的。

例如，歧视和糟糕的生存条件会导致儿童发展出低自信、宿命论、低学业动机、贫乏的词汇表达和对学校权威的反叛。因此，即使这些儿童就读于较好的学校，他们的这种心理也会成为他们和学校之间互动的中介，并最终导致糟糕的学业表现。

心理现象具有独特的属性，这些属性可以成为我们与其他宏观因素互动的中介，并会影响其他的宏观因素。由于心理现象是文化的一部分，我们可以说是文化自己成为自己的中介。这是文化如何自行增殖并复杂化的一个方面，由于文化的中介本身便是文化的一部分，文化其实是在自己中介自己，这可以在图 3.2 中被展现出来。

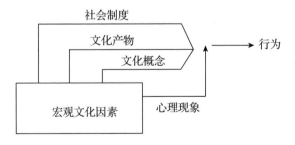

**图 3.2　在文化上被组织的心理成为其他文化因素的中介**

为了指明心理现象中其他三种宏观因素的方式，图 3.2 系统性地区分

了四种宏观因素。同时我们需要注意，这四者始终是辩证性地统一在一起的，就像图 3.1 中所展示的那样。

社会由多种宏观文化因素组成，这些因素在个体间与特定个体内会产生不同的心理特征。

121

心理现象是被宏观社会因素所建构的，这并不意味着所有的个体都具有相同的心理。角色理论和冲突理论强调了社会的分层性和异质性，因而心理过程也具有异质性(Ratner，1997，pp. 100—101，pp. 109—111)。

社会可以被"纵向"划分，也可以被"横向"划分。如果对社会劳动进行"纵向"划分，我们便是依据社会制度中的等级结构进行划分的。如果对社会劳动进行"横向"划分，我们便是依据不同的制度、文化产物和文化概念来进行划分的，具体来说便是不同的经济、家庭、教育、宗教、科学、议会、艺术和娱乐。劳动的划分使我们有了不同且复杂的心理现象，心理现象的异质性并非随机分布或是私人的，而是依据宏观文化因素的组织结构在人口中被分配的。宏观因素需要我们具有心理异质性，从而能够建构并维持多样的社会角色、文化概念和文化产物。例如，自我概念便会因不同的社会地位而有所不同，"如果一个社会想要运转流畅的话，儿童的自我概念便需要与儿童未来的可能地位联系在一起。人们不能拥有相同的自我概念，因为大家在工作等级中的地位是不同的"(Wilcox，1982，p. 293)。

在人口中被分配的心理现象被消费产品的营销人员称作"心理变数"(psychographics)。心理变数是在 20 世纪 50 年代被意识到的，它促使营销人员将过去的"大众市场"(mass market)划分为不同的区块，每种区块的消费者都有着不同的社会心理，因而需要采取不同的营销策略以吸引他们。

心理变数是一些被给定的心理现象，比如智力、推理、动机和自我概念，这些心理现象在不同阶层的群体中有着不同的形式。王琪(2004，p. 227)强有力地陈述了这种"心理功能的异质性"："我们认为对于每个孩子来说都不存在不变的与核心的能力；相反，认知能力是相对存在的，它需要与特定的文化，与特定的被文化所赋予价值的认知领域，与儿童参与到的被组织的活动的社会和物理情境，与儿童所感知到的文化和社会需求进行对比才行。"

社会中产生深远的心理差异的一个主要划分是社会阶级。社会阶级是人们在经济等级中所处的位置，它赋予了我们相对于经济等级的社会权力、资源、机会、权利和责任。构成我们社会阶级的条件将我们的整个生活置于结构之中（Hacker，2004），也将我们后代的生活置于结构之中。据统计，在出生于最贫穷的1/5的家庭的孩子中，42%的人到了成年依旧处在最贫穷的1/5中，24%的人提升到了最贫穷的1/4，而只有7%的人提升到了最富裕的1/5，这一事实反映了跨代际的社会阶级的稳固性。相反，出生于最富裕的1/5的家庭的孩子中有40%的人到了成年依旧还是最富裕的1/5，只有6%的人跌落到了最贫穷的1/5。在最富裕的1/5家庭中出生的儿童比最贫穷的1/5家庭中出生的儿童更有可能在长大后是最富裕的，这一差距高达6倍。同时，在美国父亲与儿子跨越15年的收入的相关系数是0.65，这也体现出了这种稳固性（Bowles et al.，2005）。

阶级的条件深远地建构了心理功能。事实上，阶级是预测心理功能最强的一个因素，我们都知道，智力和心理疾病在数量和质量两个方面上都会因社会阶级的不同而不同。此外，正如我们之前所展示的那样，语言能力也会因阶级的不同而不同。社会情绪调节也会因阶级的不同而不同，就像身体健康一样（Evans & English，2002；Duncan & Brooks—Gunn，1977；Brooks—Gunn，Duncan，& Aber，1997；Ratner，2002，pp.27—31）。

和社会阶级一样，人们的心理能力的差异也十分稳固。例如，在一项有着9000人参与的纵向研究中，如果儿童来自一个上层社会经济地位的家庭的话，他们中便有65%的人将5岁时的领先地位（认知能力测验中的表现在前1/5）保持到10岁，只有10%的上层儿童会跌落到中位数以下。而对于低社会经济地位的儿童来说，只有27%的人能将这一领先地位保持到10岁，而有37%会在10岁时跌落到中位数以下，跌落的人甚至比保持的人还要多。

而对于那些较为落后（认知能力测验中的表现在后 1/5）的儿童来说，如果他们来自高经济社会地位的家庭的话，他们中只有 34％的人会将 5 岁时的落后地位持续到 10 岁。但对于低社会经济地位家庭的儿童来说，则有 67％的人会继续保持这种落后地位。此外，对于低社会经济地位的儿童来说，只有 3％的落后者能在 10 岁攀升到领先地位，但高社会经济地位的儿童则有 14％的落后者在 10 岁时攀升到了领先地位（Feinstein & Brynner，2004，pp. 1334－1335；Ratner，2002，p. 19）。这强有力地证明，对于未来的认知成就来说，社会阶级是比当前的认知成就更有力的决定因素。

123

随着时间的流逝，文化经历会增强不同阶级间的心理差异。15 岁时高阶级与低阶级儿童间的智商差异比起 9 岁时更大。不利的宏观文化因素会随着时间的流逝而不断累积（Jackuck & Mohanty，1974；Evans，2004）。

情绪同样被社会的劳动分工所建构。如共情、同情和爱等正性（仁爱）情绪通常会被资本主义工作实践所淡化，但在家庭和朋友中则受到鼓励。但在一个社群社会中则有着很不同的情绪组织，在社群社会中工作是需要合作进行的，并且工作被设计出来就是为了满足他人。在这种情况下，仁爱情绪就需要扩展到公共领域，并与我们的日常生活整合起来。

对个体情绪的描述必须确定它所发生的社会领域。至少在我们的社会中，工作时的情绪和家庭中的情绪是很不一样的。对于认知推理、动机甚至人格来说都是如此。

因为心理现象会因人们在文化中地位的不同而不同，我们便能够通过心理现象来识别个体的社会地位。我们的推理风格、情绪、语言风格和动机都是我们社会角色的指标（Armon-Jones，1986）。

由于个体有着不同的角色和条件，因而一个有着特定社会地位的个体也会有着不同的心理。学校的学生来自不同的社会阶层，而外部的社会条件会影响他们的学业表现。一个人或者一个群体的心理现象取决于一系列他（们）所处的宏观文化因素，一个单一因素是不能决定心理的。

因此，学校的社会化努力无法成功地让一些有着特定背景的学生获得合适的心理能力，这也就不足为奇了。这一失败并不说明心理现象不受社会化的影响，或是心理现象取决于个体机制。恰恰相反，这正说明了社会化是一个复杂的过程，并被多个宏观文化因素所决定。在学校中适合的认知和行为能力需要被家庭支持、社区条件和工作期望等多个因素所决定。当这些文化因素产生了不同的能力时，学校是很难抗拒这些能力的。特定的种族群体和低阶级儿童便不能发展出在学校中合适的能力，因为其他文化因素对他们的心理发展产生了很强的影响。很多中产阶级学生也不能发展出合适的心理能力，因为电视、电影、电子游戏和流行音乐无助于智力的发展和形成持久的注意力，而这些对于在学校中获得成功来说是十分重要的。

当我们发现心理现象与特定的文化因素不对应时，我们便会寻找其他一些有着更强影响力的文化因素。通过这种方法，宏观文化心理学有助于理解宏观文化因素的相对力量，它在个人所拥有的心理中展现了自己真正的力量。例如，通过检验学校中学生的心理，我们发现社会阶级和媒体具有比学校更强的影响。这告诉我们，在我们的社会中这些其他的制度、文化产物和文化概念有着比学校更强的力量。因此，宏观文化心理学既有助于我们理解社会，也有助于我们理解心理。

个体不仅代表着各种不同宏观文化因素的集合，也有着个人对情境不同的体验。以中产阶级的工程师为例，他们之中一些人已婚并有孩子而其他一些人则没有，一些人来自贫穷的家庭而另一些人则不是，一些人是东方人而另一些人则是黑人，一些人在 20 世纪 60 年代长大而另一些人则没有这段经历，一些人是教会成员而另一些人则是强迫型的赌徒。这些不同的社会经历和中产阶级工程师的角色相互作用，并赋予这一群体中的个体不同的心理。

此外，每个个体在社会地位方面也有着独特的经历。在不同的制度中，成为学生或是银行出纳员的体验是很不同的。这些独特的体验使得我们产生了具有个体特性的心理。

作为宏观文化心理学家，我们对于心理现象的社会分配十分感兴趣，更重视人口学分布的心理变数而非心理的个体独特性。

宏观文化心理学并不宣称一种特定的宏观因素总是会产生一种特定的心理。相反，它认为任何一种特定的心理都反映了一些宏观社会因素。不断持续发展的社会需要我们的大多数心理现象能够支持宏观社会因素，而非一一对应。

## 十一、宏观文化因素以复杂的方式作用于心理现象

一个宏观因素可能由几个相关的因素组成，这些因素共同影响心理现象。例如，美国的贫困现象不仅是低收入或是很少的财产，而是与家庭动荡、暴力、子女与家庭的分离、不稳定、较少的阅读模仿、较多的电视观看、较少的接触书籍和电脑的机会、较少的父母参与、被污染的空气和水、拥挤嘈杂且低质量的住所、危险的社区、糟糕的市政服务、劣等的学校和日托等多个因素相关。所有这些环境风险的累积，而非单一的风险暴露，才是导致贫穷儿童产生病态心理的原因(Evans，2004)。

确定所有构成文化因素的要素是十分重要的，否则文化因素便只是一个模糊的抽象的现象。如果没有具体说明，那么贫穷便只是生活水平低下，这样一个宽泛的贫穷概念具有普遍性，但它没能强调在特定社会中的贫穷的具体特性，没能区分采猎社会(缺少永久性住房、学校、药物、文字和科学)与现代城市中的贫穷的不同。

### 一个宏观文化因素可能影响多个心理现象

如社会阶级便可以同时影响心理疾病、认知过程(智商)、动机、学习、人格和语言发展，消费主义同样也影响了多个心理现象。在 20 世纪初美国消费主义刚刚出现时，消费主义包括(导致)了以下这些心理影响：无尽需求的创造、对感官刺激和物质享受的追求、冲动的行为、对传统和家庭的不满、对新鲜感的追求、以商业产品来认同自我、自我强化和提升、自我表达、历史记忆的失败、权利感(有拥有产品的权利)、对在市场中进行选择的欲望、对外貌的关心(印象管理)而非实质、将物质主义置于社会关系之

上、不断恶化的人际关系、快乐和个人满足（Henry，1963；Cross，1993；Diener & Seligman，2004）。

## 多个宏观文化因素可能导致一种心理现象

心理现象通常是被一系列宏观文化因素的综合体导致的，而非单一的宏观文化因素。例如，获得学校所要求的认知、知觉、情绪、语言、动机和人格能力只有在有着其他文化因素支持时才能实现。这些其他宏观文化因素包括家庭刺激与鼓励、在工作中能够使用这些能力的预期和社区条件（如噪声）。当这些宏观文化因素与学校要求的心理能力相冲突之时，学生便很难发展出这些心理能力。

## 宏观文化因素作为添加剂

施维德尔（Schwidder，2002，p.65）发现，印度奥利亚人的睡眠安排（是否和父母睡一张床、是否和其他孩子睡一张床或一间房、男孩女孩是否睡在一个房间等）取决于四个文化概念：避免乱伦（和13岁以上的儿童），保护弱势群体（脆弱的年轻孩子），女性的贞洁以及对等级制的尊重（男性的优势地位通过他们对世俗事务的超然表现出来，例如他们可以很自然地与孩子，尤其是儿子同睡在一起）。对于美国中产阶级来说，睡眠安排则取决于三个文化概念：避免乱伦，神圣的已婚夫妻以及儿童的自主权。

文化概念是如此有力，以至于87％的奥利亚家庭会依据以上四种文化概念来安排睡眠。这种文化差异是如此巨大，以至于78％的奥利亚家庭的睡眠安排会与美国人关于神圣夫妻的文化概念相冲突。奥利亚的母亲常常和孩子们一起睡，而美国的母亲则很少如此，因为她们尊重神圣夫妻的文化概念以及儿童的自主权。

为了理解心理现象的社会起源和特性，也为了理解哪些宏观因素需要被改造以提升心理功能，我们必须确定对特定心理功能最有影响力的文化因素。

对于心理疾病来说，以精神分裂症为例，父母的社会经济地位比起父母的患病率是更加有力的决定因素(Ratner，1991，p. 258)。类似地，相比母亲的心理健康焦虑水平，母亲与孩子间的互动(接触、微笑和发声)数量，甚至诸如失业、家庭成员死亡或是身体疾病等压力事件，社会经济地位(以父母的职业以及母亲的教育水平为指标)对智商都具有更大的影响。特别要指出的是，母亲的教育水平会造成儿童间16点的智商差异，父母的职业则会造成儿童间18点的智商差异，然而母亲的焦虑水平则只会造成儿童7.5点的智商差异，母亲与儿童间的互动则只能造成儿童间10点的智商差异(Ratner，2002，pp. 27—31)。

## 宏观文化因素作为交互作用

一个宏观因素对心理的影响可能受到另一个宏观因素的中介作用或是调节作用。

例如，受教育程度的心理影响会因父母收入的不同而不同。相比于贫穷的学生，好的教育对富裕学生的心理有着更大且更加积极的影响(Levine et al.，2001，p. 18)。事实上，补习班反而扩大了优势个体与劣势个体间的差异，这是十分讽刺的(Ceci & Papierno，2005)。

同样，社会风险因素对心理的作用也受到了社会阶级的影响。具有4个及以上社会风险因素的低阶级的儿童平均有着90点的智商，而有着同样数量风险因素的上层阶级的儿童则平均有着100点的智商(Ratner，2002，pp. 27—28)。暴力节目对心理的影响也受到了其他宏观文化因素的交互作用，在美国观看暴力节目与暴力行为的相关系数在0.2到0.3之间，而在以色列的合作农庄中长大的孩子当中，这两者并不存在相关(Anderson，2003，p. 99)。

### 在一个宏观文化因素中出现的心理效应可能是由其他宏观因素导致的

在第一章和第二章中我们已经讨论了以下事实，即一个宏观因素可能体现了其他一些主导的宏观因素的特性。我们分析了这一结构功能主义的视角，它强调家庭和学校其实是反映了经济制度，并使得个体为在经济制度中发挥功能做好准备。因此，家庭和学校对心理的影响可能反映其他一些宏观因素对心理的影响。

　　人格就是一个有趣的例子。卡根（Kagan）发现，有一小部分年幼儿童会表现出极端的拘束或者放纵，这两组儿童的人格轨迹明显不同。40%的极端拘束儿童会渐渐改变，并在2岁到5岁半时变得更加外向起来。但只有10%的放纵儿童会变得内向。卡根认为这一现象反映了我们社会广泛的文化需求，即要求孩子在一个竞争的个体的社会中要有着更加大胆且自发的人格（Ratner，1991，pp. 153—154）。当然，阶级、性别和其他一些社会因素也可能不会要求我们具有外向人格，父母和儿童的个性也可能会与文化的需求相冲突，但人格的发展模式依旧证明了经济实践和概念对人格塑造的重大影响，哪怕他们都来自不同的个体与不同的家庭。

## 十二、宏观文化因素是心理现象的解释性结构

　　我们已经看到，社会制度、文化概念和文化产物这些宏观文化因素会刺激、煽动、诱导和组织心理现象，它们是使得心理现象具有具体特性的原因。因此，宏观文化因素是心理现象的解释性结构，能够解释人们为何会体验浪漫的爱情，为何会将蓝色看成与众不同的一种颜色，为何会具有高水平的性欲，为何会脱离情境地进行记忆，为何会变得抑郁，为何会有着个体主义的自我概念，为何会反叛自己的父母。我们理解宏观文化因素越彻底，便能更好地理解心理现象的形式与内容。

　　美国儿童拥有着十分详尽的自传体式的记忆，因为父母在与他们的陈述中强调了个体的行动、个体的感受、个体的动机和个体的想法，这使得我们不禁思考为何美国的父母们会这样做。当我们了解到父母的陈述与自传体式记忆的激发有助于孩子未来在个体主义工作的市场和婚姻市场中获得成功时，便能够理解父母的行为与儿童的这种记忆了。我们通过宏观文化因素将这些碎片化的细节整合为一个连续的可理解的整体。

　　科学中解释性的结构有着一些特性：一是解释了为什么现象存在；二

是说明了一些特性，如果没有这些特性那么现象便无法被识别；三是预测了现象未来的出现与形式。原子、细菌、基因和重力都是解释性的结构，并可以达成以上这些功能。类似地，宏观文化因素也可以解释为何心理现象会存在，说明了使得心理现象可以被识别的特性，并且预测了情绪、动机、学习、思维、记忆、人格和心理疾病未来的形式。

和自然现象的解释结构相比，心理现象的文化解释结构是不容易被发现的。找到浪漫爱情的文化原因与理解苹果从树上掉下来，或是海潮变化的物理原因同样困难。就如同个体并不直观知道掌控自然世界的解释性结构一样，个体也不能直观认识到掌控自己心理现象的文化结构。

个体通常只能意识到现象的、表象的心理特性，这就好比柏拉图的洞穴隐喻，这些表象的心理特性只是其他一些超出人们意识的事物的倒影而已，它们背后的文化基础和功能必须被专业的哲学和科学研究来加以阐明。

黑格尔在《历史哲学》(*Philosophy of History*)中讨论了这一点，"一个简单的行为牵涉到的可能并不只是主体的意向或者意识"(Hegel，1956，p. 28)。人们依据自己的需求、兴趣、目标和热情行动以满足自我，然而在这些主观的过程背后却有着某种逻辑，这些逻辑无意识地以特定方式模式化了我们的行为，黑格尔将这称作"理性的狡计"(p. 33)。"活力表现在个体或个人的一部分当中，在这之中人们寻找并满足自己的目标，但同时也成为一些他们所不知道的更高级且更广泛的目标的方式和工具"(p. 25)。

尽管黑格尔没有理解历史和文化的组成成分(他认为历史和文化是绝对理性随着时间不断展开的体现)，我们却知道宏观文化因素是由人们所创造的。不管我们是否知道，宏观文化因素都建构了我们的意识，这便是文化的狡计。

为了科学地理解并解释心理现象，心理学家必须确定(1)它们产生于怎样的宏观文化因素，它们反映了哪些宏观文化因素，以及它们支持了哪些宏观文化因素；(2)它们产生于怎样的过程，它们反映了怎样的过程，它们支持了怎样的过程，而这些过程都支持了具体的宏观文化因素。

## 十三、宏观文化心理学是独特且普适的社会科学

我们将心理现象重塑为一种文化现象，认为这一文化现象可以被宏观文化因素所揭示，同时心理现象也能反过来支持宏观文化因素。我们将心理科学重塑为一种文化学科，将其与其他社会科学统合在一起。心理科学可以（也必须）从解释了社会制度、意识形态和文化产物的社会科学中汲取养分。相对应地，关于宏观文化心理的研究也可以丰富其他社会科学对宏观文化因素的理解。当我们将人类心理再建构为文化现象时，传统中阻隔心理科学与其他社会科学的壁垒便消失了。*130*

这并不意味着心理科学会被还原为社会学、人类学或是历史学，相反，心理学会继续作为一种对立中的统一在社会科学中存在，就好像人类心理也作为一种对立中的统一在社会制度中存在一样。心理学会继续为社会科学作出卓越的贡献，因为它分析的是一种独特的文化，这种文化嵌于心理现象之中，能够折射心理现象并通过心理现象为中介而影响行为，同时这种文化也会被心理现象所影响。

宏观文化心理学是一种普适的科学理论，能够解释心理现象的文化本质，因为它的原则解释了大多数人的心理。卡卢里人的心理和意大利人的心理同样是文化性的。为了理解不同国籍、不同种族群体、不同性别、不同性取向或是不同社会阶级的人的心理，我们必须使用宏观文化心理学的原则。为了理解所有心理现象（知觉、情绪、记忆、心理疾病），我们必须使用宏观文化心理学的原则。

宏观文化心理学是一种普适的科学理论，它能够解释人类心理的文化变量。它意识到了心理当中存在着文化变异，但却是以一种连贯的、普适的原则来对其进行解释。女性和男性的心理、采猎文明与现代纽约人、婆罗门与无家可归者、同性恋与异性恋，所有这些都起源于宏观文化因素，体现着宏观文化因素，并支持着宏观文化因素。所有人的心理现象都辩证地与宏观文化因素相关联，以复杂的方式被宏观文化因素所激发和建构，*131*

并有着依据不同的社会地位而在人口中分布的具体的文化特性。同时，心理现象本身也是一种宏观文化因素。

　　心理现象的内容因文化而异。然而，解释这些内容的心理科学却是普适的。当我们提及心理的具体内容时，佛教心理学、黑人心理学和女性心理学都是有意义的，因为佛教徒、美国黑人和女性由于文化的不同都有着自身独特的情绪、推理、自我和记忆。然而我们需要一种单一的心理科学来理解所有这些不同的心理。作为一门科学的学科，佛教心理学、黑人心理学和女性心理学都必须被宏观文化心理学所取代，因为当佛教徒、黑人和女性试图与他人相互理解时，他们不能使用不同的心理学理论，尽管他们可以关注不同的心理内容或者自身群体所特有的关系。他们所解释的心理现象具有遵循共同原则的本质。黑人、女性或是同性恋的心理现象并非依据不同的心理原则（因而需要不同的心理学），这就好像区分黑人天文学家和女性天文学家是没有意义的一样，区分黑人心理学和女性心理学也是没有意义的。因为所有的天文学家都试图解释遵循某一特定原则的同一件事物，他们需要在学科体系中就这一原则达成一致。所有的心理学家同样也需要有一个基本的东西——人类心理的本质。人类心理的本质是普遍相似的，所有的心理都源于宏观文化因素，体现了宏观文化因素，因宏观文化因素的不同而不同，并且支持了宏观文化因素，所有的心理学家都需要发展出能够描述并解释这一普遍事实的心理科学。

　　下面来进行一个类比，本地人有着对自己所处的特定气候状况和疾病症状内容的具体的知识，但他们必须依据普适的原则和普适的科学（分子、细菌、基因）来解释这些特例。类似地，特定群体有着关于自身情绪、思维、学习、自我、动机、心理疾病和知觉的特定的知识，他们也很了解该如何从自身群体中获取心理讯息（例如，哪种询问问题的方式是合适的，哪种人适合去询问，以及应该在公众场合还是私人场合询问）。然而，这些特殊的细节必须被普适的、基本的原则和解释性结构来进行解释，也就是文化心理学。

　　当然，科学始终是对事物本质的无限逼近，而事物本质始终会因新的信息和见解而发生变化。不同的文化群体可以对人类的普适心理有不同的见解，以完善心理科学，但他们同时也需要尽力发展一种对人类心理普适的理解，而非分割为女性、黑人、同性恋或是亚洲的心理研究（参见本书结尾）。呼吁公众关注污染的不平等分配对黑人健康的影响不能成为黑人药学（黑人科学家和政策制定者是采取普适的医学理论和方法来说明并解释污染对黑人的影响的），研究性别或种族的心理方面就能成为女性心理学或者黑人心理学仅比这好一些而已。类似地，女性主义者也需要采取普适的宏观心理学原则来说明并解释心理中的性别方面。

女性主义者可以利用广泛的宏观心理学的视角来阐明一系列宏观文化因素对女性的影响，从而更好地理解女性的心理。这些视角包括竞争的影响、个体主义、异化、消费主义、宗教、民族主义和社会阶级。女性心理是被一系列社会制度、文化产物和文化概念所塑造的。

女性主义者对性别歧视的关注往往会忽视文化对女性心理的影响。尽管性别歧视有着很大的影响，但它并非是唯一的影响。女性主义者常常会将性别问题还原为男权制或者性别歧视，将男性的行为看作性别歧视的而女性的行为是反性别歧视的，或是照养的、敏感的并且支持的。这些概念使得许多女性主义者夸大了性别差异。吉利根（Gilligan）认为女性比起男性更加关系取向是不足信的，她忽略了女性心理其实是竞争、物质主义、个体主义、阶级主义、种族主义以及其他一些宏观文化因素的体现，而这些是与女性敏感的关系取向心理相冲突的，其实，女性的关系取向可能只是源自她们社会角色的某些特定方面而已。类似地，男性的心理也会体现温柔以及敏感，因为这些对于家庭制度来说是十分重要的，这些也是与他们在家庭之外被促进的攻击性相冲突的（Ratner，1997，pp.135—139）。对于男性和女性心理的一个综合性的理解必须包含他们完整的文化特性和文化起源，而文化心理学正能做到这一点。

在第四章我们会看到，宏观文化心理学也构成了一套普遍的方法论，可以被所有性别和种族的心理学家所使用。女性主义心理学家和黑人心理学家可以自行改善这些方法论，就像所有科学家所做的一样。他们可以采

*132*

取特定的访谈方式来询问女性或黑人受访者，就好像所有有具体背景的研究者所做的一样。特定种族群体的研究者必须在一种普适的科学原理下工作，一种可以被所有人群的所有研究采取的原则。

文化心理学的有效性并不取决于社会共识。美国人认为他们的人格和智力是可以被基因遗传的，卡卢里人认为心理现象有着精神方面的成因，这些事实都不足以挑战宏观文化心理学的有效性，就好像气象科学并不会因为有些人相信神灵降雨而受到挑战一样。即使大多数人认为神灵能够降雨或是创造了这个宇宙，这些结论在科学上也是错误的。即使大多数人不认同气象科学、关于疾病的细菌理论或是物质的原则理论，这些理论还是正确的(丛林中的一棵树倒下会发出噪声，这不受是否有人听到噪声的影响)，科学和真理与共识无关。

第三部分

# 宏观文化心理学在方法论研究、社会改造和个人成长中的应用

# 第四章　宏观文化心理学研究的方法论

　　社会制度、文化产物、文化概念和心理现象之间的辩证关系只能够被辩证的认识论或方法论所理解。认识论也体现了本体论，如果事物是相互渗透的话(本体论)，那么我们也只能用能够检验事物关系的认识论来理解事物。一种碎片化的研究孤立要素的认识论无法理解事物各个要素间的内在关系。

　　宏观文化心理学辩证的认识论或方法论包括以下这些原则。

## 一、心理的文化特征只能被人们的生活心理所识别

　　宏观文化心理学研究心理现象是如何体现或者具象化宏观文化因素的，它试图探寻心理现象是如何体现宏观文化因素的。文化特性的心理形式与它的社会制度、文化产物和文化概念的形式不同，心理现象是特殊的宏观文化因素，它是文化系统当中十分不同的一个组成部分，并以独特的方式来表达文化。心理不能够被还原为任何宏观因素，也不能够被认为可以简单地从宏观因素当中被假定或者解读出来。图 3.1 描述了这种差异的统一。

　　宏观文化心理学研究社会制度、文化概念和文化产物中的那些特性心理现象(如抑郁、进食障碍、愤怒、自我概念、学习习惯的好坏、记忆、推理和性吸引力)。研究者要通过对个体实际的心理研究来解决这些问题，而不能接受一些在电影、歌曲、广告、电子游戏和电视节目中所展现出来

的官方的、商业的心理现象。这些被展现出来的情绪、人格、推理、性、动机、知觉、记忆、学习和心理疾病可能无法代表日常生活中人们所体验到的心理现象的品质。

　　人们生活在多种相互冲突的社会压力之下，只有研究个体的心理，才能够确定这些压力对人的相对影响大小。我们必须通过对心理活动细致而详尽地询问来仔细识别心理的文化特征，而不能通过某几个心理现象的表露就下定论（Hunter，2002；Becker，2004；Ratner，1997，pp. 135 — 142，以获得对个体文化心理更详尽的解读）。

　　比如，我们想要理解试图拓展自己业务的业务主管的文化心理，业务主管的目标是最大化自己的利润，而非为社区提供帮助。通过对这个目标的研究，我们可能会认为他有着狭隘的、碎片化的、个体主义的认知和知觉风格。然而，对他的认知和知觉风格的一个更详尽的调查则会揭示一个完全不同的答案。我们发现为了使自己的成功最大化，一个业务主管需要感知、思考并记忆自己所参与的一系列复杂的关系，他需要研究并记忆他的竞争者们的行为、政府的政策，甚至他做生意的国家的文化和历史。他也需要试图去影响这些社会背景。换句话说，他的知觉、记忆和理性十分依赖于他所处的情境，而非一种碎片化的、割裂的、脱离情境的、只意识到自我的、不关心社会事件和他人的认知和知觉风格。我们需要更详尽地研究以确定他的心理，而不能只从一部分行动中进行假定。

　　对个体心理的研究并不意味着文化可以被还原为个体的心理。恰恰相反，心理现象凭借个人选择和个人整合所拥有的特性正好反映了制度、文化产物和文化概念的一些特性。我们不能从宏观文化因素本身准确地预测这些特性，而必须要通过个体的心理功能来确定这些宏观文化因素的特性。

　　对个体心理的研究也揭示了它们是如何抗拒宏观文化因素的，这些信息对于确定人们可能赞同的替代性宏观因素来说是十分关键的。

## 二、对心理现象的宏观文化组织的研究强调宏观文化因素和心理现象的具体性质

为了识别知觉、情绪、推理、记忆、学习、自我、动机、性和心理疾病的文化特性，我们需要确定这些现象的具体细节，并将这些细节与特定的宏观文化因素进行比较。我们的研究是由一系列假设所引导的，这些假设包括宏观文化的起源，宏观文化的特性（形式与内容），以及心理现象细节的功能。

如果我们想要解释学生坏的学习习惯的话，一个具体的假设可以是：学生坏的学习习惯是因为电视、广播、电脑和电影中的娱乐节目，这些使得学生习惯于以下几件事：（1）关注于短时间的、简单的、零散的、感官的信息；（2）活在当下的、瞬时的体验当中，而非传统的习俗或者价值；（3）渴望新的感官刺激以及及时享乐，而非努力工作或是为长远目标努力；（4）渴望事半功倍。

这些假设会产生一些关于娱乐节目的具体的特性，而这些特性可能会促进一些种类的心理过程，这些特性包括两点：（1）节目的内容，也就是节目所展现出来的动机、认知、记忆、人际关系、暴力、性和社会事务；（2）节目的形式，如噪声等级，同时一些节目还是以简短的片段呈现出来的，从而会常常被外在材料（广告）所打断，这种商业性的中断常常也会中断节目的逻辑流和情绪流，从而使得节目缺少逻辑和情感上的一致性和连续性。

这些假设需要基于现有的研究。一项关于美式足球的研究发现，一场美式足球比赛通常持续 3 小时左右，但其中只有 16 分钟真的在进行比赛，其他的时间主要被广告，对其他节目的推销，教练、球员和啦啦队长的近景镜头和回放所占用。如果你认为回放也算是比赛的一部分的话，那么这会将比赛时间延长到 27 分钟（《纽约时报》，1 月 7 日，2004，C14 版）。3 小时的足球比赛当中竟有 2.5 小时在播放与足球无关的内容，电视机前的

观众们也常常发现自己不得不将注意力从比赛转移到其他一些外部材料（这些对于公司来说才是真正的节目）上。所有这些部分（足球比赛、回放、近景镜头和广告）都只会持续很短的时间，然后立刻被另一个所替代。因此，观众总是会不断受到一系列变化的瞬时图像的冲击。

我们可以假设，比起节目的时间长短，这种节目的时间分配方式对认知能力有着更大的影响。那些非比赛的内容中断了比赛，也中断了我们的注意力，这可能使得我们的注意力习惯于一些简短的片段信息，并使得我们对长时间的注意感到不熟悉和不舒服。

这种零散的、变化的材料呈现方式似乎也会影响情绪反应。在一个扣人心弦的场景之后却出现了一段广告，这使得我们强烈的情绪体验变得短暂、不连续、不深刻，也不值得被深入探索。这种情绪被转化为了一种完全无关的事物，即产品的销售。在广告之后，节目往往会再次分析一下之前扣人心弦的场景，但那种情绪却再也无法回到观众心中了。

宏观文化心理学会去研究，人们的情绪是否会由于受经济压力作用的电视节目的形式的影响而倾向于变得短暂，并更容易转移到无关紧要的问题上。

类似地，宏观文化心理学也可能会研究新闻节目对认知和情绪的影响，例如，认知过程和情绪过程是如何模仿新闻节目的，认知过程和情绪过程是如何被新闻节目所需要的，以及认知过程和情绪过程如何被新闻节目所限制的。一个典型的模式是，新闻主持人宣布即将播报一条重要的信息，但却立刻被商业广告所中断，于是我们的注意力便转移到了商业广告上。新闻信息成为观看广告的诱饵，广告被置于新闻节目之上，而在简短的新闻发布之后，会有更多花哨的、无意义的广告出现，而这些是与严肃的新闻节目毫无关系的。新闻的这种包装方式使新闻失去了严肃性，而只是一些短暂的飞逝而过的声音而已，它很快便会被其他精美的使人分心的事物所取代。

媒体主管已经意识到，他们的节目对人们的认知和情绪会有一定的负面影响。在"9.11"事件发生后的几天里，媒体主管将电视中的大多数广告撤了下来，因为这些广告可能会减少悲剧的沉重性，淡化人们对悲剧性时刻的反思和情绪性的联结，暴力和浮夸的广告被认为是尤其不合理的，享乐主义的购物也被认为和人际的亲密感和同理心相悖。连社会领袖和媒体巨头都承认电视节目对认知和情绪的影响，这构成了我们关于电视节目的认知和情绪影响的迷人的假设的核心。

另一个关于文化起源、文化特性和心理功能的假设是，人们在公众领域所受到的物化对待会影响个人的自我概念和人际关系。我们可以研究人们在经历了"金钱的礼貌"（pecuniary politeness）——一个由亨利（Henry）所创造的词，指电话机等待时的机械式留言、不认识的店员祝福你度过快乐的一天、不认识的银行出纳员询问你将如何度过你的周末，这些"人性"的事物其实都是他们的老板指示他们这么做的，如果不这样礼貌和优雅的话他们会受到惩罚——之后，会如何感受自我，如何对待自我，以及期望他人如何对待自己。

另一个具体的宏观文化心理学的例子是：当人们到达工作地点却被主管告知自己已经被"炒鱿鱼"，并且需要立刻离开工作场所，这一事件对个体的自我概念有着怎样的影响？一个人需要每三年更换一次工作（就像美国工人那样），这对个体的心理会产生怎样的影响？对个体的友情、婚姻、信任、安全感和忠诚感又会有怎样的影响？供求市场的经济实践——商品的需求越多价格也越高，获取难度也更大——对心理的影响是什么？例如，在飓风之后由于人们对建筑材料、汽油和食物的需求提高了，这些商品的价格也会随之猛烈提高，并且也更难以获得，这对人们的安全感、社区和利他主义会产生怎样的影响？

心理学家可能对于这些话题十分陌生，因为他们很少考虑社会或心理现象的具体方面。但对于宏观文化心理学来说，具体的文化事物是研究的核心，这便是宏观文化心理学与主流心理学的差别。

## 三、定性研究方法对于心理的宏观文化组织的研究是必需的

为了使心理现象的文化方面形成一定的主题，宏观文化心理学家需要

引发心理现象的广泛地表达，从而能够阐明这些心理现象的特性。之后，宏观文化心理学家需要将这些特性与社会制度、文化概念和文化产物的特性进行比较，从而阐明心理现象体现具体的宏观因素（或是与具体的宏观因素相违背）的具体方式（Ratner，1997，2002）。

为了达成这一目的，定性研究方法是最好，或许也是唯一的研究方法。从本质上来说，定性研究方法能够在不同的情境下引起被扩展的心理现象的表达，这些表达可能包括对话、日记和被扩展的行为。这些被扩展的表达使得研究者可以观察到它们之间的关系，从而能够从心理现象在不同情境的表达模式中推导出心理现象的特性或者品质。

一个简单的例子，如果一个女性告诉一个男性她爱他，并且也表扬了他、赠送了他礼物、鼓励他自我实现的话，这个男性可能会正确地推测她爱上自己了。然而，如果这个女性告诉这个男性她爱他，但却不断地批评他并怂恿他做自己喜欢的事情，这种跨情境的行为模式会让这个男性觉得她并不是真的爱自己。为了推测他人的心理，我们都需要去检测与之相关的行为模式。

单一的行为不足以表达心理，例如以上的例子中，爱情的宣言可能表达了多种不同的心理现象。一种给定的心理现象也可能通过多种行为被表达出来，因为在心理现象和行为之间并不存在一一对应的关系，心理现象必须从一种行为模式中被推测和阐释出来。

140 此外，单一的情境或刺激也不足以引发心理现象。单一的情境或刺激可能是一个异常值，而它所引发的心理现象也可能是不具备代表性的。例如，学校中高强度的测验可能并不能检测学生的知识水平，失业所引发的极端的愤怒或抑郁可能并不能代表该个体的正常心理。只有在观察一系列情境，而非单一情境的反应之后，我们才能了解心理（Ratner，1997）。

这些定性研究方法的原则组成了一种辩证的认识论。这种认识论强调，我们关于心理现象的知识只能从在对一系列情境/刺激中所引发的相互关联的反应或表达的观察中获得。这一认识论遵从辩证的本体论，即现象之间是内在关联的。我们只有通过对关系的研究才能了解辩证联系的事物。

狄尔泰发展了辩证的认识论，从而给定性研究方法提供了信息。他试图通过外部的表达来理解个体的内在精神生活。由于内部的心理并非直接可见，我们必须通过外部可观察的表达来再建构这些内部的心理，这个过程被称作"理解"（Verstehen）（Dilthey，1985，p.236）。我们理解心理的方式是一个诠释的过程，或者也可以叫作诠释学（hermeneutics）。诠释学是一种达成"理解"的特定的过程，我们理解他人是否爱自己的方式是对他们在多个情境下的行为模式进行诠释，这便是著名的诠释学的循环（hermeneutic circle）。我们可以通过这种循环来诠释很多特定的行为——如爱情的宣言、友好的行为、打孩子耳光——与其他行为在其他情境下的关系。

文化心理学研究的辩证认识论可见图4.1。

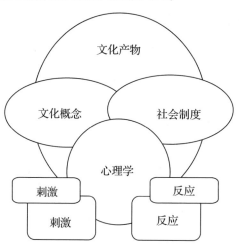

**图 4.1 宏观文化心理学研究的辩证认识论**

图4.1描绘了一系列相互关联的刺激，这些相互关联的刺激引发了一系列相互关联的反应。所有这些刺激和反应都是嵌在个体的文化心理情境中的，并且能够代表个体的文化心理情境。这意味着这些刺激和反应是具有生态效度，即个体十分熟悉这些刺激，并且这些刺激是个体所处的通常的文化情境。具有生态效度的刺激/情境引发了能够代表个体心理的反应，

而不为人所熟悉、无意义的刺激和情境则不会引发具有心理意义的反应。

宏观文化心理学采取定性的研究方法来阐明心理现象的具体特性，然后再通过对这些心理现象的具体特性的研究来阐明嵌于其中的宏观文化因素，最后再对心理现象的品质和宏观文化因素的特性进行比较。心理语言学家和社会语言学家采取这种比较的分析方法来确定语言和认知之间的关系，他们发展出了对语义的深入分析法，并使用这种专业的方法来探索非语言认知的形式和内容，并评估语言认知和非语言认知间的一致性（Levinson，2003b，pp. 19—20）。

我们的"文化定性方法论"利用了现象学、民族方法学和扎根理论的过程。这些过程是被发展用来阐明个人意义的。我们扩展了这些过程，从而能够把握镶嵌在心理现象中的文化主题。我在其他一些工作（Ratner，1997，2002）中解释了这些方法，因此在本书中我只会做一个简单的总结。

赵（Chao，音译）对中国和美国的儿童养育实践进行了研究，以确定养育实践与文化概念、意识形态和民族理论之间的一致性。他对陈述进行了严格的主题划分，关于美国母亲的主题包括通过爱和其他一些对待儿童的方式来增强儿童个体的力量、自信、成功、独立性、自我表达和自我理解。赵同时还展示了这些母亲的目标和实践是如何体现西方社会个体的意识形态的。而对于中国母亲的陈述则主要是关于社会化方面的实践和目标，并涉及一些不同的主题，包括通过爱和其他一些对待儿童的方式来增强家庭的联结，如对家庭的贡献、对家庭成员的照顾、附属于家庭的自我。在中国母亲的儿童养育中，个体的力量、独立性和成功往往总是和她们对家庭的贡献联系在一起。赵指出了这些主题和中国流行的集体主义意识形态之间的同源性。在赵的研究中，"爱"和"自尊"不再是一些抽象的词汇，而是有着具体的文化心理细节（Ratner，2002，第五章）。

赵的研究是成功的，因为他将丰富的心理数据与具体的特性联系在了一起，准确地对这些数据进行了总结，并通过具体的对比和逻辑推演系统地将这些心理特性与宏观特性联系在了一起。这样的分析依赖于各种推断和推论，从而能够理解那些不可见的心理现象。

诸如意识形态(概念)和制度的宏观文化因素并非直接可见的,人们是无法看见个体的意识形态、自由的市场经济或是医药系统的。要研究这些现象就好像要研究光年之外的银河系一样,人们需要从一瞥的光线中,利用各种相关的知识来进行推论和推演,并最终将这些现象再建构为有意义的模式。心理现象也不是直接的或者完全可见的,它是需要从行为的模式中被推论或推演出来的。文化与心理之间的关系也是同样。我们不能直接观察到广告会塑造个体的意识,意识形态会塑造母亲的社会化实践,或是个体对文化影响的抵抗。心理的文化基础也是需要被推论和推演的,就像古生物学家推演恐龙灭绝的原因一样,他们知道恐龙生存所需的自然条件,并且知道恐龙灭绝时那些条件的状况,这使得他们能够从这些失去的必要条件中推演出恐龙灭绝的原因。类似地,定性文化心理学的方法论也涉及对文化状况特性的理解,并试图将这些文化状况的特性与同源的心理现象的特性匹配起来。

叙事就好像研究化石,我们需要重建并重新阐释这些叙事以发现它们未能完全体现的生命形式。研究者必须发现个人叙事的细节与宏观文化因素间的关联,而不能简单地让受访者自行去识别这些联系,因为大多数人(包括大多数心理学家)并不能意识到这些联系。大多数社会的结构和意识形态都掩盖了宏观文化基础、特性和心理现象的功能。文化对意识的组织既包括盲点也包括可供性(Ratner,1994)。我们不能消除意识中的文化组织的盲点,并假装认为人们能够自然并完全地认识到自己的心理。研究必须基于对人们在文化上被组织的意识的客观评估,因为他们自身的文化心理使得他们不能自主回答一些有关文化心理的问题。在当代社会,理解心理的文化组织需要我们进行专门的文化心理学的训练。或许那些促进政治参与和政治理解的民主的、合作的社会能够承受更多能够理解文化心理的群体,从而减少专业的文化心理学家的数量。

## 四、跨文化心理学所使用的实证方法对宏观文化心理学的价值有限

实证的研究方法宣称自己是一套无理论的流程,可以被普遍性地用来

研究任何理论的社会心理现象，但就像所有方法论一样，实证的研究方法也有着自己一定的理论基础和偏差。实证主义的认识论会体现并增强某种本体论，就像其他任何认识论一样。因此，对于有着不同的本体论原则的现象来说，实证主义便失去了自身的可用性。我在其他一些工作中介绍过这一点（Ratner，1997，第一章）：实证主义是建立于原子论、物理主义和数量化的本体论原则之上，它认为文化现象和心理现象都是孤立的变量，并可以被还原为一些外显的、物理的、分离的行为的数值。例如，攻击性便是一种分离开来的心理现象，有着自身同质的、普遍的、不变的、外显的属性，并可以被一些物理行为的数值（如一段时间内击打的数量）表达出来。

实证主义的本体论假设使得我们无法全面理解文化现象和心理现象的概念定义。实证主义者强调，我们需要操作性地对文化现象和心理现象进行定义和测量，将它们看作应对简单的、碎片化的刺激（如问卷中一些分离的问题）的外显的、简单的行为。因此，跨文化心理学家没有关于文化、心理或是它们之间关系的理论，实践者没有关于文化变量或是普遍文化起源的理论（如为什么人类会有文化，以及将文化看作一种突生的现象），也没有关于组织、行政管理部门、文化政治、文化动力和变化的概念。事实上，跨文化心理学家很少研究文化。如果你对这一领域的几千份研究报告进行整理的话，会发现它们中的大多数仅是对不同文化的心理进行了一个比较（如"相比西方人，东亚人对环境中的关系成分更加敏感"），而没有去研究文化因素。就算考虑了心理差异的具体文化变量的影响，跨文化心理学家普遍也会将其限制在几个变量上，这些变量包括个体主义/集体主义、国民生产总值、受教育年限、简单与复杂的社会。文化的具体的丰富性对于跨文化心理学来说是十分陌生的。

跨文化心理学对以下这些问题也漠不关心，如关于心理现象本质的连续的概念，关于心理现象为何会被文化所组织，关于心理现象如何被文化所组织，关于心理现象的文化功能。相反，跨文化心理学家会列出一些文化变量和心理变量，并试图确定它们中的哪些变量具有相关性，但却很少阐述产生这些联系的原因。实证主义的本体论和认识论假设使得它并不适合用来理解特定的社会系统，社会系统的具体的宏观文化因素，以及文化上具体的情绪、自我概念、推理、性、动机、学习、心理疾病和发展。

下面让我来解释一下，这些局限性是如何阻止我们理解心理现象的完整的、具体的、复杂的文化组织的。

跨文化心理学抽象地定义文化现象和心理现象，传统主义和现代主义的概念便是一个很好的例子。传统主义通过以下5个因素定义：服从权威；孝顺和祖先崇拜；保守主义与忍耐；宿命论和防御；男性主导地位。这5个因素都是十分抽象的，因为它们没有说明具体的文化和心理问题。服从权威可以表现为对权威的恐惧，也可以表现为对权威的尊重，甚至是对权威的冷漠。没有说明服从权威的具体属性使得它潜在地包含许多其他属性，这损害了概念的同质性。

黄光国（2003，pp.251－252）在一篇出色的评论中指出，亚洲对权威的服从来源于儒家哲学，并且表现出了一些具体的特性。而西方人对权威的服从则含有贬义，主要是源于权威管控所产生的恐惧和消极形式。而儒家意识形态当中对权威的服从则有积极意义，它包含三点：（1）以光荣的方式履行职责；（2）尊重权威的智慧；（3）尊重在道德上有责任保护自己的仁慈的权威，就像家族中的父亲角色一样。抽象的术语式的变量掩盖了这些丰富的、独特的文化意义。

*145*

类似地，儒家中的男性支配地位也包含对女性的责任和道德行为，而不能被一个抽象的词汇"男性支配权"代表。抽象的"男性支配权"只会让人想到权威对女性的控制和不尊重，从而产生误解。

这种抽象概念的问题也出现在了林和丘奇（Lin & Church，2004）对中国人格维度的研究中。作者想要知道心理维度是本土的还是跨文化的，因而从中国人个性测量表（Chinese Personality Assessment Inventory，CPAI）中选取条目对多类人群进行测试，并发现人格维度可以推广到不同的人群而不受文化的束缚。在他们看来，"许多本土或跨文化心理学家想要确定只在某些特定文化中有效的独特的人格维度。起初，人们以为CPAI 中的人际关系维度是具有文化独特性的，但似乎并非如此"(Lin& Church，2004，p. 600)。

这一维度具有跨文化一致性是预料之中的，因为它是被抽象地进行定义的。例如，某个量表测量"情绪性"，它所指的并非是某种具体的情绪性，而仅是指人们是否会感情用事。美国人和中国人当然都会感情用事，他们都会以某种方式感受到情绪，在抽象的层面这是可以比较的。然而，这种抽象层面却是无意义的，难道心理学家的洞见只在于陈述每种群体都会表露情绪性这一事实吗？我们想要知道的是情绪性的文化性质，而抽象性会使得这一问题更加模糊。

对于 CPAI 来说也是如此。CPAI 的维度包括"领导性""亲情""乐观－悲观""和谐性""人情""自我－社会取向"和"责任感"。这其中"领导性"便可以有多种可能的形式，它可以是独裁的也可以是民主的，因而认为人们是具有领导性的这句话并不包含有效信息。跨文化心理学家所认为的普遍性是建立在空洞的抽象性的基础上的，这掩盖了文化特异的心理现象中丰富的、具体的形式与内容碎片化的、低生态效度的刺激所存在的问题：跨文化心理学家普遍会向受试者展示一些简单的、碎片化的刺激。他们认为这种形式是最准确且最清晰的，然而事实情况恰恰相反，这种材料其实是最模糊并且最开放的，它可以被各种方式进行解读从而使人困惑。

麦克雷等人(McCrae et al.，1998)的跨文化人格研究便是一个很好的例子。他们使用 NEO 人格修订量表对中国血统和欧洲血统的人进行了比较，这一量表包括 240 个陈述，受试者需要在 5 点李克特式量表上进行评分(同意或者不同意)，作者认为这 240 个陈述代表了人格的 30 种特质或方面(每个方面 8 条陈述)，经过因素分析这 30 个方面可以产生 5 个更大的因素或者领域(每个领域包括 6 个方面)。如"我试图对遇到的每个人都保持礼貌"便是利他主义方面的一句陈述，而利他主义又是宜人性的一个成分。

但问题在于，礼貌是具有不同的文化意义的，它的范围可以从商店收银员的敷衍的微笑(因为这是工作和老板的要求)到真正的帮助(如"一个原住户向新来的住户介绍自己的社区")再到为避免接触而产生的最少互动（如"在宴会上她对他十分礼貌"）。

受试者并不知道这一陈述中的"礼貌"暗指的意义是什么，麦克雷也不知道受试者心中是怎么想的。这样的问题刺激是不足以引出人格属性中的文化性质的。

碎片化的、表面的、定量的反应所存在的问题：人格问卷的回答形式使得研究者无法知道受试者回答问题时脑海中的文化意义，这限制了受试者，使得受试者只能对每个问题进行"同意"或者"不同意"的反应，而无法对这些陈述进行阐释。这个过程是基于实证主义的本体论的，即心理现象可以被外显的行为直接并且完全表达出来。这种"物理主义"的假设将心理的全部意义规定在了明显的外在反应中，而在这些反应之后是不存在"多余意义"的。这种本体论假设导致了一种认识论假设，即我们可以通过受试者反应的等级来完全了解他们的心理意义，我们所需要做的只是去衡量这些反应的强度而已，然后我们便了解人类心理了。

这种假设是错误的，单一的反应是不能对应到心理现象上的。恰恰相反，它替换并掩盖了主体心理的品质。

在麦克雷的问卷中，强烈认同礼貌的群体（和个体）可能是在用一些不同的方式来表达一些不同的礼貌，对礼貌性的认同并不意味着有某种礼貌人格特性或是利他主义维度。

*147*

麦克雷可能会反驳，礼貌性能够反应利他主义是因为它和其他 7 种类型的陈述相关，关于礼貌性的陈述需要放在受试者也具有其他反应的背景下来看，利他主义并非基于单一的反应而是多种反应的集合。

然而，其他 7 种类型的陈述同样是模糊的，就和礼貌性一样。我们并不知道它们代表了哪些特质，因此它们之间的相关并不能说明礼貌性可以代表利他主义。

我们不能通过添加更多的抽象性陈述来阐明某件事物的具体性，更多的抽象并不能生产出具体，也无法说明我们的礼貌意味着什么（利他的、敷衍的还是恶意的）。萨特（Sartre，1948，p.5）十分有洞悉力地解释道：

"心理学家并没有意识到，通过意外事件的累积是无法达到事物的本质的，就好像在 0.99 之后添加再多的数字也无法到达 1 一样。"

分离的反应无法说明心理的具体特性，我们可以用下面这个例子来说明这一点。设想下面这个情况，某份问卷揭示了某个受试者对他人很礼貌并且具有同情心，这并不意味着他在礼貌时是同情的，不意味着他的礼貌中包含有同情，也不意味着他的礼貌是利他的。礼貌和同情可能是两种分离的特质，仅是在数值上相关而已。一个人可以在某一时刻是敷衍的礼貌，而在另一时刻是真诚的同情，在这种情况下认为礼貌代表了利他主义便是极具误导性的。相关性可能仅仅是一种外部的相关，在事实上两种因素可能并不能影响彼此或者说明彼此。

想要揭示礼貌的特性，唯一的办法是让受试者对礼貌本身进行广泛的陈述。受试者必须能够解释，当他表现礼貌时，他的意思究竟是什么？他的所作所为是怎样的？只有理解那些渗透在礼貌之中的其他特性，我们才能理解礼貌的具体特性，理解这究竟是哪一种礼貌（Asch，1946）。只有这样，我们才能得出诸如礼貌是利他的这一结论。特质的独立性必须被联系性所取代，从而能够解释它的具体性，而这在实证主义的框架之中是不可能实现的。

麦克雷的错误还在于，他将特质方面再次归类为因素领域，认为利他主义是宜人性的一个成分，但受试者其实并没有这么说。实证主义的人格问卷将受试者的回答限制在对某个陈述的同意性程度的反应之上，而拒绝了他们对这一陈述意义或内容的表述。因此，麦克雷无法知道对某一陈述的同意程度能否代表宜人性。如果一个受试者的礼貌程度只有对他人漠不关心的态度（就像超市收银员对你礼貌的微笑一样），甚至是恶意的态度（女主人只是对她的客人保持礼貌而已）的话，那么对礼貌的同意程度便不能成为宜人性的一个成分。这样的问卷设计只能从不充分的数据中得出一些随意的结论。

麦克雷还会反驳，利他主义是和其他一些相关因素（顺从性、信任、温柔、直率、谦虚）共同构成宜人性的，因此他的利他主义其实是在因素分析的帮助下考虑了各种相关因素的背景的。

我们之前已经讨论了这一说法的错误,独立的、碎片化的、固定的、抽象的因素的相关并不能体现它们的具体特性的相关。我们并不知道谦虚是否能够表现宜人性,它也可能表现不安全感或者其他一些特质。因此,这些抽象的特性,无论是单独呈现还是集体呈现,都不能体现宜人性。

一系列并列的特质可以表达任何一种因素,麦克雷的利他主义、服从性、信任、温柔、直率和谦虚同样可以表现"易受骗""不安全""试图取悦他人"和"控制愤怒"这些因素,如果我们不去引发受试者广泛的回答并去理解他们的文化组织的话,我们是不能确定这些隐含着无数种可能性的真实特质的。

麦克雷的确不知道他在研究什么,因为他的方法论使得他失去了观察人们文化心理的能力。讽刺的是,实证主义的方法试图阻止受试者表达自身心理的性质(因为一种错误的观念,认为这些对于经验性的科学研究来说是主观的和令人生厌的),但这却反而导致研究者对这些心理属性进行主观的、随意的和非经验的创造,并把这些创造施加到人们身上(Le Grange et al.,2004)。

这个问题还可以在彭凯平和尼斯贝特(1999)关于推理的文化特性的研究中看出。他们对美国和中国不同的推理方式(这种不同的推理方式是由于不同的宏观文化因素造成的,如哲学和社会结构)十分感兴趣。作者向受试者提供了一些谚语,有些谚语蕴含矛盾("辩证的谚语")而有些谚语没有,受试者需要针对这些谚语回答以下 4 个问题:(1)你对这句谚语有多熟悉?(2)你在多大程度上喜欢这句谚语?(3)你看到这句谚语的频率如何?(4)你在多大程度上理解这句谚语?受试者对于这 4 个问题的评价构成了一个综合分数。这个过程反映了实证主义是如何将复杂的心理现象操作化地定义为简单的、外显的反应的。

这之中的前三个问题完全没有测量推理,谚语也与推理风格或是认知过程关联有限。我可能会喜欢黑格尔或者莎士比亚的话,但我却不会按照他们的方式思考。熟悉性也不能体现推理风格,我常接触某种谚语并不意味着我会按照这种谚语的思维风格和方式进行思考。相反，我可能从未使用过某种谚语，却可能会以和这种谚语背后相似的推理风格思考。在彭凯平的研究中，理解是唯一与推理风格挂钩的问题，对谚语的理解是可能表现了推理风格的。然而，这两者肯定不是等同的，一个关于理解能力的 7 点评分的量表也肯定不能充分衡量个体的认知风格，其他一些对理解力的独立的测试是必须的。总的来看，彭凯平对认知风格的测量包含了三个完全不适合的问题以及一个很值得怀疑的问题（参见 Ratner& Hui，2003 以获得关于这个研究更多的评论，包括对辩证哲学的误解，对数据的偏差性解读，以及不合适的结论推导）。

当然，使用这种简单的、表面的问卷要比分析和评估人们的推理风格简单得多。因此，彭凯平使用了一种妥协的但无关的测量方式，而非在心理上有意义的测量方式。实证主义的研究就好像我们要去有光的地方寻找丢失的钥匙，因为那儿更容易发现钥匙一样。

北山（Kitayama）的文化对知觉或注意的研究也说明了这种单一的、表面的反应的不足。北山等人（Kytayama et al.，2003）试图研究情境依赖的认知和情境独立的认知，他们的假设是亚洲文化更倾向于组织出情境依赖的认知，而西方文化更倾向于组织出情境独立的认知。认知是通过以下这种方式衡量的：向参与者展示一个方块框架，在这之中有一条竖直的直线，之后再向参与者展示另一个同样大小或者不同大小的方块框架，然后向参与者随机安排一个任务（画一条与第一个方块框架中的直线绝对长度相等的直线，或是画一条与第一个方块框架中的直线比率长度相等的直线）。

研究者假定，在绝对任务中，由于参与者会忽视第一个框架背景（评估原直线长度时）和第二个框架背景（画出新的直线时），因此美国的参与者会比日本的参与者表现更出色，并且对于美国的参与者来说，绝对任务的表现会比相对任务的表现要好。而在相对任务中，由于参与者需要加入环境背景的考量，因而日本的参与者会表现得比美国的参与者更好，并且对于日本参与者来说，相对任务的表现会比绝对任务更好。从最终的测试数据来看，研究者总结道"在对某件焦点物体进行判断时，日本人更有能力整合环境的信息，而美国人更有能力忽略环境的信息"（Kitayama et al, 2003，pp.204－205）。

这种表现评估的测量方式的问题在于，它无法揭示实际涉及的认知过程。作者无法去检验参与者是否真的在评估直线长度时忽视或者考虑了环境因素。他们假设心理过程可以解释这种表现或反应的差异，但却无法真正在经验上证明这一点。因此，我们并不清楚参与者是忽视还是考虑了背景因素，作者所得出的心理结论完全是揣测性的，因为他们并没有真正去研究参与者的心理。

为了研究认知过程，我们需要了解这两组人是如何达成他们的判断的。美国人在相对任务中的错误可能与背景线索并无关系，他们可能的确比较了线的长度与方块框架长度之间的比率，并且也考虑了第二个方块的大小以衡量应该画多长的直线，他们可能只是在衡量计算能力上有所缺陷。比较得不准确与不进行比较是有很大的差异的，北山预设了美国人不会将背景因素纳入考量，但事实是可能他们的确考量了，尽管他们量化直线长度信息的能力有所缺陷。采取简单的、表面的反应衡量方式是不足以研究认知过程的。

如果采取定性的研究方法的话，北山便可以很好地确定参与者使用的准确的心理操作过程了。艾瑞森等人（Ericsson et al.，2004）便使用了定性研究方法来研究记忆策略，就如我们在第二章中提及的一样。小学数学教师对认知过程的研究比这些杰出的心理学家更好，数学教师会让学生写下解决问题的全部计算过程，这使得教师能够检查学生的认知过程，能够发现学生是否理解了数学原理，他是否犯了一些粗心的错误，或是他是否掌握了正确的概念或原理。如北山一样只是简单打钩打叉的教师是会失去他的工作的。

北山等人的失败就好像只看到一些人正在哭泣，便得出了关于这些人的结论一样。但事实上他们有可能是开心、沮丧、愤怒、放松、感激、陷入爱情、疼痛、与小说中的英雄产生共情等之中的任何一个。心理学家不能不去询问这些哭泣的人的具体感受，就鲁莽地认为他们是难过的。如果一个心理学家只进行了这样武断的、揣测性的判断并试图在权威期刊发表，用更多的研究来证明这个判断的话，任何一个有名誉的审稿人或编辑都会拒绝这样的研究，因为心理学是需要提供关于人们心理的结论的，如果没有关于人们心理的结论那么便不能够在心理学的科学期刊上发表。但事实情况却是，北山的这篇有问题的研究在同行评议和编辑的同意下发表在了权威期刊《心理科学》(*Psychological Science*)上。

北山等人还错误解读了他们的数据。数据显示日本受试者也无法完美完成相对任务，他们在各个情境下的平均偏差为 4.5 毫米，而在绝对任务下的偏差则是 6 毫米。这 1.5 毫米的差距是文化对知觉的一个很小的影响，如果绝对任务和受试者的认知或注意不符的话，这个差距应该要大得多才是。这样的数据只说明了日本文化并不会使得人们在绝对任务上做得不好，而在相对任务上做得好。

对数据再进行一次仔细的检查，可以发现作者的结论中还存在其他一些不一致。在实验的第一个阶段，受试者被呈现了 5 个不同的方块框架，每一个都有一条不同长度的直线。而在实验的第二个阶段，新的方块框架有时候会比第一个大、比第一个大一点、跟第一个一样、比第一个小一点、比第一个小，受试者在这 5 种条件下会有着不同的表现，表 4.1 呈现了其中两个条件下的数据。

表 4.1　北山的数据

| 第一个框架的高度 | 直线长度 | 第二个框架的高度 | 绝对任务误差 日本美国 | | 相对任务误差 日本美国 | |
|---|---|---|---|---|---|---|
| 89 mm | 62 mm | 179 mm | 6.8 mm | 2.2 mm | 6.3 mm | 10.6 mm |
| 179 mm | 31 mm | 89 mm | 3.6 mm | 3.8 mm | 2.3 mm | 3.7 mm |

第一行的数据基本符合作者的主要结论，即相比美国受试者，日本受试者在绝对任务中会有更大的误差，而在相对任务中则相反。然而，即使在这种条件下也存在与假设和结论相互冲突的数据，因为日本的受试者在绝对任务和相对任务下的表现是几乎一样的，而根据假设他们应该在相对

任务中表现得更好。

第二种条件的数据中的假设与结论的矛盾更加严重。两组受试者在两种任务中的表现误差都很小，并且绝对任务并没有产生日本受试者和美国受试者间的显著差异。同时，美国受试者在两种任务下的表现也是基本一致的。再者，美国受试者和日本受试者在相对任务上只有1.4毫米的微小差距，日本受试者在相对任务和绝对任务间的差距也只有微小的1.3毫米。这些数据都是和作者关于知觉中的文化差异的极具影响力的结论相违背的，但作者并没有承认这些数据上的不一致，也没有试图对它们进行解释。相反，他通过坚持主效应的方式掩盖了这些不一致。

北山等人也未能指出发生这些表现差异的文化原因，而仅是简单地宣称文化间存在认知差异。他们认为文化原因需要未来更多的研究来解释，而未能将"认知差异"与任何特定的宏观文化因素联系起来，这项研究仅仅是一次对于个体行为差异的描述而已。这样的研究未能提供文化对心理的影响的新的信息，而这才是文化心理学应该告诉我们的。

文化变量与心理变量的关系被掩盖了：实证主义依赖于数据差异显著性的检验，这掩盖了文化与心理间具体的、复杂的关系。这在格林菲尔德等人（Greenfield et al.，2003）对墨西哥恰帕斯州玛雅织布工的调查中表现得十分明显。第一代织布工很少与商业产生联系，而他们的后辈则与商业有着更多的联系。作者从此得出的结论是，商业产生了一种更加独立的教授织布技术的学徒风格，这是基于以下两个数据，首先是学生独自学习织布技术的时间比率，其次是学生自我预防和纠正在所有预防和纠正（老师和学生）中的比率。两者的综合数值与商业的参与具有0.21的相关性，这个相关性是在统计意义上显著的。在这样的基础上，作者得出了文化对教学风格有显著影响的结论。

然而，一个统计上显著的关系或是差异并不代表两个因素之间在"真实生活"中存在有效的有意义的联系。在这个案例中，在商业的影响下干预和纠正仅仅从78%增加到了81%。问题不仅在于很小的增长素质，因为对于第一代很少接触商业的纺织工来说，他们的独立学习比率本身就有78%，这本身就是很高的一个数值了。因此，商业对于教学法独立性的影响是十分小的，依赖于数据显著性的检验只会证明一幅错误的图片。

格林菲尔德还研究了商业对纺织模式中的抽象表征的影响，他向受试者展示了编织好的纺织品图案，并要求他们用木条来表示这些图案。受试者可以将几根细木条放在一起来表征编织在一起的模块，也可以用一根粗木条来表征。格林菲尔德宣称，使用粗木条代表了个体将许多细线归为一类的心理操作过程，他使用木条来定义抽象性。

这种操作性的定义是有问题的，因为我们并不知道这个受试者是否在认知上进行抽象，他们可能只是觉得相比多个细木条，粗木条更加方便或者更有效率而已。并且，使用粗木条而非细木条并非一种抽象，抽象是在概念上将一套具体的部分选择为普遍的共同因素的过程，例如"人类"便是对已存在的具体个体的抽象，"颜色"是对具体颜色的抽象。概念是一种对普遍属性在概念上的识别，它并非可见的特定的实体，就好像我们不能看见"颜色"或者"人类"一样。在这种意义上说，使用粗木条来代表可见的编织模式并非一种抽象，粗木条可能代表了几股羊毛合在一起的可见宽度，而不必然表现一种类似"颜色"和"人类"那样抽象的特性。维果茨基指出，文化产物的形式可以掩盖非常不同的心理过程，年轻的孩子常常使用他们从养育者那儿听到的抽象词语，但他们却还没有在抽象符号的层次上使用这些词语，因而我们有必要调查词语和概念究竟是一种抽象，还是说仅仅是一种相互关联的集合体（Vygotsky，1987，pp.121—241）。我们看到使用外显的、简单的、量化的行为这些操作性定义来代表心理现象是不充分的。而定性研究方法则使得我们可以确定受试者使用粗线条来代表编织模式时的实际发生的认知操作过程（参见 Ratner，1997，pp.75—76 以了解关于科特·戈德斯坦对精神病人的抽象的研究）。

我们先将这个问题放在一边，来聚焦于格林菲尔德的结论，"在前一个阶段和后一个阶段之间，抽象表征策略的比率显著提升了"（p.474），在这里存在一个"显著的商业与抽象性之间的关联"（p.475）。重复使用的"显著"让我们感觉这种关联是牢固而且重要的，但这并非这些数字的真正含义。商业和抽象之间的相关仅仅是 0.12 而已，这是一个十分弱的关联，无法说明商业对抽象有所影响。

格林菲尔德的另一个结论也是如此，即商业促进了工人技术的提高，使得他们能够继续创造并表现出新的编织模式。他认为"历史阶段（即商业）对被表征的新颖编织模式有着很大的影响"（Greenfield，2003，p.477），为了检验其在真实世界的效果，我们必须观察实际的数值。对于 5 种新颖的编织模式，最后一代纺织工平均完成了 2.65 件，而第一代纺织工则完成了 2.19 件，对商业的接触使得个体的完成数量提高了 0.46，这仅仅是 10% 的提升而已。并且，两组人都表现出了接近中等的水平，在 2.5 附近挪动。商业并没有让新一代纺织工更好地制作新颖模式的编织，也没有使得老一代纺织工更糟糕。对数据真实的分析揭示了商业对心理过程其实并没有很大的影响，而基于统计测试的结论则误读了这一现实。

依赖于统计检验的另一个缺点是，它们仅能够说明某种关系是否存在，而不能说明背后的发生原因（Ratner，1997；Smith，2003，pp.20—23）。格林菲尔德只提供了简短的句子，用来解释为什么商业会产生抽象的表征，她认为金钱的交换是一种抽象，而这触发了抽象认知的发生（p.468），这并不具有启发意义。

格林菲尔德和一般的跨文化心理学家和主流心理学家会忽视文化与心理间关系的一个基础问题，参与到商业中的人为什么会抽象地思考？这是科学心理学需要回答的问题。科学试图回答"为什么"和"怎么样"的问题，而不满足于观察与测量已经发生的某件事情。科学探寻事实表面下的不可观察的过程、属性和原则，去解释事物而不是简单地描述事物。正如著名的科学哲学家邦奇（Bunge）所简洁地指出的那样，"现代科学的标志是寻找在可观察事实背后的原则和机制，而非盲目地积累数据或是寻找数据之间的相关"（Bunge，2004，pp.207—208）。

跨文化心理学屈服于主流心理学与实证主义哲学，侧重于描述事实而避开了潜在的机制、过程、原则和原因的解释（Bunge，2004，p.206）。尽

*155*

管也存在一些解释性的表述，但建立了自变量（文化变量）与因变量（心理变量）之间关系的可控的说明和实验本质上是描述性质的。认为商业促进了抽象思考，这似乎是一种解释，但其实只不过是一种事实关系的描述而已。他们未能理解为什么这种关系会存在，以及这种关系是如何存在的，同时也无法用连贯的综合的能够说明相关心理现象的理论来说明人类心理根本的、普遍的原则。

在心理学中，大多数"为什么"的问题和答案都是虚假的，我们所知道的的确只有商业和抽象思考之间的相关性而已。

传统心理学解释就好像在说，湿衣服变干是因为阳光的照射，人会死是因为不充足的食物或是因为吃了变质的肉而染病，或是植物会成长是因为雨。这些并非科学的解释，因为它们缺乏能够真正解释结果的原因或机制的确认，它们仅是一些外显现象的相关而已，而没有对这种相关发生原因的理解。在所有这些例子中，那个"因为"都可以被替换为"当……时"这一描述性关联词。例如，当人们没有充足的食物时，他会死。当阳光照射时，衣服会干。我们并不知道背后的原因，一个真正的解释应该能够识别这些背后的原因和机制，即衣服是因为在接收阳光之后，衣服中的水分子的动能增加，从而克服了将水束缚在衣服上的附着力（Bunge，2004，p.202）。

为了解释为什么商业促进了抽象思考，对这两个现象进行透彻的理解，理解商业是如何将物体和人当作商品的，我们需要理解商品是什么（可以参考马克思的《资本论》）。我们必须分析抽象思维的具体属性，对抽象思维进行准确的定义，确定抽象思维与商业的同源性（玛雅人的商业抽象与抽象思维是以哪种方式表现出了相同的意义？），从而了解抽象商业思维背后的功能意义（抽象思维如何促进人们在商业活动中的表现？为什么抽象思维比具体思维更适合商业？具体思维损害商业的方式/原因是什么？）。简单地宣称玛雅母亲因为商业而改变了自己的艺术模式是没有意义的，因为我们并不清楚它们之间的联系究竟是什么？这种关联是如何导致思考表征的改变的？他们是否还改变了自己对世界和他人的思考和感知方式，还是仅仅就是复制了市场化的模式而已？他们是否因为使用旧模式而遭受挫折？换句话说，这种简单的论断并没有告诉我们商业结构生活是如何促进抽象思维的(Linklater，2003；Ratner，1991，pp. 96—100)。

通过实证主义的方法论，我们的确发现了很多宏观文化因素与心理之间重要的经验相关证据。实证主义研究确认了性别与精神障碍、社会经济等级与认知缺陷、贫穷与心理功能失调、种族与心理发展、暴力媒体与暴力行为之间的关系。这些由传统经验主义者或实证主义者获得的缺乏宏观理论支持的发现，对于我们改造宏观因素以促进心理功能来说十分有建设作用。

当我们明确划分了需要解决的问题时，实证主义是有用的。贫穷、隔离、失业、暴力、语言和数学能力、反应时间以及严重的心理功能失调都有着明确且外显的特性，可以被很容易地识别出来。对于这些因素，我们便可以对它们进行操作性的定义，并用量化的、简单的、单一的外显反应来表示它们。例如，我们可以用语言的长度和时间来衡量亲子交流的多少，这一数据又可以被用来与智商测试进行相关检验，从而大致表明父母养育行为与儿童心理影响之间的关系。

然而，实证主义不仅有着大量生态效度存疑的测量工具，它对现象的品质(本质)或是现象微妙的、复杂的关系的了解也甚少。我们从经验主义中很难了解到心理疾病、种族主义、偏见和贫穷的复杂性，也很少知道贫穷或种族主义组织我们人格、学习、动机、认知过程、情绪表达、语言和心理疾病的过程。

实证主义的方法论无法提供文化心理学所需要的信息，它抽象地定义文 157 化现象和心理现象，将数据限制在表面的、外显的、数量化的行为之上。这些变量都有着模糊的、不确定的意义，它们对于真实生活情境的应用也是受限的。并且，这些变量之间的关系的效应量也是很小的，文化变量与心理变量之间的内部关系也是未知的，并且关于心理现象与文化因素之间关系的结论也是推测性的。在实证主义严格的、精确的、专业的、有效的测量方式和数据背后，我们只能得出非常粗略的对心理现象和文化因素之间关系的理解。实证主义是由经验驱动的，这并不意味着它是科学的，"缺乏合适方法的经验研究不能被称为科学"（Dilthey，1985，p. 268）。

实证主义目前依然在心理学和大多数社会科学的方法论中保持着地位，尽管它有着很多明显的缺陷。这一事实证明了是意识形态的强权，而非科学原理在指导着心理学科的发展。实证主义能够维持下来，并非因为它科学地描述并解释了现象，而是因为它掩盖了这些现象，掩盖了文化现象和心理现象的具体的、历史的特性。我们将在之后的两章中看到，这种掩盖功能对于维持实证主义统治现状的合法化地位来说有着很强的政治功能。

# 第五章　宏观文化心理学、社会改造与心理变化

"我们需要系统性的和长期的解决方案来解决系统性的问题"(Bunge，2004，p.190)。

宏观文化心理学理论是对促进社会改造的心理现象的再概念化。这一理论解释了以下这些问题：为什么社会改造对于心理提升来说是必要的？为什么社会改造可以有效地提升心理功能？社会改造如何提升心理功能？社会改造应该包含什么以变得有效？社会改造的心理影响是什么？为什么社会改造需要心理改变？缺乏社会改造的心理提升的局限性是什么？

## 一、改造社会以提升心理功能的必要性

心理现象源于宏观文化因素，体现了宏观文化因素，并且支持了宏观文化因素。因此，改变心理现象便需要改变宏观文化因素。心理现象不能在独立于塑造它的宏观文化因素的情况下被改变。我们不能期待人们通过纯粹的意志力来改变自己的心理，那忽视了心理的文化基础。我们之前已经充分说明了这一事实，即心理现象源于社会制度、文化产物和文化概念，心理现象并非自己通过个人意志产生的。此外，现有的宏观文化因素还会发挥作用来维持现存的心理现象。因此，提升与宏观心理现象有关的心理功能的方式是建构新的宏观文化因素，因为这可以建构并要求一些新的心理功能。

*159*

对于心理功能的增强来说，宏观文化因素的改变是必需的且有效的，

因为宏观文化因素可以为新的心理现象的社会、物质和概念结构提供支持。我们可以思考一下社会关系的改变是如何产生不同的心理的，假设有三个人共同拥有一个农场并且分享这个农场的财产，那么每个人都可以从帮助他人提高生产力的行为当中获得利益，他们会与其他人保持共情，会感受到他们的自我是相互依赖的，感受到他们的行为是由合作的动机所驱动的，并会通过合作来友好地解决问题，从而拥有一种普遍的"集体化的心理"。而如果这个农场是被分割为三个不同的区域，每个人都在一个竞争的社会关系系统下私人地拥有这块农场，那么他们便无法从帮助别人提升生产力的行为当中获得利益。事实上，他们每个人反而会从他人的失败当中获得利益，因为这意味着他们可以售卖更多自己的产品并且赚更多的钱，于是人们便不再对他人表达同情，每个人都感到自己是独立于他人的，每个人都试图胜过他人，并在解决问题的过程中采取对抗性的立场，这便是"个体化的心理"的开始。社会关系需要不同的心理，因此改变心理需要我们改变社会关系。

从宏观文化心理学的视角来看，如果我们需要广泛提升人们的心理，我们便需要进行社会改造，反之亦然。广泛出现的需要被纠正或消除的心理问题其实也意味着宏观文化因素是难以维持且需要被改变的。因为如果宏观文化因素塑造了心理现象的基础、特性和功能的话，那么广泛出现的心理上的不足必定是由于宏观文化因素的不足，对广泛出现的心理问题的改善也只能通过对宏观文化因素的改进才能实现。

一个很明显的例子是美国印第安人普遍出现的心理功能失调。印第安人的年均暴力犯罪比率和黑人群体一样，并且是白人群体的 2.5 倍。印第安年轻人的自杀率则是其他年轻人的 2 倍。并且，印第安人整体来说死于酗酒的比率是其他群体的 67 倍。20％的印第安年轻人没有工作也不上学，同时也没有试图去寻找工作。这种印第安群体广泛存在的心理功能失调是一件社会事实，或是宏观文化因素，它很明显是由社会制度、文化概念和文化产物所构成的印第安人的社会生活和物质生活造成的。如果我们不去改变宏观文化因素的话，我们也不可能改变这种普遍存在的心理功能失调。单独地试图改变他们的问题行为的尝试注定会失败。

例如，只有当阅读成为文化中的一种必要需求时，广泛提高人们识字率的努力才会成功。换句话说，只有宏观文化因素需要某种能力，并且某种能力能够支持宏观文化因素，这种能力才会广泛出现。在 17 世纪和 18 世纪时，识字这种认知能力只在一些特定的需要阅读的实践领域中（如商业）才存在，而在不需要识字阅读的地方，我们是很难说服那里的群体去学习一种对于实践来说多余的能力的（Ratner，2002，pp.24－25）。

在现代社会，除非我们能够创造出可以支持健康体重的宏观文化因素结构，否则想要单独地克服肥胖问题的尝试是注定要失败的。个体通过节食来减轻体重是少数，而那些能够控制体重的个体也仅局限于拥有良好认知、社会和物质资源的人。在社会、物质和概念宏观文化因素面前，个人的改变是十分困难的。为了克服这些诱导人们产生糟糕的饮食和锻炼习惯的宏观文化结构，个体需要不断地保持警戒，需要花费时间和金钱来寻找并不容易获得的健康食物，需要花费时间和金钱来进行日常生活中不易获得的锻炼机会。

如果我们能够将健康生活的要求和成分融入社会制度、物质基础设施和文化概念的话，那么便能够更容易地过上健康的生活。最成功的一种方式是对社区的再设计。在这个新设计的社区中，住户可以方便地走路去超市、餐馆或学校，这样的物质基础设施使得人们可以走路去参加各种活动，从而没有开车的必要了。此外，我们还可以禁止学校中的垃圾食物，而用健康的食物替换它们（就像我们禁止在学校内吸烟，禁止电视上的香烟广告，禁止向年轻人售卖香烟，禁止在公众场所吸烟一样），教师和其他社会领袖也可以在学校教授营养知识，学校也可以开展丰富的健康教育课程，这些社会制度、物质文化产物和文化概念的改变对于降低肥胖率来说是十分有效的，因为这些方式可以让健康生活融入文化中，而不需要个体不断地保持警觉以维持对不健康文化的抵抗力。

*161*

不改变宏观文化因素而试图通过个体的意志力来改变行为是十分困难的，保守的宗教群体试图让信徒放弃婚前性行为便是一个很好的例子。这些群体在过去 10 年内已经说服了 240 万青少年签署童贞协议，但根据联邦政府疾病控制中心对 12000 名签署协议的青少年的调查显示，88％的签署者依旧在结婚前发生了性行为，并且这 88％的人感染性病的概率甚至比没有签署协议的青少年还要高，并且更可能不知道自己已经被感染了（《纽约时报》，3 月 10 日，2004）。很明显，意志力无法与我们宏观文化因素中出现的大量性刺激相提并论。

## 二、不断变化的宏观文化因素能改变心理功能的证据

各种各样的自然实验、受控制的观察和人造实验都证明了社会关系对心理现象改变的作用有多大。

20 世纪 90 年代，西尔斯（Sears）公司引入了一套新的关于汽车修理工的工资政策，这成为一项很好的自然实验。在政策颁布前几十年，修理工只会根据工作的时间获得标准的薪水，但在 90 年代之后，西尔斯的主管决定降低基础工资而增加绩效工资，因此修理费用越高，修理工的工资也会越高。此外，主管还宣布任何未能达到规定绩效的修理工都会被辞退。在政策颁布之后的一年内，修理工就开始向顾客收取额外的费用，于是该公司便被指控滥收数亿美元，并支付了 20 亿美元的赔偿以解决这些诉讼（但不需要承认自己的错误）。一个简单的经济实践（由主管颁布）的改变竟产生了如此巨大的心理和行为机制的改变（Callahan，2004，p. 28）。机制的改变使得个体调整自己的行为和心理，以和新的工资政策相匹配，因为如果不欺骗的话，这些个体便需要承受经济上的压力了。

另一个自然实验发生在生物制药科学领域。各个公司通过资助研究和独占研究结果的方式将生物制药研究私有化了，这使得研究数据的分享减少了（Horton，2004）。社会关系的变化迅速改变了看似在自由思考的研究者的心理和行为。

很多社会心理实验也已经最终证明了社会关系的力量可以改变心理。如最著名的斯坦福监狱实验，还有谢里夫（Sherif，1954/1988）等人的实

验，在俄克拉荷马州的一个营地里，他们将一群11岁的男孩随机分成了两组（相同人口学背景、认知水平和人格因素），活动的内容是竞争性的运动竞赛和合作性的问题解决。当两组人需要相互竞争时，孩子们会变得恶意、具有攻击性、自我服务、与他人社会距离增大并产生偏见。并且，诸如记忆等认知过程也被竞争性的活动影响了。举一个例子，在一场48分钟的拔河比赛之后，失败的群体会高估比赛的持续时间（多12分钟），而胜利的群体则会低估比赛的持续时间（少18分钟）。失败组对持续时间的判断是胜利组的2倍（1小时对30分钟）（pp. 118－119）。

经过几天的竞争之后，研究者让这两组与对方合作，他们必须合作解决一些会影响他们所有人的问题。例如，研究者会把供应两个营地的水箱关闭，这使得所有男孩们都陷入共同的困境中。这些男孩聚集在一起，共同去发现水为什么停了并共同去解决了这个问题。在经历了一些这种合作式的问题解决之后，"在合作的和互助的行动中，我们观察到他们之间的冲突和恶意都减少了"，并且他们之间的交集和友情变多了。"这些观察的可靠性是建立在社会统计学的指标上的，这些指标表明与过去的恶意相比，如今这两组之间的友情增加了，并且也不再有不友好的刻板印象了……"（p. 211）特别需要说明的是，在竞争阶段的最后，他们另一组的评价中53％是不友好的，但在合作的问题解决阶段最后，只有4.5％的评价是不友好的，而有86％的评价是友好的（pp. 194－195）。

该研究的一个重要发现是，我们需要通过合作活动来克服竞争所带来的负面影响。单纯的与外群体的接触无助于行为的改变。在竞争性游戏和合作性游戏之间，在一个大厅吃饭时，男孩们有机会自由地与另一个群体的男孩接触。然而在这段时间内，男孩们依旧是分成两个群体吃饭，并且对另一组成员具有敌意。只有在合作任务（新的原则、新的奖励分配的基础、新的机会）之后，这两组之间的距离和恶意才消除。

这些例子都说明社会关系的改变能够有力地改变心理功能。

在心理健康领域的大量研究表明，宏观文化因素对心理改进具有很大的影响（Ratner，1991，pp. 247－282）。美国和英国的就业率和普遍经济繁荣指数对于心理疾病的恢复来说十分重要。在大萧条时代，精神分裂症的恢复率只有之前和之后的一半。20 世纪 20 年代和 40 年代之间的恢复率是20％，而大萧条时代则只有 12％。国家繁荣和高就业率对心理疾病有着积极作用，这一事实可以从 1840—1967 年国家失业率和精神疾病住院人数之间高达 0.8 的相关系数中看出。并且，在三年的时间里，上层阶级的患者从精神病中恢复的比率远高于下层阶级患者(11％和 5％)。

发达国家和发展中国家间的恢复率具有很大的差异，世界卫生组织关于精神分裂症的后续研究为此提供了有力的证据。精神分裂症在发展中国家很快便会停止，而在发达国家则会持续很长的时间。在发展中国家，能够进行精神分裂症早期诊断的特定精神病阶段在 6 个月内可以结束，而在发达国家则需要 11 个月。发展中国家精神分裂症的整个病程也显著短于发达国家。例如，在伊巴丹(尼日利亚城市)只有 25％的精神分裂症患者会持续患病两年以上，而在奥胡思(丹麦城市)这一比率是 61％。在初期诊断之后的两年内，发达国家的患者有 45％的时间处于患病阶段，而发展中国家则只有 27％。这份报告的作者总结道，"考虑了所有变量之后，我们认为平均来说，发展中国家的精神分裂症患者比发达国家的患者能够更好地克服这一疾病"。

类似地，与英国人相比，毛里求斯人更少地受到心理疾病的困扰。并且哪怕与美属维尔金群岛的人相比(与毛里求斯人具有类似的基因种群)，毛里求斯人也会遭受少得多的心理疾病的长期折磨和复发。例如，只有不到 10％的毛里求斯人会有症状的复发，而在维尔金群岛则是 50％。

这些研究说明了社会结构对于精神病的恢复率有着很大的影响。发展中国家和发达国家的恢复率的差异比起同一个社会系统内采取不同治疗方法所产生的差异要大得多(为了解更多相关讨论，参见《文化、医药和精神病学》，1992，16 卷，pp.53－106)。

164　　随着移民群体在社会阶级阶梯上不断攀升，他们的精神疾病患病率也会下降，并和中产阶级保持一致，这一事实也说明了宏观文化因素对心理健康的重要性。

文化变革促进心理改变的一个负面例子是殖民化。在英国对南非的殖民时期，英国传教士系统性地将资本主义的宏观文化因素引入南非，这些宏观文化因素要求当地具有现代性的心理，并且也能够支持现代心理的运作。仅向基督祷告并不足以改变人的心理，但除了祷告，传教士还督促当地人效仿英国的服饰、发型、商业交易、工业生产、消费主义、小的分隔成单人房间的住所、法律、婚姻实践、财产权、卫生设施、个人卫生习惯和医疗实践。在这样一个相互交错的资本主义宏观文化因素系统之下，每一个因素都与另一个因素互相补充并共同构成整个系统，而本地人也完全融入这一系统中。这一整套系统对于南非本地人意识的改变来说是必需的。

新的社会关系、物质文化产物和文化概念的参与需要我们建构新的心理现象。例如，现代医药治疗方式破坏了当地传统治疗者的权威，破坏了当地人和传统治疗者之间的关系，并且也向当地人灌输了关于疾病、身体和个体的新理论。西方医药系统将疾病看作一种身体功能失调，是发生在活着的个体之内的。这破坏了传统非洲关于疾病的概念，即疾病是一种道德和社会功能失调(Comaroff & Comaroff，1997，p.343)。

将人们包裹在一个人道的能够自我实现的文化系统之中，这同样也可以在积极的方向上塑造人们的心理。

## 三、心理学视角的社会改造方向

宏观文化心理学提供了关于社会改造的独特的视角。这是基于对宏观文化因素的心理效果的分析。

宏观文化心理学会采取以下 5 个分析步骤来生产关于社会改造的政策。

*165*

(1)宏观文化心理学聚焦于大多数人所共有的心理现象，我们需要在此基础上(对整个人群而言，而非一些个体)分析某心理现象是否为满足性心理现象（评估过程自然取决于我们的价值判断，限于篇幅在本书中不进行讨论。我相信大多数人应该会赞同以下这些心理现象是不让人满足的，包括非理性、攻击性、偏见、压力、孤独、服从、低智力、学习障碍、注意力障碍、困惑、自我中心主义、专制主义、冷漠、异化、抑郁、偏执、自杀和相关属性。而满足性的心理则是这些的对立面）。

（2）分析每种心理现象（情绪、动机、知觉、记忆过程、推理过程、精神障碍、发展过程、注意过程、学习过程、自我概念）的宏观文化因素的心理成分。

（3）追溯构成每种成分的宏观文化因素，或者它的宏观文化解释结构。

（4）倡议去发展那些能够促进满足性心理现象产生的宏观文化因素。

（5）倡议去消除或转换那些不能促进满足性心理现象产生的宏观文化因素。

下面让我们来说明一下，如何用这 5 个步骤来分析一些普遍存在的心理现象。

个人的愤怒是美国一种普遍存在的心理现象。当美国人被其他人的个人行为激怒时，他们会倾向于变得十分愤怒。这是存在问题的，因为这会导致恶意、报复、斗争、压力和与之相关的心理症状。个人愤怒是由各种心理成分组成的，其中一种成分是个体主义的自我概念。个体主义的自我概念让人们为自己的行为负责，并且认为如果一个具有责任承担能力的人伤害了我们的话，那么这个人便是有意图地伤害我们，这导致了愤怒情绪的产生。例如，如果有人在人行道上和你相撞，而你认为他是有意为之，你会变得很生气；而如果你认为他是意外撞了你，你便会原谅他。你对于事件的归因取决于先前是如何看待自我及责任的，而由之而来的自我概念和推理便是个人愤怒的心理成分，这两种成分都是普遍存在的心理现象，或称宏观文化因素。

此外，这些愤怒的心理成分还源于关于人格的文化概念，即人们是自主的并有意志的，具有控制自己行为的责任。这样一种心理宏观文化因素和概念宏观文化因素的集合体导致我们很容易将伤害我们的行为看作有意的，从而产生愤怒情绪。

换句话说，首先是有一个文化概念（我们相信个人的自主权和对行为的责任），然后这一文化概念被整合为一种心理现象（个体主义的自我，将他人的伤害行为理解为有意的推理过程），这些心理现象是一种被广泛共享、群体展示，并且根植于其他宏观文化因素的宏观文化心理现象。最后，这些宏观文化心理现象形成了对伤害行为的愤怒情绪，这种个人的愤怒同样也是一种广泛共享、群体展示，并且根植于其他宏观文化因素的宏观文化心理现象。

而在不会将不幸归因为个人的意图，而是将其看作坏运气、意外或是命运的社会当中，则只会有低级别的愤怒情绪。例如在墨西哥的玛雅人、土耳其人、斯里兰卡的佛教徒中就是如此（Ratner，1991，pp. 77—78）。

为了减少愤怒的文化成分，我们需要用新的关于自我和责任的概念来替换现存的概念。一种相对平衡的概念是，人们只需要部分地为自己的行为负责，外部因素同样会影响行为[14]，伤害行为也不一定是刻意的。如果我们将这种关于自我和责任的概念融入我们的心理概念和推理过程的话，便不会倾向于责备伤害我们的人，也会变得不那么愤怒了。

当然，从理智上来说我们都知道人们并非完全自主的，也不需为自己的行为负完全的责任。然而我们还是需要将这些客体化为宏观文化因素，从而使得它能够成为一种想当然的假设和实践。我们的个体主义自我和责任概念，以及心理上的自我概念和责备他人的推理过程是从资本主义的商业实践中产生的，并被物质基础设施、制度和文化概念展现出来，被文学作品、流行歌曲、绘画、政治意识形态和广告传播。只要这些文化基础还存在，我们就会有着极端的关于个人责任的自我概念，并用这种极端的概念作为认知图式来解释个人的愤怒，从而使得人们更容易对伤害自己的人产生愤怒情绪。

　　这种新的相对平衡的关于自我和责任的概念（意识到行为不完全受意志推动，也受到外部因素的限制）需要通过能与之对应的整体的方式被社会制度、文化概念和文化产物所激发和支持。我们需要转换电影、电视节目、小说、政治意识形态、广告和流行音乐中的宏观文化因素（社会制度、文化产物和文化概念），从而使得新的自我概念能够被建立、展示和培养。为了平衡那些普遍存在的极端的自我概念，这些措施都是必需的。

　　这便是对心理现象和社会改造（源于由心理现象的解释性结构所组成的宏观文化因素）所进行的宏观文化分析，我们首先选取一个看似自然或个体反应的心理现象（如愤怒），然后将它看作一种文化现象，并用组成它的宏观文化因素来确认这种心理现象，最后再说明哪些改造是必要的。我们进行了一个与社会改造相关的个人愤怒的分析，并设计出了新的可以减少个人愤怒，促进心理功能的宏观文化因素。[15]

　　相同的过程也可以被用于心理功能失调（如抑郁症）的分析中。抑郁症是一种宏观文化因素，因为它能够影响很大一部分群体，由社会制度所管理的，被文化概念所通知，被文化产物（如药物）所治疗，形成了个人认同的一部分，并且被整合进了健康系统和政府债务之中。同时，抑郁症还是由压力性的文化条件和文化应对机制所引起的，单独的压力源并不会自动化地导致抑郁，它也可能导致愤怒、退缩（接受、宿命论）、精神分裂症或是自杀。只有当被特定的文化条件和竞争机制所影响之后，压力源才会导致抑郁（Ratner，1991，第六章）。不同的应对机制会导致不同的功能失调。

　　根据医学家和人类学家的说法，西方人所采用的应对压力条件的机制包括因不幸而责怪他人、担忧和感到没有克服困难的支持因素。这些应对机制达到顶峰便形成了抑郁症，因为人们感到自己不足以单枪匹马地战胜不幸，人们其实是对自己感到抑郁。

　　应对机制是抑郁的一个心理组成成分，换句话说，抑郁是由自我责备、担忧和孤独感组成的，就像个人愤怒是由个体化的自我和推理机制组成的一样。我们采用一些心理现象来理解压力条件，并对压力条件作出反应，而这些心理现象达到顶峰便成了抑郁。

这些人们用来应对压力的心理操作方式是宏观文化心理现象，或称宏观文化因素。自我责备、担忧和孤独是被广泛共享，并且被群体性展示的文化心理现象，同时它们也是宏观文化因素的一部分，被宏观文化因素促进。自我责备来源于资本主义的社会组织和意识形态，它们将个人赞美为自主的并且为自己行为负责的。而担忧和孤独感则来源于困境中的人们低水平的社会支持，因为在西方人们大多只关注自己的成功和自我的利益，并且直接的社会关系往往被经济上的商业服务关系所取代。

图 5.1 向我们描绘了抑郁的宏观文化心理模型。

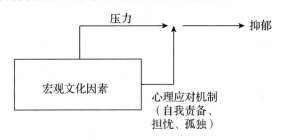

**图 5.1　抑郁的宏观文化成分**

图 5.1 显示，抑郁症的所有要素都是宏观文化因素的一部分，文化不是在简单地产生压力后再将我们扔给内生的、个体的过程（如生物机制）去应对，应对机制本身便是一种文化现象，并且来源于其他的宏观文化因素。

心理功能失调其实证明了一种文化的失调，因为文化会给人带来压力，并且也给人带来了能够加剧而非克服压力的应对策略。文化并没有提供给社会中的大多数人足够的应对资源[16]。心理功能失调并不能逃脱文化的影响，而是屈服于文化中使人虚弱的一些方面。如果应对策略能够让人摆脱社会压力的话，那么人们便不会得心理疾病了。

心理功能失调在任何方面都是一种宏观文化因素，造成心理功能失调的压力是一种宏观文化因素，并且在整个人群中都很常见，应对压力的心理应对机制也是一种宏观文化因素。这些宏观文化因素都是在大部分人口中被广泛共享，并且被群体性展示出来的。这种应对机制的起源是社会制度、文化产物和社会系统的概念。这些宏观文化因素的整合和高潮则是广泛分布的心理功能失调。每种心理功能失调都是被社会权威（如医生、心理学家、保险公司、制药公司和法院）所管制的，这些社会权威定义了心理功能失调，治疗了心理功能失调，并且建立了有关心理功能失调的法律权利和义务。

当我们感到不安时，我们会通过文化概念来对这种不安进行定义。文化概念是我们不安的范本，它不仅是对不安的一种描述，同时也引发了我们以特定方式感受不安。它组织了我们的心理，使得这种心理成为文化特定的抑郁。因此，抑郁症的文化概念部分解释了社会中广泛存在的不断增长的抑郁情绪。抑郁开始于压力、担忧、自我责备和孤独，之后则受到我们应对策略的影响，之后这些文化概念本身又成为我们的应对机制，使得我们通过这些让人不安的应对机制来解释我们的不幸。

这是所有宏观文化因素的特征，它们一开始都是其他因素和行为的产物，之后成为根深蒂固的生产其他后续行为的宏观因素（Ratner，1991，pp.271—272）。尽管抑郁症似乎是反社会的、个人的应对危机的行为，是发生在相互分离的数百万个个体中的，但它实际却是一种基于对一些常见不稳定条件的共同应对机制（参见图2.3）。不可思议的是，文化其实是这些看似个体的、反社会问题的基础。心理功能失调便是对这种狡诈的文化的证明，它潜移默化地塑造着我们看似个人的、反社会的心理反应。

由于抑郁症（和所有其他的心理功能失调）说到底是一种宏观文化因素，它便只能通过转换宏观文化因素的方式来消除。新的文化因素需要产生较少的压力，并且要给人提供能够成功克服任何压力的社会和心理机制。

我们需要一种新的心理自我概念，这种自我概念并不强调个人对不幸的责任，而是强调限制我们的社会资源、机会和责任（由社会意识形态、物质条件所承担）。面对不幸时，它不会去完全地责备个人，也不会让人面对困境时感到抑郁。这种平衡化的自我需要成为一种广泛共享，并被群

体性展示出来的宏观文化因素。而要想建构这种新的心理自我,我们首先
需要建构出相应的社会制度系统、文化产物和文化概念。民主系统(由人
民所控制,因而能够满足人民的需求和欲望)可以包含一种社会自我,而
非个体化的自我。这种社会自我会通过文化概念和宏观心理现象客体化出
来,并将不幸看作一种集体的产物,既包括个人犯的错误也包括各种其他
的相关因素。相比于竞争的、被驱动的、物质的资本主义社会,一个民主
的、合作的社会系统可以产生更少的压力,可以更好地支持人们度过困
境,因此也会让人们在克服困难时产生更少的焦虑感和无助感。当抑郁的
文化基础和心理基础被消除后,抑郁的存在便也失去理由而不复存在了。

转换宏观文化因素被证明是一种有效的应对抑郁症和其他心理障碍的
方式。很多不同于我们宏观文化因素的社会当中抑郁症和其他一些心理障
碍发生的比率是很低的,例如,新几内亚的卡卢里人便不会责备个人的不
幸,而是责备命运或是外在因素。因此,他们便很少体验到自我责备、内
疚、低自尊和对于困境的自我怀疑。他们缺少抑郁症的成分,因而在过去
100 年内没有发生过一次自杀事件,并且只在最近的一次研究中才发现了
一例抑郁症(Ratner,1991,pp. 265—268)。

对抑郁症的宏观文化心理分析和治疗说明了抑郁症的宏观文化解释性
结构,以及转换宏观文化因素的目的。我们并非聚焦于疾病的人际方面,
这些固然是重要的,但其重要性已经被主流心理学家和治疗师夸大了。我
们的分析始于抑郁症的心理现象,终于抑郁症的心理成分(自我责备、孤
独和担忧)和培养了这些成分的宏观文化因素(压力、孤独、不安全、个体
主义自我的文化概念、对不幸的担忧),从而能够改造这些宏观文化因素。

宏观文化心理学并未忽视个体心理,或是将个体心理还原为社会制度
或文化概念。我们能够认识到心理现象(抑郁、自我责备、担忧和孤独的
过程)的独特性,但更加强调文化生活的心理品质,它们是我们制度、文
化概念和文化产物的心理方面。在资本主义国家,抑郁(和个人愤怒、浪
漫的爱情、躁狂和个体化的自我)是资本主义的主观属性,因而并非一种
外部元素在资本主义之内发生而已,它本身就是资本主义的一个方面(或

一个时刻）。这些主观属性自身便包含着资本主义，是情绪品质中的资本主义，同时也是作为情绪品质的资本主义。例如，美国的抑郁症便体现了一些文化条件，以及具有特色的心理应对机制。这是一种抑郁症，是一种社会品质，是情绪品质中的社会，同时也是作为情绪品质的社会。[17]

我们强调心理现象的文化属性而非个人属性，这并非消除了心理学，而只是对它进行了再概念化。所有新的科学模型都需要对现象进行再概念化，伽利略的日心说是对地球（围绕其他物体旋转，而非宇宙的中心）的再概念化，它并未忽略地球，而仅是赋予了它新的属性，将其放入了新的关系中而已。同样，宏观文化心理学也是这样再概念化我们的心理。

宏观文化心理学能够指导我们的社会改造，让我们特别去解决有关心理满足的问题。我们以特定的方式（能够直接促进我们的心理满足）来建议重塑我们的宏观文化因素，给社会改造添加了独特的心理视角。

我们关于社会改造和心理改进的建议研究了所涉文化和心理的全部特征和含义，它认识到了文化和心理是复杂且异质的，而非单一和整体的，它积极的部分常常会和消极的部分同时存在。例如，个体主义、个人责任和自我责备会导致抑郁和愤怒，但同样也可以鼓励我们分析自我，促进自我，增强自我的性格，承担责任，承认弱点并不打扰他人地解决问题。个体主义和自我责备不能被完全放弃，而只需要消除其中让我们功能失衡的方面（对自主和个人责任的过分强调，对社会影响的掩盖）就可以了。这便是为什么我们需要一种平衡的自我视角，在认识到个体弱点和自我促进责任的同时，也认识到社会的影响。对个体主义的自我责备完全的否认会使我们失去心理满足的价值，一个"完全集体"的自我会消除所有的个体性，这是片面且让人不满意的。在一些强制的集体主义和压抑性的服从中，我们可以很明显地看到这些失败的尝试。

172　　　我们需要对所有宏观文化因素进行这种平衡性的分析。例如，竞争可以产生非常具有破坏性的情绪、动机、自我概念和对待他人的方式。然而，它同样也可以激发成就动机和热情。为了发挥其中的好处而摈弃其中的坏处，我们需要在新的社会框架采取一种新形式的竞争形式。物质主义也是如此，除掉坏处之外它也可以让我们的物质环境变得美丽、有趣而舒适，同时也可以提升我们的亲密社会关系和精神满足。因为一些坏的影响而拒绝所有的物质主义将会适得其反。

保留当前宏观文化因素的积极方面，而否定它们的消极方面，这不能在个人知识层面实现，而必须通过对社会制度、文化概念和文化产物的再构建来实现。新形式的竞争、物质主义、个体主义和自我必须建立在制度、文化概念和文化产物之中，并由这些宏观文化因素客体化展现出来。

我们之前讨论的病态的心理现象和行为来源于压力条件的汇集以及不适当的应对策略，这导致了一些我们应对压力条件的不利的规范性的宏观文化因素，如自我责备（弗洛姆将这些不足的规范性应对策略称作"社会模式缺陷"）。

病态心理现象也可能来源于一些相对不同的文化因素的汇集。个体常常通过夸大规范性的文化实践、文化产物和文化概念（它们本身并非有害的）来应对压力条件。例如，压力下的个体可能会摄入过量的酒，而整个社会大多数人能够买到酒这一状况本身并无害处，只是一些特定的个体会试图通过酗酒来应对不利的条件而已。因此，我们没有必要改造酒的生产和销售，而是应该改造导致人们酗酒的压力条件。

进食障碍也属于这一类别。压力下的西方年轻的白人女性会夸大苗条女性的规范理想型，她们将自己的身体扭曲成了夸张的社会规范（关于身材的理想型）形式，从而能够变得有吸引力并获得社会支持。然而，这不意味着我们需要去反对规范本身，规范本身可能并没有导致进食障碍也没有必要被改造，只有当规范被滥用时，我们才会产生那些病态的心理和行为。

在这种情况下，进食障碍并非由关于身材外貌的理想型导致的，就像酗酒并非由酒精导致的一样。进食障碍的解决方式也不在于攻击关于外貌的理想型，就像酗酒的解决方式不是禁止啤酒一样。我们需要做的应该是攻击那些导致不合理应对策略的文化压力源。

我将宏观文化因素区分为破坏性的宏观文化因素（如不合理的应对策

略)和中立的宏观文化因素(如酒的生产),这似乎是很难理解的,但对于社会政策和改造的指导来说十分重要。改造必须被限制在有害的宏观文化因素上,而不能改变那些人们可能会滥用的中立的文化因素。这就好比化学,公共健康官员需要知道哪些化学物质是有害的需要被管控的(如DDT,一种对环境有害的农药),哪些化学物质通常是无害的,仅在被滥用的情况下才会产生害处(如阿司匹林)。对中立物质的管控和有害物质是不同的,我们应该通过教育的方式来管控阿司匹林的销售,因为人们可能会滥用这种药物而导致生病或死亡。区分不同的化学因素对人们不同的伤害是十分关键的,因为它们所扮演的不同的角色需要我们采取不同的社会政策。

宏观文化因素也是如此。一些特定的文化因素是普遍有害并需要被抵制的,例如,极端的个体主义自我概念,这会导致我们很容易因为他人的侵犯而愤怒,还会导致我们为自己的不幸而完全责备自我却忽视社会的影响(这可能是致命的)。通过这些我们可以得出结论,即极端的个体主义是一种产生了心理功能失调的破坏性的宏观文化因素,因而我们便要去批评这种宏观文化因素,并试图减少这种宏观文化因素在社会中的普及率。而其他一些宏观文化因素,如苗条的身材理想型,则对于大多数人来说并非是有害的。对于这种相对中立的文化因素,我们应该采取教育的方式,使得人们不会滥用这些宏观文化因素。

宏观文化心理学对心理问题进行了细致的分析,从而确定这些心理问题的文化方面,文化在心理问题的组织中的角色(如何操作的),以及这些心理问题是否需要被改造。文化心理学意识到,尽管文化特性可以被应用到所有心理现象上,但它并不必然导致问题,或是必然需要被改造。和实证主义者简单地把心理变量和文化变量联系在一起相比,宏观文化心理学的分析要更为细致,从而能够更详细地阐明心理与文化之间的关系。

人们可能会说,确定并改变心理问题的文化源头是乌托邦式的想法,因为任何一种心理问题(心理疾病、学习障碍、攻击性、被动型和偏见)都有着很多文化源头,我们无法找到关于某一问题的特定的文化因素。

我们可以通过与身体疾病的类比来回答这一反对意见。肺癌是由很多因素导致的，其中一项是空气污染。但肺癌并非由空气污染导致，空气污染也不会必然导致肺癌，但空气污染又的确导致了很多人的肺癌，因而它是危险的并需要被控制的。促进了心理功能失调的文化因素也是如此，如果这些文化因素伤害了很多人的话，那么它们就需要被改造。尽管它们并非导致心理障碍的单一因素，也没有伤害所有人。

宏观文化心理学使得社会改造直接强调了心理提升，它特别关注能够提升心理功能的宏观文化设计，而非假定经济、教育或是医药改革会自动地提升心理功能。宏观文化心理学有着基于心理的对社会改造的新颖的分析和建议，而这些是经济学家、环境学家、教育学家或是医生所缺乏的，相对而言，因为他们对心理问题有着较少的理解。

## 四、社会改造的可能性

读者可能会说，如果心理是由宏观文化因素所组织的，那么我们又如何批评并改造它们呢？如果意识能够超脱文化而存在，这不就正好证明了文化过滤器并非意识机制的基础吗？

即使我们的心理是被文化因素所塑造的，我们依然可以批评并改造文化，这就好像对一个人家庭背景的批评。父母向孩子灌输了他们被良好教育的观点，即使被虐待的孩子也常常相信他们的父母都是好心的，他们会责备自己，认为是自己的不良行为导致了虐待或是根本不把父母的虐待当作虐待。然而孩子们最终还是能意识到他们父母的行为是虐待性的。父母所给予的条件是强大且难以克服的，然而孩子依然可以超脱这些条件，尤其是在有其他不同的观点的帮助下。

对于文化条件来说也是如此。尽管在西方文化的社会化影响下，我们都接受了能够在个体主义社会发挥功能的个体主义自我的观点，但我们依然可以了解到个体化自我和社会可能的不利影响，例如孤独，同时我们也可以意识到集体主义自我概念和社会是可能的。尽管这种对其他可能性的

*175*

认识是一种没有情绪、知觉、动机、学习和认知体验的理智性理解，但我们依然可以利用我们被文化塑造的精神的有利部分，来设想这样一种完全不同的自我和社会。

同样，由于文化的组织，我们都有一种线性的时间知觉，但我们依旧可以概念性地理解其他人循环性的时间知觉，尽管我们无法理解或体验他们与之相关的全部心理意义。在我们的伴侣与其他人相爱时，我们会感到极端的嫉妒。尽管如此，我们依然可以设想一种没有嫉妒的事件。

文化上被组织的心理并不必然意味着我们无法了解到社会的问题，也不意味着我们无法了解到其他社会存在的可能性。我们可以利用关于社会缺陷和其他可能性的知识，从新的方向来改造我们的社会和心理。当新的宏观文化因素被组织起来之后，我们也会产生新的心理现象。

## 五、全面性社会改造的必要性

当宏观文化因素会对大多数人群造成伤害，并且需要进行改造的时候，我们便需要对这些因素进行基本的转换。此外，我们还要转换那些与之相连并能为其提供支持的其他宏观因素。为了改变某个特定因素，我们也需要改变支持这一因素的背景，否则这些背景因素便会抵制我们的改造。

例如，我们发现电视节目的一些特定方面对学生学习行为有着负面影响。为了有效地改造这些节目，我们必须知道塑造这些节目的其他因素，例如，决定了这些节目的内容和形式的公司的商业利益，想要改造电视节目，我们也要去改造它背后的商业利益，否则这些商业利益会继续维持这些我们想要改造的电视节目（McChesney，1999）。

倡导进行社会改造以增强心理功能，这不仅意味着我们需要提升目前的教育、医疗和就业机会，还意味着我们要改造这些因素。简单地让更多的人参与到这些因素当中不足以提升心理功能。

这种社会改造的需求也不是一种抽象的社会生活的转变，如人们之间

176

的社会联系的增加。更多的社会联系通常被认为有助于减少歧视和敌意，但谢里夫关于合作与竞争的实验已经说明，社会结构的关系需要是合作的而非竞争的，这样才能够促进友善的关系，单纯的社会联系的增加是不够的。人们必须在这些联系中有着共同的目标，并为之而共同奋斗，才能够建立起真正友善的关系。

这种社会改造的需求也不能局限于宏观文化因素的数量变化。工资、税收、教育年限、家庭作业数量、教育预算、精神病院的护理员数量、电视教育节目的数量提升仅能获得一些很有限的收益，因为它们不涉及组织、原则和制度管理的性质变化。简单地增加工资并不能改变负面的工作条件，简单地增加学校教师的数量也不能够有效提升学校的教育方法，简单地增加精神病院的护理员数量不能提升治疗效果，简单地增加电视教育节目也不能改变无意义的、感官的、暴力的节目的统治地位。

只承认数量改变的社会和政治视角是政治保守的，因为它们排除了结构的性质变化。实证主义便是如此，它将现象曲解为一个个的变量，仅仅能发生数量上的变化，而非质量上的。

社会改造需要社会制度、文化产物和文化概念的结构性变化，表面的变化是不够的。例如，为了提升工作中的社会关系，迪纳和塞利格曼（Diener & Seligman，2004，p.20)认为政府和公司组织只有在"绝对必要的情况下"才考虑重新安置员工，"并且组织需要尊重员工工作时的友谊模式"。然而研究者却没有考虑那些破坏工作联系的其他因素，如异化的工作、专制的管理、充满噪声和单调的工作条件以及工作的替代可能性。不改变这些因素就想提升社会联系的想法是十分天真的。此外，这份提议还没能注意到如何让高管们支持工人的社会联系，认为高管会自愿遵循这些规范是不现实的，就好像让高管们自愿停止污染，停止转移工作，停止自动化工作，停止破坏工会，停止对自己发放数百万美元的奖金一样不现实。

社会改造需要我们改变这些不利条件，而非战胜这些不利条件。赛康比（Seccombe，2002，p.291)充满感情地表达了这一观点。

我们不应该只关注个体和家庭是如何应对与贫困有关的不利因素的，还应该去关注是什么导致了贫困，以及结构条件和经济政策（或经济政策的缺席）是如何影响贫困的客观和主观体验的。医学中有类似的争论：美国医保系统的重心应该在已经生病的人，还是在那些导致不健康的结构条件上？这两者自然都是需要的，但关键在于何者更为重要。社会工作中也有类似的争论：如何更好地帮助受到家暴的妇女？是应该通过治疗帮她提升自我价值，从而让她能够结束这段关系吗？这是很重要的一个组成部分，但这是不够的，因为很多受到家暴的妇女并没有时间、金钱和信任来进行心理治疗，并且即使治疗是成功的，这也是在心理、生理和情绪伤害发生之后的一种补救而已。回到最初的问题，我们是应该帮助家庭应对与贫困有关的不利因素，还是应该通过预防性措施（基于财产的再分配）来改变这些不利因素？结构性的方法更加重视后者。

社会改造必须是综合的，从而能够提升心理满足的不利因素。综合性意味着我们需要全面地挑战这些心理的不利因素。

威尔科克斯（Wilcox，1982）认为，如果我们想要提升低阶级儿童的教育和心理训练，我们必须要改变学校中的一系列宏观因素。只有当改变是整体且综合时，社会改造才会成功，单一因素的改造效果是非常差的，因为它周围的环境因素会抵制改变的发生。

为了改造教育，我们必须改变工作的分层问题。由于教育是让人为以后的工作做好准备，因而对工作的改变也会导致教育的改变。单独地提高教育经费，改变教师的训练方式或是教室的布置效果是有限的，只要阶级分层的工作现状没有改变，那么阶级分层的教育和心理也不会改变（Wilcox，1982，pp. 302—304）。

当教育在社会制度中被组织，并且被经济、政治和文化制度所支持时，这种教育便是有效的。相对不一致的或是没有被其他制度支持的教育则效果有限。不利的经济条件、社区环境和家庭结构会损害教育的有效性

(Bronfenbrenner & Ceci，1994，pp. 576－579）。此外，如果没有其他条件支持的话，那些用来提升心理功能的"临近的""本地的""微观的"干预很容易在干预结束之后消失，跟踪随访的时间越长，这种干预效果的消失倾向表现得越明显（Bronfenbrenner，1975，p. 299；Ratner，2002，pp. 27－31；Albee，1986）。

维果茨基(1997b，p. 236)也有着类似的评价，"教育问题只有在社会秩序问题得到充分解决之后才可能被解决。试图与社会相冲突地建构教育理想是注定失败的"。

## 六、心理变化是促进社会改造的必要条件

社会改造也需要我们主观心理的改变。在最基本的层次上，为了社会改变的发生，人们必须对宏观文化因素更加具有分析性和批判性，他们必须停止想当然的思考，去了解谁在控制宏观文化因素，以及这些宏观文化因素是在为谁的利益服务。他们还必须看到这些宏观文化因素可能对人造成的不利影响。

被压力影响的人需要放弃他们的冷漠与宿命论。他们需要更加愤怒并有活力，从而能够为社会改变做贡献；他们需要停止责备自己；他们需要用对社会和政治条件批判性的思考来取代迷信的思考。

此外，新的动机、知觉、情绪和人格对于建立和维持新的宏观因素来说也是必要的，这是因为心理现象支持了宏观文化因素。因此，新的宏观文化因素也需要新形式的知觉、情绪、推理、注意、人格、动机、发展过程甚至是性。

*179*

宏观文化心理学能够帮助我们确定心理现象应该采取何种新的形式，从而帮助我们以特定的方式改造社会。例如，如果我们认为民主的、合作的、平等的人道主义社会对于心理提升（以及经济稳定、生态保护、更好的医疗和教育）是必须的话，那么我们就必须重塑我们的心理，使之与这种新的社会相一致。我们需要能够在合作的工作角色以及人际关系中感到

愉悦，这可能需要我们放弃一些私有欲和个体欲；我们需要发展出新的自我概念，从而能够将社会依赖性作为我们认同的核心；我们需要新形式的感知和推理，从而能够考虑事物的依赖性而非碎片性；我们需要新形式的记忆，从而能够回忆重要的历史事件而非表面的感官刺激和细节；我们需要新形式的注意力，从而能够关注深刻的问题而非一些肤浅的、感官的表象；还需要重新评估我们的性，也就是要将我们的性欲与个人感受整合起来，从而让我们的性涉及对他人感受的考虑，而非简单的生理欲望，性欲是由对他人和社会的考虑所激发，而非简单的生理特性。

简单来说，我们需要研究当前的心理和个人行为是如何反映并增强宏观文化因素的，以及我们需要如何系统性地改变宏观文化因素。如果我们维持着现有的动机、欲望、情绪、推理、自我概念、学习策略、儿童养育实践、性和人际关系的话，想要达成的新的宏观文化因素便会被削弱。因而，新的意识对于新的社会生活来说也是必需的。

社会运动体现了社会改造与意识改变之间的这种辩证关系。例如，1789 年法国大革命时期，革命者试图将社会政治的改变带到人们的人际关系与意识中去，并且也发现后者的改变能够促进前者的改变。

> 作为解放个体、再塑公民、建构平等社会的全面尝试的一部分，革命者们挑战了过去长久存在的家庭实践，并将政治引入了最亲密的关系之中……他们想要知道如何将自由、平等和革新的原则带入家庭之中……当兄弟、姐妹、丈夫、妻子在家中、在法庭、在印刷媒体上相互面对时，他们也逐渐协调出了一些新的家庭实践，并且这些新的家庭实践能够在旧制度与法律和文化的革命创新之间找到平衡……
>
> 家庭成员都看到了革命政策的大胆原则在个人身上的应用，当他们努力重塑自己的家庭世界时，他们也进入了革命的社会意识形态中，要求自己的家庭具有更多的平等和亲密关系。
>
> 家庭和性别关系的重塑也成为革命国家和政治的一部分。家庭成为与法国大革命最基本的问题做斗争的实践领域：如何在世俗国家内

*180*

产生有权利的合法公民……如何重塑社会联系和实践，以促进平等、自由和统一……如果没有家庭关系的改造的话，革命者也不可能完成他们的法律、政治文化和社会目标……家庭成员影响了社会政策的产生，并在家庭、法院和立法机关中确定了公民和革命原则的实践意义。(Desan，2004，pp.1—4)

德桑(Desan)细致入微的描述强调了社会政治实践和概念对个人关系和意识形成的影响，以及文化构成的个人关系与意识对社会政治实践和概念的促进和稳定的双向重要性。政治实践和概念并非机械地引起意识的变化，好像政治是先自行形成，然后再去影响被动接受的个体意识一样。相反，个人生活是政治概念与实践的具体化，并且促进了其发展。因而改变个体意识和个人关系的努力离不开政治改变。

意识和个人关系的改变并非个人建构，"公民通过新的政治文化与新的与国家之间的关系的视角来阐释个人欲望、习惯化的义务和经济特权"(Desan，2004，p.8)。公民用新文化的实践、概念、情绪、知觉、推理和动机与旧制度进行协商和斗争，这一文化因素的斗争过程并非在个人因素内发生。

我们试图重塑心理现象以支持特定的宏观因素，这听起来可能很苛刻。因为这需要人们改变对他们而言很深的个人化的东西，需要人们将自己的心理再概念化为能够支持社会系统的文化现象，需要人们依据科学分析而非个人自发的欲望来改变心理。但如果我们想要改正有害的文化因素，并让人们过上满意的生活的话，这样一种分析的、文化的方式便是必要的。我们很认真地对待了乔姆斯基和马尔库塞的观点，即我们的知觉、情绪、学习风格、推理、记忆、注意、动机、自我概念和发展过程也支持了不利的宏观文化因素，我们必须意识到心理现象的政治性(Marcuse，1984)。我们的心理现象并非自发的或自然的，它们是被系统性培养以支持宏观文化因素的。因此，改变宏观因素也需要我们细致地培养并激发相对应的心理改变。

*181*

*182*

现有的宏观文化因素的力量是十分强大的，它使得心理的改变十分困难。试图挑战这些统治性文化因素的行动常常被宏观因素所采用的微妙而多样的方式同化。"即使是最革命性的思想也可能会失败，让人无法去怀疑殖民文化中的本质性陷阱和欺骗"（Comaroff & Comaroff，1991，p.12）。我们必须对认为能够解放我们现状的心理改变十分警觉，要确定它真的如此，必须防止那些只是反映现状的表面变化。例如，许多女性会通过极端的刺激来损害自己的身体，以拒绝美丽的文化规范并证明自己有能力决定自己的身体外貌。然而，这只不过是一种在痛苦当中所感到的欣喜若狂的赋权感而已，"这种身体改造的激进主义会受到社会力量的限制——有些时候就是他们试图去对抗的力量的限制"（Pitts，2004，p.189）。身体的损害其实是另一种形式的身体暴力，就和商业社会的化妆、整容、打蜡腿、染发、做指甲、紧身裤和高跟鞋一样。身体的损害加强了商业所促进的施虐与受虐，而没有拒绝这种商业社会的侵犯。受个体主义意识形态的限制，这些身体损害者并没有意识到，他们以为的拒绝社会与自我决定其实只不过是现有文化实践和价值的反映而已："个体并没有完全地创造自己的身体和技术，而是通过塑造它们的历史力量来体验和理解自己的身体和技术"（Pitts，2004，pp.190，72−85）。

身份认同政治便常常犯这种错误。身份认同政治将自己对群体独特性的赞美看作解放性的，它鼓励黑人、女性、同性恋和印第安人具有自己的身份认同，它认为他们应为自己的群体而感到骄傲。然而，它却并没有分析这些群体行为的政治内容，也没有批判性地分析这些群体的实践和价值是否反映了支配性文化（参见本书结尾）。身份认同政治很少发展出系统性地改进现存宏观文化因素的政治项目，或是利用这种项目来指导群体心理的发展。它们只是接受了现存的对群体行为的赞扬，常常只是采用一些关于群体间相互支持的平等的表面的标语，而未能检验他们背后实际的社会关系。身份认同政治甚至可以取代政治的认同。如一名女性可能会支持一名女性参选者，仅是因为她是女性而不是她的政见。因此，身份认同政治常常被主流文化所同化，而这种政治的追随者们还没有意识到这一点。避免这一现象的方式是采取一种严肃的政治和科学手段来分析社会改造应该包含的内容，并使用这些内容来指导我们意识的改变。

宏观文化心理学可以引领这种类型的分析，因为它强调并支持了宏观文化因素的心理现象。宏观文化心理学确认了哪些类型的心理现象能够支持新的宏观文化因素，以及哪些类型的宏观文化因素能够提升我们的心理功能。宏观文化心理学涵盖了文化与心理的这种鸡与蛋的关系。

宏观文化心理学还试图去处理心理与社会改造的额外的一些方面。它分析具有特定文化心理的人们能够理解和接受怎样的社会改造，还给社会改造设计了专门的策略以使得人们能更好地理解并接受社会改造。宏观文化心理学能够阐明让特定文化下的人们接受社会改造的不满意感、希望、推理过程、记忆和需求，社会改造必须尊重这些心理状态，而不能忽视它们，并简单地根据社会哲学、政治哲学和经济哲学来给人们施加影响。如果人们没有发展出理解这些哲学的意识的话，那么他们便会拒绝社会改造。

由于对心理状态的忽视，历史上有很多本意较好的改造最终都失败了。例如，20 世纪 40 年代的社会改造者和工会主义者试图减少工作时间，从而让人们能够有更多闲暇和社交时间。他们认为随着生产力和工资的提高，工作时间也可以减少。而商人们则反对这一运动，因为他们认为这会减少工人的工作时间，会让工作支出停滞不前（较高的工资也意味着较少的工作时间），并且会减少可能产生利润的剩余劳动时间，因而商人试图维持工人较高的工作强度。他们通过刺激消费主义，通过创造更多的商品以满足更多的需求来增加工人的工作时间，因为只有工作才能够买到更多更新的产品。

工人的文化心理让他们倾向于拒绝社会改造者的建议并接受商人的建议，更多的需求和消费主义的欲望使得工人相比闲暇更加看重工作的时间和价值。经历过 20 世纪 30 年代大萧条的工人倾向于通过购买更多的商品来克服相对的匮乏性，他们在萧条时期感受到了失业所带来的被强化的低落情绪，他们在 40 年代没有心情用工作时间换取闲暇时间。对于工人来

*183*

说，金钱是对恶化的工作的补偿，消费主义可以满足真实的物质幸福、社会认同和社会中的个人差异。所有这些心理因素都使得工人拒绝更短的工作时间(Cross，1993，pp. 11—12)。

对于那些根深蒂固于旧社会和心理习惯的群体来说，社会改造也必须是可理解并可接受的。为了获得成功，社会改造强度既不能太低(外在的变化，而不涉及宏观因素实质的改变)也不能太激进(不考虑也不尊重人们已有的心理，让大多数人困惑、害怕和怨恨)。改造必须要能够建构起现在与未来的桥梁，必须既考虑现在也考虑未来，并且提供沟通这两者的方式。改造是一种扬弃(Aufhebung)的辩证过程，在这一过程中现有的因素被抽出并被重塑或转换，而未来则由这些现有的因素构成，因而也保存了现在的一部分(Marcuse，1987)。

当人们能够接受宏观的变化时，我们用来进行重塑的物质、社会和认知生活便会以螺旋的方式诱发我们产生更多的心理变化。

# 第六章　宏观文化心理学与个人成长

　　我们往往从个人因素和个人关系因素中来理解个人层面的心理改善，这是正确的但也是不完整的。个人成长也需要我们了解那些使心理功能无效的宏观文化因素，也需要改变我们与宏观文化因素之间的关系。

　　宏观文化心理学认为，普遍存在的心理问题是社会制度、文化概念和文化产物的结果。例如，人际虐待可能是心理功能障碍的一个很明显的原因，但它同时也反映了宏观文化因素，这才是它如此广泛存在的原因。当很多家长都在糟糕地对待孩子时，他们如此做的原因是某种宏观文化因素（如工作）的压力，以及在对待孩子时采取的有害的宏观文化实践和概念（Henry，1963）。相应地，当儿童遭受虐待时，他们也会采取有害的文化实践（社会性缺陷）来应对。心理问题往往基于规范性的社会实践、文化概念和文化产物，这也可以被称作心理功能障碍的平庸性。精神错乱的人的极端虐待行为并非心理功能障碍的必要的、常见的原因。

　　在前一章中，我们已经讨论了对不利的宏观文化因素（压力和有害的应对压力的策略）进行改造的重要性。在本章中，我们将要讨论在社会改造缺席时，个体应该如何应对压力条件。

*185*

　　和第五章类似，一个文化心理学家会采取以下 6 个分析步骤。

　　（1）证明心理问题其实是一种宏观文化因素，它必须在整个人口中广泛存在，并且根植于宏观文化因素（制度、文化概念、文化产物）之中。

（2）将心理问题分析为几个心理成分。

（3）追踪每种成分的宏观文化因素。

（4）批评并避免可能导致心理问题的有害的宏观文化因素。

（5）利用现有的宏观文化因素来促进积极的心理功能。

（6）鼓励患者积极参与政治活动，以改变有害的宏观文化因素并发展满足性的因素。政治活动也是具有心理益处的，它可以建构社会支持和赋权感，并减少异化、孤独、自我责备、困惑和无助感。


如果一名抑郁的妇女向宏观文化心理治疗师寻求帮助的话，治疗师会指出她的抑郁其实是一种社会障碍，这种社会障碍在整个人群中都十分常见（即是一种宏观文化因素），并且女性患病人数比男性更高。这种障碍是由压力与有害的心理应对机制的汇集而产生的，它植根于社会制度、文化产物和文化概念（如图5.1）中。治疗师会帮助患者分析她抑郁的心理成分——自我责备、担忧和孤独，以及文化根源、文化特性和文化功能。患者更多地理解自身抑郁的解释性结构，便能更多地理解抑郁本身。

在经过文化心理学的分析后，患者便能够发现，人们很容易基于个人属性来解释行为。她会发现孩子因父母的离婚而责备自己，会发现失业的员工因为失去工作也责备自己，会发现政治家和商人是如何通过个体的解释过程（如动机的缺乏）解释贫困和事业来传播自我责备的理念的。她还会发现成功往往会被归功于个体，如CEO自己的想法和政策，而忽视了税法、贷款机构和工人的牺牲。类似地，橄榄球队的成功也往往被归功于四分卫。

通过这些例子，患者便知道她的应对策略其实是一种广泛共享的文化因素，并且植根于其他一些广泛的文化因素之中，如关于自主性的文化概念以及有责任的自我。她意识到过去的看法是十分片面的。她过去忽视了186 非个人因素的影响，并且她的自我责备其实是一种广泛的、有缺陷的文化模式的一部分。

这种意识（自我责备其实是一种极端形式的个体主义）使得患者能够

"开始理解"自我责备，可以看到自我责备是从哪里来的，以及自我责备涉及哪些方面。和传统心理治疗师让人们意识到自己的婚姻伴侣其实是由自己儿童时期的家庭关系所得到的需求和模式驱动的一样，宏观文化心理治疗师也让患者获得了洞见和完整感："噢！原来这就是我这么做的原因！这就是它的含义！"通过宏观文化心理学的视角，患者的自我责备被具体化和重新配置了。

这种对自我责备深层次的理解使得患者能够意识到自己的错误并对它予以否认。她能够看到发展平衡的自我概念（在上一章已经描述过）的重要性，这种平衡的自我承认自身的缺陷，但却不会责备自己并让自己抑郁。

宏观文化心理治疗师强调，心理问题不能被简单地要求改变心理的意志所消除。患者必须改变自身和有害宏观文化因素之间的关系，这样才能够减轻抑郁。患者必须要更好地意识到宣传极端个人主义和自我责备的文化概念、社会制度和文化产物（物质基础设施），并且要批判性地对待这些因素，同时尽力地去避免。社会位置、观念位置和身体位置的改变也能帮助患者削弱自我责备和抑郁的文化基础。简单地解决自我责备和抑郁本身（如同传统心理治疗师那样）是远远不够的，因为症状的文化基础还会不断地恶化。

类似地，超重的人可以将肥胖看作一种文化而非个体的问题，肥胖是由社会制度（食品工厂、广告公司、电视台、杂志、提供垃圾食品的学校）、文化概念（与垃圾食品相关联的愉悦感、社交友情和名人）和文化产物（杂志、学校里的苏打水机、色彩缤纷的外包装）所促进的，从而帮助自己解决问题。

为了减肥，人们必须同时放弃促进了肥胖的文化系统，必须要觉得垃圾食品是令人恶心的，忽略宣传垃圾食品的大量广告，对学校、咖啡馆、面包房和加油站中普遍存在的垃圾食品感到愤怒才行；人们必须放弃基于物理基础设施（驾驶汽车、看电视、电脑游戏）而产生的久坐不动的生活方式；人们必须看到肥胖的文化决定因素的严重性，并且拒绝其多样的形式；人们必须建构出新的、反对现有促进肥胖文化的生活方式。只有重塑我们的生活方式，或是重置我们与文化因素的关系，我们才能产生抵抗无处不在的诱惑(过量饮食，少量运动)的纪律性。

因此，宏观文化心理治疗鼓励抑郁症患者认可、参与并发展能够产生最小压力、提供社会支持、提供平衡性自我(能够理解自我和社会都对心理功能产生了影响)的社会制度、文化概念和文化产物。社会改造工作本身便是有治疗效果的，因为个体在这一过程中会产生新的纽带，并采取积极的方式来改善自己的生活。

下面让我们运用宏观文化心理学的方式来分析教育心理学，我们将考虑并帮助那些难以在学校中学习概念性问题的学生。我们将依据以下这 6 个分析步骤来进行。

(1)意识到问题是普遍存在的，具有具体文化性质的。

(2)确定心理成分的具体文化特性，这些特性有以下几点。

①有限的注意力，只能够聚焦于感官的和个人的事件；

②有限的成就动机(想要少劳多得)，将学业仅仅看作获得高薪工作的工具，而没有内在动机；

③会由于感官刺激和个人事件，而非深刻的思考而感到兴奋的情绪；

④聚焦于表面的、碎片化的事实，而非全面的、本质的原则和关系的学习；

⑤基于意见和个人利益，而非逻辑原则的推理过程。

(3)将这些心理成分追踪到能够促进它们的社会制度、文化概念和文化产物当中。这包括消费主义、广告、引起感官刺激的新闻、娱乐节目(流行音乐、电影)、对财富的赞美并将它看成最高成就、强调事实而非背后原则的教学法、强调低投入高产出的商业实践、家暴，以及将人、资源和产品都当作有一定价值、能赚取利润的商品或是工具的商业实践。

188 　(4)鼓励学生拒绝这些宏观文化因素，因为它们导致了糟糕学业表现的心理成分。

(5)鼓励学生参与到替代性的宏观文化因素中，因为这能够促进导致学业成功的心理成分。

（6）鼓励学生更加具有政治积极性，能够更积极地改造宏观文化因素以提升学业成就。

为了帮助学生学习概念性问题，教师必须解决他们的注意力、动机、推理、情绪和学习风格的具体文化性质。教师不能假定学生本身就具有能够吸收学业内容的注意力和动机。这不是简单的关于提升课堂有趣程度，解释它的重要性，劝告学生努力学习并保持注意力，或是采取认知心理或正念的技术来提升学生的注意力的问题。学生是带着文化组织过的心理来学校读书的，而这些文化组织过的心理影响了他们对材料的兴趣，以及吸收知识的方式。如果学生的注意力已经被媒体社会化为只能够吸收感官刺激的碎片信息，并且无法接受复杂的、逻辑的推理和对概念的、非个人的议题具有实质性的注意的话，那么教师便首先要解决这些具体的心理现象的问题，学生也必须首先改变自己的文化参与以改变这些具体文化性质。他们必须要理解宏观文化因素所产生的负面影响的严重性，并发展出相反的能够包含相抗衡的社会制度、文化产物（如电脑游戏，以及低噪声和慢速的音乐）和文化概念的文化来。

我们必须敏感地将文化因素纳入咨询中来，因为咨询师或教师无法简单地通过书本来教授个体主义的文化起源。宏观文化心理学家很好地利用了传统治疗师所发展的治疗技术，他们旨在补充这些治疗技术，而非取代它们。关于心理动力学和心理防御的洞见对于说明心理功能障碍的重要人际方面是十分有价值的，它们只是获得一些宏观文化因素的补充而已。

例如，当妻子怨恨丈夫的行为时，由个人经历导致的个体因素自然重要，但文化的需求或欲望以及妻子对丈夫的文化预期（忠诚、体贴、守时、做一半家务）也很重要。丈夫的许多动机、行为以及对妻子的反应都是宏观文化因素的一部分。妻子和丈夫在理解个人因素的同时，也需要理解这些宏观需求、动机、预期以及背后的文化基础。

妻子渴望坚持并表达自我，这是女性参与竞争性工作和政治等公共领域的一部分，因为这些领域需要一种竞争的、攻击的、个体的、计算的自我。丈夫意识到这些社会事实后，便可以意识到妻子的果断行为并非一种

*189*

针对自己的个人攻击行为。将妻子的个人行为重新构架(reframe)为一种文化行为后，丈夫便可以看到妻子行为背后一些之前被忽略的特性。而在意识到自己的果断源于竞争性经济的公共角色后，女性也可以发现自己的果断自信背后其实是与极端的个人主义和竞争等角色联系在一起的。而在注意到心理现象的文化源头、文化特性和心理功能之前，这些性质都是不易察觉的。

对妻子心理的再概念化可以让妻子拒绝自身欲望中的反社会方面。这不能仅在个人层面进行，我们还需要对导致妻子过度自信的自我中心和竞争的宏观文化因素进行批判，以促进一种更加合作的心理的发生。此外，我们还需要发展能够促进替他人着想的品质的宏观文化因素，从而给其他宏观文化因素提供支持。

尽管很多心理学家认为宏观文化心理学偏离了对心理问题的关注，但实际上它是让我们对心理有了一个更深的理解，并且也能够更容易地促进心理。

防御性(defensiveness)是另一个例子。当一个人坚持他自己的意见，并拒绝其他相反的意见时，他被认为是在进行防御。于是我们便会使用一些心理技术来减轻这种防御性。治疗师会鼓励患者更加开放、忍耐、信任和谦卑，然而这种方法却是在文化真空的环境下进行的，它预先假设了防御性是一种个人属性，并可以简单地被人们的意志所克服。可我们之前已经看到了，在个人层面改变人的心理是十分困难的。

宏观文化心理学将防御性看作一种文化现象，认为它是宏观文化因素所要求和建构的，这便是它在社会当中十分普遍的原因。个体化的自我是资本主义社会中普遍存在的防御性的一种宏观文化因素，它使得个体为自己不受他人影响的自主性而感到骄傲，因而这样一种个体也会拒绝他人对自我独特性和独立性的侵犯。竞争则加剧了这种防御，使得人们将与自己不同的观点看作对自我智力成就和地盘的威胁。于是人们通过防御自己的观点来主动地抵制这种竞争性的威胁，就如同在市场当中捍卫自己的工作一般。

意识到资本主义社会的防御性的文化特性和源头后，我们便有能力去尝试调和这种防御性。我们可以帮助人们了解防御性的文化心理成分，并通过建立新的与宏观文化因素的关系来反制这些成分。此外，人们还可以参与到一些反文化的运动中，这比试图独自改变自我要有效得多。

心理学家所认为的自然的、个人的、心理生理的、机制的防御性，其实是一种受文化影响，并且被文化实践和文化概念所体现的情绪、知觉、思想、推理、动机和预期的表达。防御性的说法掩盖了它背后的文化心理过程，只是在抽象地使用生硬和封闭的术语来描述行为而已。它并没有解释行为，只是使得行为更难改变了。

当然，在很多社会都有着这种防御性（被生硬的、封闭的术语所描述的），这是因为文化具有很多的相似性，这使得诸如防御性的心理现象也具有一定的普遍性。然而，随着我们的阐释材料越来越丰富，我们便可以发现这些貌似是普遍性的现象背后的具体性。例如，中国的心理防御便有着与美国不同的具体特性和源头。

宏观文化心理学支持一种不鼓励防御性的宏观文化系统，因为一个真正民主和集体的社会应该尽可能地降低人际的防御性，在这样一种社会中人们可以互相支持并互相尊重，而不需要主动捍卫自己免受侵犯和剥削。人们欢迎别人具有不同的看法，并且会愿意为了集体的福祉而调整自己的观点。而当防御性的心理不具备文化基础后，防御性本身便也失去存在的理由了。

如果不能发生社会改变，宏观文化心理学便会指导个体改变自身和有害的宏观文化因素之间的关系。和直接改变宏观文化因素相比，这种心理改变在深度和广度上都是有限的，因为那些有害的宏观文化因素依然会不断地抵制我们心理的提升。想要避免现行宏观文化因素所产生的压力和应对机制是十分困难的，并且个人的改变也只能限于那些相对能免受有害宏观因素的影响，具有相对较强的自主性，并且具有一定认知、社会和物质资源的个体，因为这些资源使得他们在一定程度上能够反思并规避有害的宏观文化因素。

*191*

尽管在宏观文化因素的改变缺失的情况下，个人的心理提升是有限的，但依旧是值得我们去努力改变的。宏观文化心理学提供了直面这一问题的独特视角。它补充了针对个人成长的个体倾向的方法，而后者本身往往是不那么完整也不那么有效的。

# 第七章　轻视宏观文化心理学理论/概念所具有的科学与政治缺陷

对宏观文化基础、文化特性以及通过治疗和社会改造来提升心理功能的强调是科学理解心理问题的基础。误解了宏观文化，或是降低了宏观文化中心地位的心理学理论在科学上、政治上、治疗上都是有缺陷的。这样一种理论会导致对心理现象不足的描述和解释，会导致对个体生活中所必须意识到的文化因素的忽视，也会导致对必须被改造以促进大多数人心理功能提升的宏观因素的忽视。

在本章中，我们将要检验传统心理学概念、进化心理学和个体主义文化心理学的科学与政治缺陷。

## 一、传统心理学概念

我们已经看到，传统心理学概念掩盖或者拒绝了心理现象的具体宏观文化特性，它们要么聚焦于抽象的心理方面，要么将具体的心理方面错误建构为抽象的方面。前者包括集体主义、传统主义、抑郁症、精神分裂症、服从、短时记忆、内群体和外群体的区分、心理防御。这些都是缺乏具体形式和内容的真实但抽象的心理现象，它们包含一些具体的细节，然而却是对这些具体细节的抽象。而后者则包括智商、依恋、道德发展阶段。这些概念无意中包含有一些特定的文化成分（会因特定社会阶级、性别或是国家的不同而不同），但却是以普遍的形式被展现出来的。这种概念是十分狡诈的，因为它们将特定的文化现象看作普遍的规范，而不能展现这些规范的个体会被当成具有智商缺陷、道德发展缺陷或是人格缺陷，而非另一种不同形式的智商、道德或者人格。

　　传统心理学概念使我们无法注意到心理现象的文化起源，它们将心理看作源于生理机制和个体特质过程的机体内部现象。因此，它们与宏观心理概念是不相容的，当心理学家试图将两者整合到一起时，这种不相容性便表现得更加明显。莫加丹（Moghaddam，2005）对恐怖主义的分析便是一个明显的例子，他想要解释恐怖主义的文化基础，并提及了相对物质剥削、经济挫折、政治不平等、专制、文化耻辱和身份丧失。莫加丹认为恐怖主义是由于个体处于这样一种恶劣条件之中而产生的，他们将自身的攻击性转移（displacement）至外群体（特别是美国），然后形成严格的"我们与他们"相对立的思考模式，并加入各种狂热运动中，最终通过恐怖主义达到顶峰（Moghaddam，2005，p. 164）。"攻击性的转移"这一心理概念是莫加丹解释的核心，它将不满和沮丧等情绪转移至了恐怖主义的轨道，并且使得他们容易被恐怖组织所煽动，从而加入恐怖组织。如果不满的群体没有将自身的攻击性转移至外群体的话，那么不满和沮丧等情绪便会寻找到其他的行为发泄方式，例如，试图逃离恶劣条件的政治和个人努力，或是一些平静的精神活动。

　　然而这种心理结构并没有必要地让个体走向恐怖主义的解释性权力，攻击性的转移是一种普遍的、无内容的术语，它本身不能够产生任何行为。它可能会使得不满的人踢一只狗或是对自己的妻子和孩子进行家暴，而不会必然性地导致恐怖主义。我们必须借助其他一些东西来解释恐怖主义所涉及的特定心理和行为。事实上正好相反，在弗洛伊德看来，攻击性的转移并不会导致我们攻击更加强大的群体，而是会去攻击一些更加弱小的人。

　　传统心理概念不足以解释政治、经济和军事行为，一个思想实验可以证明这一点。设想我们用攻击性的转移来解释美国政府对伊拉克的入侵：布什无法抓住本·拉登，所以他的自我防御机制便让他将对本·拉登的攻击性转移到了萨达姆身上，从而入侵了伊拉克。这使得入侵有了心理基础，但这种心理解释是不充分并且错误的，因为它忽略了导致入侵的整个政治过程，忽略了美国政府在数年前就想推翻伊拉克政府的事实，忽视了伊拉克在中东地区重要的战略地位，忽视了美国试图控制的大量石油资源，忽视了强大的石油公司和军事承包商对布什政策的影响，忽视了美国的预防性外交策略。当使用心理概念来解释对伊拉克的入侵时，所有这些关键的宏观文化因素便都被忽略了，它掩盖了关键的宏观文化因素和动机。

恐怖分子袭击美国士兵和公民的原因有两点：一是他们处于糟糕的生活状况之下，这使得他们产生了压力、怨恨和报复的欲望；二是他们被以下类型的政治或宗教意识形态所吸引，这些意识形态将他们糟糕的生存条件归因于美国在政治、经济、军事和文化上的帝国主义行为，并要求他们向美国复仇。这种意识形态就像所有其他文化概念一样解释了他们的状况并触发了特定的反应，这种意识形态包含具体的价值、意义和合适的行为，并最终在恐怖主义中达到顶峰，而心理概念则没有这些具体的特性。为了理解恐怖主义，我们需要理解人们所面对的状况以及他们为了应对这一状况所采取的文化概念，而心理概念的引入则会掩盖这些宏观文化心理事实（Danner，2004；McPhail，1971；Ssageman，2004；Ratner，2004）。

和恐怖主义做斗争，也就是与产生了恐怖主义的状况和意识形态做斗争。莫加丹做出了正确的主张，即我们需要改变他们的生存状况。但他的心理性的提案却忽略了宏观文化心理问题（如意识形态），而将注意力放在缓解一些抽象的心理运作过程（内群体与外群体的区分）之上，而这实际并非恐怖主义的根源。许多群体都会区分内群体和外群体，但却不会产生恐怖主义。例如，在政治中，保守主义会清晰地与自由主义划清界限，并且憎恨彼此的政策，但他们并不会互相杀害。在体育中，波士顿红袜队的球迷会很清晰地与纽约洋基队的球迷划清界限，并且憎恨彼此，但他们不会产生恐怖主义。内群体和外群体的划分并没有什么令人反感的，而恐怖主义也并非由于这种分类导致的。

传统心理学概念是去文化的，因此它们便掩盖了心理关键的文化方面，它们在文化心理学当中是无处安置的。诸如莫加丹和弗洛伊德主义的马克思主义者们试图将传统心理概念和对文化状况的理解整合在一起，他们已经意识到了有害的文化条件（如剥削、帝国主义和异化）对心理的影响，但他们却用普遍的、自然的心理概念来解释这些宏观文化因素（如生活状况和恐怖主义）。他们未能成功将文化和心理整合在一起，因为他们所使用的心理概念本身便会损害他们的文化和政治目标。

宏观文化心理学则消除了这种不一致性，它将心理看作文化现象，将文化看作一种渗透性的心理，并且使得心理成为文化的一部分，而非性质不同的另一个现实。心理是文化的一部分，是其他宏观文化因素的中介（如图 5.1），并且是作为内部因素在中介着文化，而非作为一种非文化属性的外部因素在中介着文化。宏观文化心理学概念说明了心理现象的文化起源、特性和功能，加深了我们对文化的理解，阐明了需要被改造的文化因素，并且也能够被应用于心理治疗。因此，宏观文化心理学概念对于社会改造是十分关键的，而传统的心理学概念（和方法）则会阻碍社会改造，因为它们掩盖了文化问题。因此，社会改造既需要改造心理学科的概念和方法，也需要改造经济学、人类学、社会学和政治学的概念和方法。

## 二、进化心理学

下面这段陈述表达了进化心理学的特点：

空间能力的性别差异几乎存在着跨文化的普遍性，并且在其他物种中也是如此，这说明了进化论取向研究的可能性。

我们认为进化出这种空间能力的性别差异的关键因素发生在人类进化过程中对狩猎与采集进行分工时……在进化过程中，男性主要负责狩猎而女性主要负责采集，追踪和狩猎动物对空间能力的要求与采集可食用的植物所需要的能力是不同的，因此，在适应的过程中不同的性别便发展出了不同的空间能力，现代智人（Homo sapiens）的认知机制似乎也反映了这种差异。（Barkow et al.，1992，pp.533，534）

这个陈述认为人类和动物空间能力的差异是普遍存在的，并且可以被同一种机制所解释。两者都是由于个体层面的遗传突变导致的，因为遗传突变所导致的专门化的生物能力能够更好地适应生态环境。史前时代的性别分工是男性和女性不同知觉机制的条件，就如同动物的自然条件一样。文化环境下的人类行为与自然环境下的动物行为都是由同一种原理支配的（Barkow et al.，1992，pp.19－136，142，147）。

这种对人类心理的解释是错误的（Faccia & Lewontin，2005；McKinnon，2005a，b）。心理现象与动物行为之间有着本质区别，它们是由不同的过程所形成的。心理现象具有具体的历史形式和内容，它们是有意识的、可控的，并且是被短时间的历史阶段所改变的，所有这些特性都是和进化心理学的解释机制不同的。人类心理无法被专门的基因编程机制所解释，因为这些变异速度太慢，并且是以严格的、机械的、无意识的方式起着作用。智人在过去4万年时间里基因组和解剖结构都没有发生太大的变化，但却发生了很大的心理和行为变化（Renfrew，1996，2001）。另外，"尽管当今人类之间存在某种程度的多样性，但普遍来说，所有人类群体在本质上都具有相同的先天认知能力"（Renfrew，1996，2001，p.12）。这一原则排除了心理中种族的、性别的和个体的先天差异。

进化心理学使得我们生活在基因组的过去时，前面的引用已经说明了当代的空间能力是在史前时代便进化好的，因为基因组需要数千代之久才可能改变，因而过去进化出的基因组至今依然保留着："自然选择需要成百上千代的变化才能形成复杂的适应性。组成人类本性的大脑/心理机制是通过在不同环境中经过长时间的选择而形成的，人类的本性在远古时期便已经形成了"（Barkow et al.，1992，p.138）。

进化心理学家认为，人类的本性已经适应了180万到1万年前的更新世（Pleistocene）时的状况，但现在的复杂文化环境与更新世时的环境已经

*197*

大相径庭，因而我们的大脑和心理便会适应不良（maladaptive）。空间知觉（情绪、人格、记忆和动机）的性别差异能够适应过去采猎时期的性别角色，可在当今社会显然是适应不良的。在当今社会，女性可以和男性一样很好地胜任宇航员、总理、军事将领、天文学家、测量员、神经外科医生和飞行员的角色，如果按照进化心理学的解释，达尔文的适应理论岂不是成了适应不良理论，这完全把达尔文的理论颠倒过来了。

进化心理学的另一个难题是，当代心理能力的遗传进化是不可能的，因为我们的文化和物理环境的变化巨大，这排除了适应环境的基因突变的可能性，并不存在一个稳定的环境来让我们去适应。当特定的基因变异并开始产生对某种环境的适应性行为时，这种环境立马就改变了。基因突变永远赶不上环境的变化，因为它需要一个稳定的环境，从而给予生物机制和对特定环境的适应性行为的产生以充足的积累时间，而文化显然不能满足这一要求。[18]

为了解决这一难题，进化心理学家宣称如今我们继承的能力并非一种特定的能力，而只是一种普遍的行为倾向。例如，社会分层，尤其是持久性的社会结构，是一个最近（12000 年前）才产生的历史现象，因而不可能是因为基因突变产生的。所以进化心理学家们用"寻求较高的社会地位"这一基本人类倾向的副现象来解释社会分层。"人类拥有普遍的灵长类动物都具有的倾向，即寻求较高的社会地位"（Barknow et al.，1992，p. 632）。这种普遍的倾向出现于更新世时期，并在当代表现出不同的形式。

特别要说明的是，在大约 12000 年前，工具和社会组织的发明使得人类拥有了剩余产品，当这一现象发生之后，人类寻求较高社会地位的自然倾向就开始出现，并导致一些人试图将这些剩余产品据为己有，于是它们构成了统治阶级。"相对较高的社会地位自然会导致对剩余产品的更多占有"（Barknow et al.，1992，p. 634）。因此，社会分层是一种自然的、普适的心理倾向的副产品，在不同的情境下这种倾向会表现出不同的形式，但不管形式怎样，其所表达的核心倾向是相同的，这只是一种表达方式的不同而已。

在引言部分我们已经说明了这种想法的错误。我们注意到普适的心理概念无法解释特定的历史文化现象，社会分层自然也是如此。对较高社会阶级的一个自然倾向并不必然导致对剩余产品的占有，人们同样可以通过公平分配资源以提高整个群体的生活质量，从而获得更高的社会地位。这是因为这个群体会十分感谢这位聪明的分配者，并很乐意让他成为高地位的人，甚至会让他的整个家庭都具有较高的社会地位。在剩余产品出现之时，获得较高社会地位的方式有很多，因而在普适倾向和特定历史文化行为之间存在着一条沟壑，导致普适性无法解释特殊性。获得较高的社会地位这一普适的倾向不能解释社会分层多样的形式——居住在村庄的大房子里的部落成员，以及神庙里的精英贵族阶级（Marcus & Flannery，2004）。

进化心理学家认为他们所提出的许多普适的、抽象的倾向都是有基因基础的（基因变异的自然选择）。这包括计划的倾向、欺骗的倾向、照管婴儿的倾向、防止性竞争对手的倾向、识别植物性食物的倾向、避免乱伦的倾向、捕捉动物的倾向、避免传染性疾病的倾向、选择异性伴侣的倾向、决定哪些觅食行为能够补偿所消耗的能量的倾向、避免被毒蛇咬的倾向、制作工具的倾向、共同协调行为的倾向（Barkow et al.，1992，pp.89，110）。这些抽象性的概念都剥离了具体的、外显的、感官的属性，因为工具可以具有多种不同的形式，动物也会有各种各样的类型。

这些倾向不仅仅是能力或潜力，而且是被假定为内生的，预先编程被用于某种特定行为的。因此，依照他们的说法，人们不仅具有避免传染病或是捕捉动物的潜力，还具有某种被编码在基因之中的行为倾向。

然而，基因并不能为某种抽象现象进行编码，这是显而易见的。如果没有指出具体的做法的话，我们也没办法设想照顾婴儿的程序是怎样的，因为人们是无法设想失去了具体做法的抽象程序该如何运行的。这对于基因倾向来说也是如此，如果不指明是哪种具体工具的话，我们也无法设想一种抽象的制造工具的倾向。这样一种抽象倾向包含了什么？这种倾向如何知道抽象的工具具体是什么样的？这种倾向如何指导我们创造不具备具体形式和内容的工具？这些问题都很难回答。类似地，基因也无法为"决

*199*

定哪些觅食行为能够补偿所消耗的能量的倾向"的问题进行编码，好像我们无法设想一种普适的自我概念的发展一般（那将是荒谬的），因为并不存在失去具体特性的抽象的自我概念。你不能成为一个普适的"自我"，你只能成为某种具体种类的自我。我们也只能以具体的方式驱动以照顾婴儿。

平克(Pinker)犯了和巴尔科(Barkow)等人相同的错误，他认为特定的社会心理特质是由经验获得的，而非被基因所决定的。然而，他坚持认为"反映了基本天赋和气质的特质部分是可遗传的"(Pinker，2004，p. 14)，但这些特质即使在部分上也不是遗传的。自由主义曾经代表了约翰·洛克的个体主义观点，如今它则代表了支持政府为了社群和地球的福祉对商业进行管制的社会政策。在具备矛盾形式的前提下，依旧宣称存在一种自由主义的普适倾向将会是十分荒谬的，而宣称基因倾向可以部分解释自由主义的程度（一个人有多自由）则更加荒谬。

基因程序并没有产生普适的、抽象的倾向，而是对特定的、简单的、外显的、感官的刺激（如颜色、大小、形状、味道）产生了具体的行为反应。例如，银鸥从一出生起便被基因设定会去啄击成年银鸥身上的红色斑点，当成年银鸥也在基因上被设定在感受到啄击时便去喂食雏鸟。这种基因设定的喂食反应是对一种十分具体的、感官刺激的反应，这便是基因编码的方式，并不存在"照顾幼崽"或是"引起成年人注意"这种抽象的基因倾向，它们太过不确定与模糊了，因而不可能存在这样的基因编程。类似地，也不存在"动物""疾病"和"工具"这些不确定的形式的能够引起基因编程反应的诱因，这些类别可以在概念上进行区分，但却无法在感官上体验到。

人类普遍会制造工具，这一事实并不意味着有一种基因程序驱使着他们这么做，人们只是偶然性地发现了工具的用处而已，因而我们只是制造特定的工具。起初我们并没有普适"工具"的概念，只有在了解了工具的普适特性并发展出了有关工具的概念之后，我们才能够使用这一概念来组织我们的行为。我们可以思考"我需要工具"，然后再将这种抽象具体到一种特定的工具上。

具体的行为产生了普适的文化共性，而这些文化共性是在抽象的概念（如工具、社会结构）中被客体化出来的。并不是首先出现普适的作为实体的共性，然后再出现具体的变化的。恰恰相反，是先有具体的细节被建构出来，然后我们才发现了它们之中的共性。共性可以在概念上被识别，但无法被建构为能够被基因程序所设置的分离的实体。

　　在人格研究中，基因的影响被用来解释具有相同环境（拥有相同的工作，住在相同的被白色栅栏围绕的房子里，并且娶了拥有相同名字的女性）同卵双生子相似的性格。然而，面对这些相同的刺激并不存在自然的反应模式，因为这些刺激都是概念上的抽象。工作（如消防员）并非如银鸥的红色斑点一样是一种感官属性，婚姻也不是一种如同幼鸟的啄击一样可以被基因设定的特定反应。

　　基因程序能够影响诸如觅食的决策行为，这样的讨论也是十分矛盾的。基因程序是不涉及决策的，银鸥幼崽和母银鸥并没有做出任何决策。类似地，当白天变短的时候鸟会迁徙到赤道附近，这也是一种激素信号的激发而已，它们并没有做出计算或者决策行为。进化心理学家用来解释人类心理的基因程序和专门的机制的解释力是不足的。

　　进化心理学家忽略或拒绝了文化、心理和它们之间辩证关系的特性。心理和文化是同步发展的，它们相互促进，无法分割。在自然的演化下，环境会依据自身的规律发展，而基因也依据自身的规律变异。环境并没有指引长颈鹿脖子变长或是让鸟产生翅膀，是基因独自地发展然后经过自然选择之后才产生了这些适应性的特质。相反，文化则指引了我们的心理属性，它形成了我们的颜色分类、人格、情绪、动机、记忆、性和推理形式，而非让我们根据自然的规律发展后再去简单地修剪它们。

201

　　在个体层面，文化提供了远胜于生理改变的适应性优势，人们在文化层面建构出的行为能够被大多数人所支持，而其他人也会同时依据文化协调各自的行为，这是比在个体层面由盲目的基因变异而产生的特定行为的生理程序有效得多的。对于人类而言，集体性的食物生产比个体性的伸长脖子来获取食物要有效得多，文化层面的认知能力、人格、情绪和动机

（可以依据不同的文化和环境需求而改变）也比难以改变的生理程序有效得多。

文化提供了一种适应性优势，因为文化是可以被提升的。文化组织了我们生产食物、工作、教育、治理、抚养儿童和治疗疾病的方式，并且这些方式可以随时被修正以使得生活更加令人满意。为了达成这些优势，心理现象必须是灵活可变的，必须能够接受新的文化形式从而更好地促进宏观文化因素。因此，文化是我们心理可塑性的选择性压力，而非死板地形成了我们的心理。

文化也选择了具有延展性的生物学，甚至我们的基因也是有延展性的。每一个基因都可以生产不同种类的蛋白质，并形成不同的细胞。外部条件决定了基因会产生怎样的蛋白质，这便是为什么尽管我们人类只有相对很少数量的基因（25000 个，我们甚至比玉米的基因还要少 15000 个，但我们的基因能做的事情却更多，因为它们具有多任务处理能力），但人类的解剖结构却可以如此复杂。这便是为什么我们的基因和黑猩猩是如此相似，但我们在解剖上和行为上却都和黑猩猩有很大的差异——我们的基因要比黑猩猩的灵活得多，并且可以产生不同的身体特性和壮举。对于神经解剖学来说尤其如此，人类控制神经结构的基因比起黑猩猩的要灵活得多，换句话说，是基因的操作方式而非基因的数量更为重要（Ast，2005）。

相对较少的可塑性基因的输出更加依赖对环境线索的反应，而单一的、先前被决定功能的、自动化的基因则不需要太多的环境输入。因此，高级的环境适应行为和环境对机体更加强大的影响往往和死板的、单一的基因相对立。

人脑便体现了生理决定性和对环境的反应性之间的这种对立关系。人脑必须要能够重新组织从而适应新的文化现象，而文化则会选择那些能够被快速重组的通用神经底层，而非那些具有固定功能的模块。[19]

人类进化最终形成了一种新的生物学，即一种能够形成宏观文化因素的通用神经底层。人类心理的具体特性是由文化而非生物所建构的（Geertz，1973；Weidman，2003）。

进化心理学家违背了达尔文进化论的基本原则，即行为和生理都是机体对特定环境的功能。达尔文主义本质上是一种环境的、背景的理论，它的基本准则强调机体是依赖于环境的，或称是环境的功能。这意味着机体的特性，以及决定这些特性的机制都取决于环境压力和机会，并且也因环境压力和机会的不同而不同。基因变异是一种特定有机体针对特定环境的特定方式的一方面（达尔文并不认为基因变异是进化的动力，因为适者生存论出现时基因变异还没有被发现），而人类生活于特定的文化环境之中，因此有着与动物不同的心理和行为过程，产生这些特性的机制也与动物不同，这与达尔文主义不冲突。事实上，其他的一些结论才是反达尔文主义的，是进化心理学家坚持认为特定的基因变异机制是机体在环境中存活的唯一机制，这样一种视角忽视了有机体环境的具体特性，而这才是达尔文主义的核心。[20]

进化心理学家无法解释人类心理，因为拒绝了心理现象的文化起源、特性和功能。进化心理学家反对文化理论，拥护者指责文化是一种没有解释效力的模糊的术语，他们从未考虑具体的社会系统（如封建主义、资本主义或是社会主义）、历史阶段（如启蒙运动和文艺复兴）或文化事件（如佛教、工业化、识字率、正规教育、城市化、官僚主义、大众媒体或全球化）对心理的影响。这些事件都被忽略了，因为它们只是最近历史发生的事件，因而不可能对缓慢发生的基因和生物机制产生影响。

进化心理学家从生物学角度重塑了文化。"心理是文化和社会的基础，而生物进化则是心理的基础"，"我们进化来的心理甚至是我们最新潮最复杂的社会文化形式的基础，在新的文化之下是古老的心理"（Barkow et al.，1992，pp.635，627）。"人类心理的结构设计是人类所能参与的社会互动的本质，也是个体间能够选择性传播的表征的本质"（p.48），"支配心理发展的程序给文化和社会世界强加了概念框架，决定了哪些环境部分需要被检测，决定了观察和互动应该怎样被分类、表征和关联，决定了我们需要与哪些实体互动，并且最为重要的是，决定了哪些算法或关系会将我们的环境输入组织为不断发展的变化或是心理的输出"（Barkow et al.，1992，

p. 87)。

这样一种陈述使得基因优于环境,基因决定了我们如何对环境进行反应,或是环境如何影响我们(Barkow et al.,1992,pp. 84-85)。这样一种陈述完全颠倒了达尔文的基本原则,即环境的选择性压力才决定了我们哪些基因和机制会留存。

进化心理学家在政治上是保守的,在基因上形成的行为模式可以保持上千代并决定我们的社交关系。这意味着我们的社会关系会持续上千代之久,在这样一种错误的范式下我们很难看到文化的改变。

类似地,将社会阶级解释为植根于寻求更高社会地位的自然倾向中,这同样会阻碍具体的宏观社会改造。它使得阶级成为寻求更高社会地位这一心理倾向的副现象,社会阶级只不过是寻求更高社会地位的意外表达而已,它可以被其他任何表达方式所替代。正如我们之前所看到的那样,这种倾向并没有解释为什么人们有社会阶级。因而,从这种视角出发,改造社会阶级的不平等、伤害和障碍并不需要改变任何具体的状况,它只需要我们用其他的方式来表达寻求更高的社会地位这一倾向就可以了。我们只需要让通用电力或是埃克森石油公司的高管们放弃自己的上层社会地位以及夸张的财富和权力,然后用另一种方式来表达自己的倾向即可,如领导一个集邮者团体。

## 三、个体主义文化心理学

另一种削弱宏观文化因素的方式是将宏观因素看作微观互动的集合(Archer,1995;Brettel,2002;Layder,1987;Ratner,2002,p. 100;Sawyer,2002;Wagner,1964)。

人类学教育家麦克德莫特(McDermott)是这种方法的一个代表,他认为"日常生活的政治是基于两个或更多的社会行动者间传递的关系信息"(McDermott,1974,p. 89)。"社会组织是在很小的由两人群体(dyad)组成的政治舞台上产生的,而社会团体的产生只是稍大一些的组织"

（McDermott，1974，p. 92）。麦克德莫特认为人际关系是宏观因素的基石。

他采取了文化的个体主义概念来分析少数群体的学习障碍：这种心理障碍是由不同的语言和知觉编码方式引起的，即少数群体和多数群体会采取不同的方式与教师互动。交流风格的不同被认为是缺陷的原因，少数群体被认为是愚蠢、懒惰或是难以忍受的，这导致他们不敢进行主动的学业参与。

对于麦克德莫特来说，我们应该重新考虑人际关系以减轻学习困难。不同群体的成员应该要更好地理解各自的编码方式，然后他们便不会给对方打上愚蠢、懒惰或是无法忍受的标签了（Ratner，2002，p. 70）。

这种关于文化和心理的个体主义方式忽略了明显的宏观因素对学习的影响。这包括教学方式、教育预算、住房和社区、工作机会、娱乐节目和让人无法专心学习的经济压力。这些都是在社会层面被政府和大公司的董事会所调控的，而与两人群体无关。在前一章中我们已经讨论了宏观文化因素如何影响学习过程，为了改善学习，我们需要挑战学习的心理、社会、物质和理念形式，而麦克德莫特的个体主义方式则没有考虑这些因素。如果两人群体是政治和制度的核心的话，那么便没有办法解释为什么那么多人都拥有相同的编码方式。很多人都拥有相同编码方式的原因在于，群体的属性并不是基于个体或两人群体的整合，黑人的语言和知觉编码是一种源于黑人所共同参与的社会制度、文化概念和文化产物（生活标准、住房、社区、音乐）的宏观文化因素，他们的参与是被广泛的社会政策所约束的，这些政策共同控制着群体的行为。文化并非反映或是总结着个体心理/行为，而是诱导了个体心理/行为。

依据文化心理学个体的、微观发生的、自下而上的视角，"个体的想法、动机和其他一些认知支配着人们如何与他人互动以及互相影响，这种人际的结构再支配了文化的产生、持续和变化。"（Schaller & Crandall，2004，p. 4）。个体与个体（或者一个群体之中的几个个体）进行互动，然后再与另一些个体（或小群体）进行互动，最终一系列个体的相遇和互动形成了整个文化的互动，文化被建构为一种个体交流的顺序发展过程，交流过

*205*

程决定了随之而来的文化。

这一主张的一些作者认为他们是被巴特莱特(Bartlett)著名的记忆研究所激发的，在他的研究中使用了一个不断被人重复的故事。这些研究者认为这一系列再生产的过程是文化的微观起源，并构成了文化的动力。文化意义系统是通过这种过程被产生、维持和转换的(McIntyre，Lyons，Clark & Kashima，2004，pp. 234—244)。

这种模型是无可辩驳的，它的支持者们从未提供源于这种个人交流序列过程的真实的文化事件，从未解释缅因州和俄勒冈州的人们是如何在没有直接个人联系，没有共同伙伴的情况下享有类似的文化价值、实践和心理现象的，从未克服我们在引言中提及的传统心理学概念和文化历史现象之间的沟壑。研究者使个人交流的发生脱离了传播了数百万人的学校、法律、政策、预算、电影、电视节目、书籍、杂志、音乐、报纸和广告。

我们已经看到，文化主要是由超越个人行为的被组织的宏观因素所构成的，文化现象是具有自身独特性的，有着自身特有的原则、组织和动力。在第二章中我们则看到，世俗化并非一系列个人互动的产物，而是由特定阶级个体所组织的社会政治运动，他们系统性并且快速地转换着教育、科学、哲学、法律、政治、媒体和心理现象(Smith，2003，pp. 30—32)。

20世纪初自由市场资本主义到公司资本主义的转变遵循着以下这些动力。这种转变不是个人自发的连锁反应，而是通过直接改变社会机构的控制、组织和政策来进行的。

> 公司改组运动试图通过法律秩序的转变和更大的政治权力体系来实现公司资本主义权威的新兴体系。在这一探索中，他们同时在几个领域中进行了研究——市场和财产关系、法律和法学、政党政治、政府政策和立法、外交政策制定以及学术和大众思想模式。他们的工作采取了贸易和公民协会的组织形式……(Sklar，1988，p. 15)

在美国，黑人的公民运动只能够通过一致的社会运动来实现。全国有色人种协进会（National Association for the Advancement of Colored People，NAACP）在 20 世纪三四十年代在法律上挑战了种族歧视，直到 1954 年达到顶峰，那时最高法院决定整合种族隔离的学校。南方十分强烈地反对这一决定，因而当时甚至需要国民警卫队护送一些黑人学生来上课，法律行动之后便转移到了联邦立法行动上，1964 年的《民权法》宣布将会终止种族隔离学校的联邦资助，直到这时，对公立学校的整合才开始有明显的效果。可以看到，黑人的公民运动并非是通过个人的互动和个人的意义系统达成的，个体的确改变了自己对歧视的态度和意义。然而，这些个人的改变并不包含文化对歧视的改变，文化的改变需要组织、基金、宣传、领导、执法、立法和军事权威。

自我概念、性别认同、记忆、认知和情绪的历史变化都证明了宏观文化因素在心理现象中的核心地位，以上所有这些心理现象都不是因为自发的随机个体对话得来的。例如，亨特（Hunter，2002）分析了 19 世纪末少女的性格变化，她对女孩的日记进行了分析，并发现在这一时期，中产阶级少女放弃了内敛、羞怯、宗教和家庭的维多利亚时期女性的性格特征，取而代之活泼、自信、富有表现力的"少女般"的个性。这种心理的改变是由于中产阶级女性被送到了公共的男女生学校，在那儿她们被塑造并激发出了新的性格。这里要求女孩和男孩一起竞争，维护自我并为自己的成就感到骄傲。金钱的刺激也促使女孩释放了自我的冲动，使得她们更加自发。这些宏观压力和父母对传统维多利亚时期的女性性格期待是相违背的，这些压力是女性从道德社会取向特点的自我概念转向个体独特的性格的条件（Hunter，2002，p. 402）。"学校的实验改变了女孩看待自我的方式，19 世纪末'新'的女孩们怀着对自己这代人全新的身份记忆，开始拒绝成为'家庭财产'或是客厅装饰物"（p. 6）。女孩适应了学校和商业的压力，围绕着这些因素表现自己的行为，并成为其他朋友的榜样。然而，这些个体的过程当中并不包含新式人格的源头或社会化过程。

有趣的是，巴特莱特本人对文化持有的其实是结构的、格式塔的、自

207

上而下的观点，而非麦金太尔（McIntyre）等人宣称的个体主义观点。巴特莱特关于记忆的主要观点是，个体会吸收宏观文化因素来建构自己的记忆（和知觉），他说："回忆的方式和内容常常是被社会影响所决定的，在感知过程、想象过程、合适的记忆过程、建设性的工作，群体的过时方式、社会流行语和普遍认同的利益中，持久存在的社会风俗和制度都是行动的背景，并且指导了行动的进行"（Bartlett，1967，p.244）。对于巴特莱特来说，文化包含诸如制度、风俗和语言等宏观因素，而这些给心理过程的行动建立了背景并且提供了指导。他说，"一个持久存在的制度和风俗框架是建构性记忆的概括性基础"（p.255）。

巴特莱特强调，连续再生产的动力过程体现并保持了宏观文化的完整性。传统主义便是这样一个动力过程，"在这种过程中，从外部进入某群体的文化材料被逐渐加工成一种相对稳定的，与该群体不同的模式。这些新的材料逐渐被吸收到这一群体的持久历史中"（Bartlett，1967，p.280）。传统主义和其他一些连续的再生产过程都只是维持了宏观文化，而非如麦金太尔等人所误解的那样创造或者转变了宏观文化。巴特莱特让人讲故事的研究方法是一种研究心理过程经验的研究方法，而非对文化形成进行模拟。

麦金太尔等人对巴特莱特的想法进行了误解、歪曲和滥用，他们试图使他成为文化与心理的个体概念的核心人物，但事实上巴特莱特是反对这种方法的。

莫斯科维奇（Moscovici）的社会表征是对巴特莱特的社会心理学的一种更加准确和有效的运用，他强调了传统主义的保守性（Moscovici，2001，p.40）。莫斯科维奇认为，个体很难把握不断变化的社会规范和概念，因此，人们便试图通过将新的规范和概念整合到他们熟悉的传统规范中，从而保持自己的稳定感和安全感。这些转变的概念被称作社会表征（social representations）。例如，精神分析刚出现时提出了一些人们难以接受的新颖实践。其中之一是治疗师的角色——没有医学实践的医生，另一个则是自由协会。普通人试图通过传统框架来理解这些内容，于是他们将治疗师比作牧师，将自由协会比作忏悔。因此，普通百姓构建了自己对治疗和治疗师的社会表征，尽管这与官方的、科学的表征有所不同。

这些社会表征并没有什么新奇的，恰恰相反，莫斯科维奇强调了这些社会表征是十分传统且保守的，它们是拒绝新事物的一种方式（将其转换为熟悉的、舒适的主题）。这些社会表征也不是自由的创造，而仅仅是将新想法同化到已有的观念中而已。当然，这是一个主动的精神创造过程，但它并没有创造出新的事物的想法。这种想法"更多地依赖于传统和记忆，而非理性；是一种传统的建构方式，而非依靠当前的知识或知觉结构"（Moscovici，2001，p. 39）。社会表征"仅仅将我们带回到了我们熟悉的地方，并给我们一种似曾相识感"（Moscovici，2001，p. 40）。这和舒茨（Schutz）的知识储备概念十分相似，即人们运用知识储备来阐释当前的事件。

莫斯科维奇强调包围着个体的结构性、持久性的社会特性，他不认同个体主义的观念，即社会是一个个独立的个体的总和。

个体主义文化心理学家并不在乎这样的批评，他们继续宣称个体心理建构是文化的起源。他们常常将个人主义笼罩在文化认同的外衣下。他们指出，个人的心理和文化是密不可分的。但是，这种密不可分指的是个人的心理建构创造了文化。他们不相信诸如制度、文化产物和文化概念之类的文化结构可以组织心理。

例如，罗格夫（Rogoff）认为"文化并不是一种影响个体的实体，而是……随着人们共同使用文化工具和实践的发展而发展，人们同时也为文化工具、实践和制度的转变作出了贡献"（Rogoff，2003，pp. 51—52）。人类发展是"一个充满活力的过程，涉及个人积极地、创造性地参与并贡献到强大而不断变化的文化传统之中"（Rogoff，2003，p. 95）。

罗格夫认为，自己是在动态过程中整合了文化因素和个人活动，而非机械的文化决定论。然而，她却过于强调个人方面了，她强调个体是在发展自我的同时创造性地转换文化。在她看来，文化工具和制度都只是个体用来发展自我的方式而已，而非能够影响个体的结构。

*209*

罗格夫认为，文化包含行为的背景，个体也无法脱离文化而行动。然而，文化对于她来说却与突生的、被管理的、客观的和持久的刺激并建构了心理现象的宏观文化因素无关。罗格夫将文化还原为了人际行动：就个体而言，只要他与其他人一起使用文化来发展自己，那么个体就是文化的。由于文化就是人际关系，因此文化无所不在并且可以不断地改变。

例如，当罗格夫承认文化社区包括政府、法律系统、性别角色、冲突和压抑的时候，她是将人际关系放在共同体（Gemeinschaft）里来理解的。在谈到一个文化实践社区的参与者时，她说："他们的关系涉及人际关系和为解决不可避免的冲突而设定的程序，这是一种维持社区与关系的尝试。社区中的参与者可能会互相支持并且熟悉彼此的生活的各个方面。他们也会参与冲突、争执和阴谋，这些是人们生活在一起所不可避免的……"（Rogoff，2003，pp. 80—81）。

罗格夫的社区是一个个体互动的集合体，而不涉及结构、统治阶级、跨国公司或是军事。社会问题都可以在人际层面被解决（Harre，1984）。个体主义的文化心理学使得文化与心理失去了政治性。

文化的个体主义观点是虚构的，它夸大了主观的、微观的过程（如在文化形成和文化转换过程中的意义制造）的作用，并且拒绝了一个显而易见的事实，即文化因素是一种突生的、客观的结构，而非个体主观性的整合。

文化的个体主义观点希望赋予个体以能够控制社会生活的创造的和主动的权力，从而克服社会生活的异化。然而，这种权力是不能被一厢情愿地宣告来授予的，对于个体主观能动性的宣告并不会改变异化这一残酷的事实，即人们被剥夺了控制社会的能力，并被强加了服从性以及失去了重要的能动性。我们只能通过一致的政治行动来改造宏观文化因素的结构，从而改变这一状况。

文化心理学家错误地认为，人们是自然地拥有能动性的，并且我们所需做的仅仅就是给予一个宣言（"发出声音"）而已。这违背了文化心理学的基本原则，即意识或主观性是在文化上被组织的。宏观因素是被强大的精英阶级不民主地掌控着的，大多数人的主观性都只局限于顺从大趋势，解决一些平常的问题，并寻求在一些小的方面（如逃避现实的休闲活动，以及诸如转移、升华、投射、退行和补偿的心理策略）规避宏观的压力而已。我们必须通过宏观文化因素的要求和支持来培养人们的主观性和能动性，只有当我们的主观性和能动性主动地参与到宏观文化因素的计划、指令和修订中时，我们才能够感到满足。

个体主义文化心理学家从未意识到主观性的历史性具体特征，从未提及异化条件下主观性的残缺形式，从未提及我们需要转变宏观文化因素来获得真正的能动性。相反，他们坚持认为人的主观性本质上便是能动的并且创造的。罗格夫认为能动性是一种人类发展的先天能力，所有的人类发展都涉及创造性地转变文化。

他们的宣称仅是抽象性正确的。所有人的确都有主动性，在思考、评估、预测、欲求和意动等普遍意义上的过程中我们的确都是主动的。然而，这种抽象的（没有具体的形式和内容）主观性是没有力量获得具体性的，人并非必然是创造性的，并且也很少如罗格夫所宣称的那样会去转变文化。那些完全附属于社会条件，并且完全无法控制社会条件的人（如奴隶和囚犯）也具有主动性，他们也可以思考、感受、希望、想象和理解他人的意向，但他们却无法掌控自己的生活或是改变囚禁他的制度。

人们拥有一些主观性并且能够与现实协定自己的意义，这一事实并不意味着人是能动的、创造的或是能够颠覆结构的。许多学生会抗议老师的标准，因为他们想要更少的学习和更多的聚会。他们可能已经接受了普遍流行的社会价值，即学校时光是十分无聊并且应该被尽可能浪费的。他们可能已经向同辈压力屈服，而非教师的压力。认为学生的这种协定代表了主动性、创造性或是自由的想法是错误的，因为他们的文化价值和动机是未经审查的。主观性本身与文化决定论或异化是不冲突的。

主观性只是拥有满足和解放的潜力而已，但为了获得满足和解放，主观性必须有自身具体的形式。

对能动性和意向性本身的强调转移了对宏观文化因素的注意力。它强调行动的能力，而非行动发生的条件，以及行动所有的文化内容。"如果人类的本质——使人称之为人的属性——是能动性的话，那么他们行动的具体的政治和文化背景和特性便没有他们的行动本身重要了（Johnson，2003，pp.114—115）。

从个体主义和抽象的主观性的视角出发，所有的行为都是具有创造性的，因为所有的行为都拥有着主动的主观性。如果能动性和创造性是被这样定义的话，那么我们去购物以及创作一首交响乐是具有同等的创造性的，因为它们都涉及主动性和决策。每个人都是主动的并且创造的（通过以任何方式表达自身的主动性和能动性），每一个个体都是依据自身来创造有意义的生活。这消除了任何关于压迫的观念，也不再需要任何对宏观文化因素的改造（Ratner，2002，pp.59—67）。

对于文化心理学家来说，文化改变便是个体改变。"文化的微观发生说最让人着迷的地方是它的文化改变的可能性。如果作为意义系统的文化是由微观层面的意义制造活动形成和维持的话，那么现存的文化便也可以通过微观层面的活动来改变了"（Mclntyre et al.，2004，p.255）。这使得所有政治行动和社会改造都失去必要性了。

文化和心理的个体主义观点反映了资本主义公司的意识形态。烟草公司、快餐公司和传播公司的高管们否认他们的行业会诱使人们购买商品——尽管他们花费了数十亿美元在这之上。公司领导宣称人们都有自主选择产品的权力，因此肺癌、肥胖、心脏病、暴力和认知障碍都是由个人的选择导致的，我们应该去指责个人的选择而非公司的政策。工业化的文化心理学也得出了同样的结论，它宣称文化并非一种影响个体的实体，而是人们在为着自己的目的而使用文化。无论是在公司还是在文化心理学当中，都是个体而非宏观文化因素需要为自己的行为负责。排除文化对行为的影响在政治上是保守的，在社会上是不负责任的，在科学上是错误的。

个体主义的文化心理学家宣称，相比结构主义的关于心理和文化的观点来说，他们的观点能够更好地引起文化和心理的改变，因为个体可以很容易地（并且连续地）进行心理和文化的改变，然而文化结构则不是很容易改变。正如我们在第一章所说，在这些心理学家眼里，文化心理学将社会看作一种非人格化的整体社会力量和结构，而这些力量和结构是在机械地决定被动的个体的心理。

然而，这种对结构主义的错误理解是很讽刺的。我们已经充分说明了宏观文化因素的突生的、超越的、持续的、客体化的本质很大程度上是由人所从事的。文化是一种包含超越个体的宏观因素的突生现象，这一事实并不意味着文化是独立于人的。人不仅是个体，同时还是社会性动物。因此，文化结构可以是非个体的但却是人的。文化是在集体层面的客体化的持久的主观性，并且构建着个体的心理（Brumann，1999）。

涂尔干被认为是结构主义的代表人物，他常常被认为过度物化社会，但他也宣称"人的一切都是由人类在时间长河中创造的"（Durkheim，1983，p.67）。涂尔干承认个体使得文化系统具有了特异性（Durkheim，1900/1960，pp.367－368）。马克思也是一名强调社会规律和条件的社会理论家，但他同时也强调社会是充满区分和冲突的（如阶级冲突），而人们可以利用这些区分和冲突，通过革命的方式来转变社会。事实上，结构主义的观点是允许很大程度的社会改变的，因为它使得社会的基石得以被评估和转变。

个体主义对结构主义的讽刺来源于他们关于文化的个体主义概念。因为个体主义文化心理学家认为是个体使得文化具有动态性和异质性，而其他一切非个体的事物都是物化的、静止的、单一的和机械的。个体主义蒙蔽了他们的双眼，使得他们无法意识到人类在文化结构内也可以主动，以及文化结构是使得个体活动可能的前提。

个体主义忽视了宏观文化因素，它并未鼓励文化和心理的改变，而是指责人们被束缚在自己所创造的框架之下，并遭受自己所产生的不良影响。个体的活动被限制于对现状的"动态维持"或是"主动的动态平衡"，如同亚当斯和马库斯（Adams & Markus，2004，p.355）所说，"建构的过程是动态的，这不是因为它导致了文化模式的改变，而是因为它需要对文化模式进行积极的创造，而非被动的复制。"

局限于重建现状的残缺的能动性并不能让人满足或是解放。相反，它体现保守的个人主义观点，鼓励改变个人对意义的建构行为而抗拒对现状的改变，掩盖了转变宏观结构的需要，是无法成为让人解放的方式的。我们需要以集体的形式，通过工会、消费群体、政治党派和环境组织来解放我们的行为。

只有当人们能够控制社会系统时，能动性才可能被实现。只需要我们对宏观文化进行民主化和人道化转变。正如维果茨基（Vygotsky, 1997, p. 350）所说，"只有当生活最终摆脱了所有扭曲其容貌的社会形式时，生活才能成为创造"。

错误理解或者低估宏观文化因素对心理学重要性的心理理论，其科学价值、政治价值和治疗价值都是有限的。它们无法理解心理现象的重要起源、特性和功能（这样的理论要么在处理一些抽象的、普遍的人类知觉、情感、语言、记忆、发展和心理疾病属性，要么在把原本具体的文化特性错误构建为自然的或是个体的属性，而无法理解它们的文化起源、特性和功能）。它们无法帮助个体转变自身与文化起源和心理特征的关系。也无法指导个体政治性的工作，以提升自身心理的文化起源和特性。

相比其他心理学理论，宏观文化心理学具有更高的科学、政治和治疗价值。这种优势自然并非绝对的：我们可能会发现一些不适合进行社会改造的心理现象的起源、特性和功能；我们可能会发现心理功能的性别和种族差别很大程度是被基因决定，因而很难因为社会环境的改变而改变；我们可能会发现个体的治疗，或者药物治疗也可以实质性地提升个体的心理。在这些情况中，心理和社会改造之间的相互影响是不大的。

214　　　然而，事实却并非如此。科学证据说明了心理现象是源于宏观文化因素的，它体现了宏观文化因素特征的形式和内容，并且发挥作用以支持宏观文化因素。因此，我们只能通过改造这些宏观因素，来实质性地提升心理功能。个体的心理治疗也必须帮助个体改变自己与这些宏观因素的关系。心理科学、心理治疗和社会改造是相辅相成的，它们需要被共同促进。只有宏观文化心理学的理论和方法论才能认识、解释、欢迎并促进这种协同作用。心理学科目前亟须发展宏观文化心理学的理论和方法论。

# 后记：宏观文化心理学的科学哲学和社会哲学

　　本书试图阐明宏观文化心理学的理论和方法论。因为我们相信对基本原理的理解越深，越可以更好地评估和追求这些基本原则，从而获得更大的效益。因此，我们不断地从事实性的细节引出较为普遍的现象和关系，然后再从这些现象和关系引出更加普遍的原则。我们将文化和心理看作源于社会制度、文化概念、文化产物、心理现象以及它们之间的关系的本质。例如，我们确定了社会制度、文化概念和文化产物诱导并构建心理现象的方式，而这些关系反过来也来源于一些普遍的原则（如功能主义和辩证法）。这样一个金字塔的结构构成了宏观文化心理学。

　　到目前为止这个金字塔的结构还是不完整的，我们还需要加入一个额外的普遍原则，即认知者（knower）与知识客体（object of knowledge）之间的关系。这一关系决定了研究者所采取的科学方法，决定了我们如何定义科学知识，以及我们如何获得科学知识。关于这一关系主要有两种相对的哲学。批判现实主义认为，在认知者之外存在着一个需要被发现的世界（现实）。而社会建构论者则认为，现实仅是认知者所建构出来的心理结构而已。我们必须决定这两种哲学哪种能够更好地指导文化心理学的科学性（理论与方法论）。

　　尽管它常被人所忽略，但科学哲学往往蕴含着社会哲学。如果我们认为自然现象、文化现象和心理现象包含了所有观察者都会面对的特定现实的话，那么我们便要面对一个共同的对现实的社会理解。而如果我们认为每个观察者都有着自己的视角的话，那么我们便需要接受不可避免的相互

*215*

矛盾的观点，而这会减少共同知识、交流和社会整合的可能性。因此，批判现实主义和社会建构论会引向两种不同的社会互动模式。我们必须决定哪种最适合文化心理学的政治目标。

确定宏观文化心理学的科学哲学和社会哲学，这可以稳固这一学科的基本原则。

社会科学家常常假定宏观文化心理学是采取着社会建构论的视角，因此，我们将首先分析社会建构论。

## 一、社会建构主义
### 本体论与认识论假设

社会建构主义认为：(1)现实世界的存在是不可知的；(2)知识是被主动建构的，而非直接的视觉和听觉对世界被动的反映；(3)知识是各种意识所产生的社会共识的产物；(4)知识受到产生它的社会过程的影响，因此是社会可变的并且是相对的；(5)知识更多反映社会意识过程，而非事物本身的属性；(6)不存在唯一的对应于某种真实世界的真实属性的知识；(7)知识的对错没有标准。

其中原则(1)是本体论原则，而原则(2)到原则(7)则是认识论原则。

在这里我将选取肯·格根(Ken Gergen)的文章作为社会建构主义的代表(Mirchandani，2005，以了解社会建构主义的其他代表作)。格根称："对于现代人来说，世界就是简单地在那里，并且能够被观察。但在后现代者的视角中，这种假定是没有依据的。我们没有办法宣称世界究竟是在那里，还是被某种'附着'(inhere)所客观地反映。"(Gergen，2001)(p. 805)

建构主义者对科学的真理不感兴趣，或者至少说是对大写字母的真理(Truth，绝对的真理，具有普遍适用的超越的属性网络，而非一种普遍的共识)不感兴趣。可能存在一些局部的真理，这些局部的真理在某些科学领域或者人类社群内是真实的，并且这些真理被这一社群的传统所尊重。世界社群的未来幸福是取决于这些社群之间的对话，在这种意义上，简单地认为存在一种绝对的超越传统的真理是一种暴君的行为，最终会导致交流的终止。(Gergen，2004)

在这种说法下，确认真理并不需要对实际发生的事情进行精准的描述，而是要我们参与到一系列社会传统中去……为了客观，我们需要在某个给定的社会实践传统内扮演某种角色……为了科学，我们并不是要去如镜子一般反映事物的本质，而是要主动地参与到特定文化的人际传统和实践中去。因此，科学解释的主要问题并非事物的真正本质是什么，而是这些解释……更普遍地为文化提供了什么？(Gergen，2001，p. 806)。一个后现代经验主义者不会去寻找真理，而会去寻找具有文化意义的在文化上有用的理论和发现。寻找真正的真理是徒劳的。(Gergen，2001，p. 806)

这些陈述与我之前所说的前提相吻合。社会建构主义者强调由局部社会创造的局部性知识(local knowledge)，这些知识具有局部共同的历史和社会意识。真理是由群体所构建的知识，而不是反映了真实的世界。格根认为我们必须在这些社群的传统内尊重本土的知识，这不仅针对局部社群内的人，也包括局部社群外的人。这是不言而喻的，即外来人必须尊重局部文化的信仰系统，我们可以不赞同这些信仰，但必须要尊重这些信仰在该文化内所扮演的角色。文化会选择相信特定的信仰系统，这些信仰满足了文化需求并具有文化功能，这是十分有趣的。

此外，外来人也很难理解这些局部的真理，因为他们具有不一样的文化背景和语言系统(库恩将这称作"范式的不可通约性")。因此，外来人不能随意去批评那些自己不理解的局部真理，因为这并非一个关于对与错的问题，而是关于不同视角间的对话。提前假定存在一些超越本土视角的真理是一种极权主义，并且会阻碍交流(Hibberd，2002)。

格根在他关于实证主义的讨论中使用了该视角，"心理学中实证主义的主要问题在于，实证主义缺乏批判性的反思。这不是说实证主义心理学在内在和先验上就是糟糕的，而是说实证主义心理学是有局限的"（Gergen，2004）。格根并未批评实证主义生产了错误的信息（如果没有关于真相或错误的概念的话，也不存在信息的正确和错误之分了），实证主义的问题在他看来是没有意识到自己只是一种被一部分群体所认可的局部的知识，它未能反思自己局限性的基础，超越了自己的界限并试图成为普遍适用的知识。由于实证主义并未有错误，因而它作为一种视角是可以被接受的，并且可以被特定群体用于特定的目标："我并非要消除实证主义，而是要消除他们所宣称的相比其他视角的优越性。""这不意味着我们要放弃所有（或任何）之前研究的模型，而是要求我们更加具有反思性，并且也要给其他的可能性提供机会。"

格根将这一论点始终一致地运用于社会建构主义之中，他说，"建构主义本身不能被看作普遍真理，它本身也是一种发生于社会过程之中的视角"（2004）。他无法将任何真理价值赋予社会建构论，因为他不相信这样的事情。建构主义不能更好地理解人，因为没有可以理解的现实，因此也不存在更好或更糟的理解方式。社会建构主义只是一种符合格根自己兴趣的视角而已。

社会建构主义正确地强调了知识是被社会建构的，而非感觉器官的自然产物。我们并非通过简单地睁开双眼并感知眼前的事实来获得知识，而是在心理上组织感觉经验并从中进行推论和推断积极地理解知识。社会建构主义还正确地强调了，我们可以用不同的方式来对待现实。任何给定的方式都只是一种方式，而不是唯一的方式。此外，原则、概念、构造、定义和术语都只是反映了一种社会建构的范式，它们只是在该范式的框架内有效。而不同的范例将包含不同的原理、概念、构造、定义和术语。

社会建构主义对知识进行了去自然化和民主化，使得知识从君主和宗教人物的权威控制中解脱出来。国王和牧师不能够宣称对知识的唯一权威，他们的视角并不比其他的视角具有更高的地位。社会建构主义打开了多种知识共存的空间，每个人的意见都可以被当作一种局部的真理。

依据社会建构主义，进化论的科学理论并不比神创论的宗教教条更值得受人尊重，现代的天体物理学也不比洞穴人对天文的知识更加先进，现代医生并不比古代医生和信仰治疗者了解得更多，数学家并不比超市购物者懂得更多数学知识，莫扎特并不比当代的艺术创作者具有更高的地位，他们仅仅是不同而已。大写字母的文化（Culture，指古希腊时代关于精致的、特殊的、接近美的理想型的高等艺术）被多元的世俗艺术所取代。

218

社会建构主义是知识上的无政府主义，它摧毁了所有权威和专业知识的主导地位，它不试图提升这些的基础和操作，也不试图寻求更客观、深刻和有效的知识（或是统治性的范式）。社会建构主义拒绝所有支配性的范式，仅仅因为它们是支配性的，而不是因为它们是错误的。他们的目标是意见的多元性，而非意见的正确性。

社会建构主义未能区分范式取得支配地位的原因。有的范式是通过专制主义而获得支配地位，这种支配地位的确是应该被摧毁的，因为它并不具有更高的智慧。然而，有些范式是通过客观性和深刻性取得支配地位的，例如进化论或相对论物理学之类的科学理论。这样的支配地位是有保证的。将这种支配性还原为局部的真理（没有比其他任何信仰体系更高的知识水平或实际价值）就否认了它所包含的智慧。这剥夺了这种信仰体系的巨大用处，打破了科学、神秘主义和迷信的边界。

社会建构主义是以人（包括人群）为本的。它认为信仰只局限于信仰持有者本身，而不涉及信仰持有者以外的世界。与判断观察对象或信念是否准确地反映了对象相比，它更看重观察者的意图、想法和感受。诸如布洛尔（Bloor）等科学社会学家将此称为强程序（社会和个人的力量强烈地决定着我们的科学信念）。

219

## 二、社会建构主义的社会哲学

社会建构主义是极具吸引力的，因为它允许不同的观点相互忍受并共情。它使得人们对自己的信念更加谦卑，因为它们并不比别人的更加有效。社会建构主义使得一切想法都是平等的，从而减少了批评、冲突和防御。它肯定了所有人的所有想法。

然而，社会建构主义者的这种普遍性的肯定是非人格的且抽象的，它无视想法的内容、正确性和实用性，因为任何人都需要被平等而无歧视地对待。对有效性和实用性的问题会被看作评判性、野蛮的（"谁有权利这么说？""为什么你可以做出这样的判断？"）或是无关的（"是否正确不重要！"）。人们被怂恿要相信自己的信念，仅仅是因为他创造了这些信念，而不是因为这些信念是正确的。这种对个体和他们想法的赞扬是人道主义的，但事实上却是一种轻蔑的、空洞的赞扬。

对个体和其想法抽象的、非歧视的赞扬拒绝了进步与改进。如果所有的想法都是局部的真理并值得被尊重的话，那么便不存在需要达成的目标了。人们可以喜欢一些新的想法或行为，但这仅仅是因为他们想而已，而非因为他们觉得自己过去的行为或信念需要改变。事实上，社会建构主义者不认为人们会犯错误或者有缺陷。如果每种信念都是一种局部的真理，那么便不存在妄想、幻觉、肤浅、教条主义、唯心论和谎言了。放弃客观真理也意味着放弃了可以用来识别真理的标准。如果没有什么事情是正确的，并且也没有判断正误的方法的话，那么便没有办法判断一个人是否是正确的。因此，错误也获得了自由的权力。

社会建构主义是纯粹的宽容，但同时也是对人与人之间的疏远和不可调和的差异的宽容。社会建构主义者宣称信念是随意的并且主观的，这使得他们加剧了人际的疏远和分歧。任何群体都可以建构自己的观点，他人无法试图改变这一观点，因为这仅仅是这一群体看待事物的方式而已，每个人都可以有不同的兴趣并发明自己的观点。这导致信念持有者们被孤立了，他们对外来人没有什么可说的。当然，你可以因为感兴趣而采取我的观点，但没有任何外力强迫你这么做（Capaldi & Proctor，1999，pp. 127—154）。我的观点反映了我的需求和兴趣，而不包含任何对世界本身的价值判断。因此，这种观点并不会帮助你更好地理解世界或者解决问题。[21]

基于个体特异的需求和兴趣的随意的、特异的观点是被个体特异的术语所表达的，而其他具有自己特异需求和兴趣的个体也有着自己特异的术语，这两者是很难沟通的。

社会建构主义者用社会标签替换了真理问题。观点不再因正确性（不是社会建构主义者所关心的）而被审视，而是被不同的社会观点所表达，它们只依赖于个人的喜好。个人的陈述被夸赞或者贬斥，仅因为人们对表达者的社会身份（民族、性别、政治）感到同情或者厌恶（"她只是一个自由主义者""他只是一个白人"）。身份认同政治其实是社会建构主义的一种形式。

社会建构主义是一种宗教崇拜，群体内的人创造了自己的信念，群体外的人则无法批评这种信念，因为所有人都没有批评的依据。信念仅仅表达了人们的意识而已，这如何去批评呢？"这只是他的想法而已""这反映了我们是谁"。依据社会建构主义，对信念的批评等于是对个人的批评，因为信念反映的就是个人，而非他外在的世界。

社会建构主义会批评强加给别人真理的行为，因为他们缺乏忍耐性和反思性，即不能意识到自己观点的局限性，每个人的观点都仅仅是自己同意的观点而已，并不具备可以替代宗教狂热的真实性。

然而，拒绝批评和标准其实是不宽容的一种形式，而非宽容。其他人的观点由于与宗教狂热成员的兴趣无关而被驳回，这种孤立使得信仰无法被证伪，从而被教条化。

对随意信念的狂热使得煽动、教条主义和盲目成为可能，它阻碍了批判性思考、逻辑推理和对经验证据的尊重。皮亚杰观察到，知识的辩论和社会冲突可以增进逻辑思维和推理判断能力，在辩驳的压力之下，人们会重新审视自己想法的有效性，因为他需要去说服他人。而社会建构主义的狂热则消除了这种压力，使得人们不再需要为自己的观点辩驳（Sokal & Bricmont，2003）。 *221*

矛盾的是，格根本来是试图通过这种狂热、无批评的忍耐、拒绝消除差异、和谐、避免错误和增进对事物的理解来避免冲突的，但却产生了相反的效果。再没有获取证据、得出结论和解决问题的标准；再没有跨越不同的参考框架沟通的途径；再没有交流的意义，因为交流仅仅是一种信念体系的展示，而不包含任何真理；再没有必须要离开自己信念系统的安全网络去向他人学习的必要。局部真理的教条拒绝了可以被理解的共同的现实，也拒绝了理解现实的共同方式。

由于社会建构主义中的人际疏远和对他人观点的漠视，格根只能恳求人们尝试以某种方式彼此相处："社会科学家（和所有人）的挑战在于将冲突的和互相破坏的现实转换为相互依存并富有成果的交流状态。这并不必然意味着各种现实间的和谐或和解，但我们必须要面对这一挑战，仔细考虑这些问题，同时努力改善各种可以被融入全球社会的做法。"

在这里，格根渴求一种不具备破坏性的有效的共存方式和富有成果的交流状态。然而，他却不能设想或达成真正的和谐或和解，因为局部的真理不允许这样的情况发生。他只能老生常谈地说，我们需要"仔细考虑这些问题"（然而如何考虑？用怎样的术语？利用怎样的概念？），并且要"努力改善做法"（然而这种做法可能是什么？）。

社会建构主义对于现代社会的人际疏远束手无策，甚至是反映并合理化了这种人际疏远。社会建构主义看起来是批判性的，因为它拒绝霸权主义的范式。然而，它拒绝其他范式仅仅因为它们是霸权的，而不是因为它们的内容是无效的。这种批评事实上也拒绝了对任何其他范式的批评，因为它拒绝了一个客观的世界或是超越范式本身的标准，因此我们也没有任何办法来评估范式了。

拒绝所有的霸权，哪怕它是基于智慧和实用性的，这会摧毁社会的凝聚力。霸权的观点能够将人们整合到一个共同的信念、理解、期望和交流系统之中。而具有特权的局部真理则排除了这种统一性。在多样性的呼唤下，社会建构主义无意间助长了社会的分裂。

222    社会建构主义看起来是一种进步的，解放的科学哲学和社会哲学，因为它解构了所有的权威，并赋予了代表性不足的思想和群体以知识合法性和社会合法性。然而，社会建构主义实际上也是在支持资本主义的现状，它证明了在资本主义社会中所规范的社会分裂和自我中心。社会建构主义者的理论是，任何团体都可以按照自己的意愿来构建世界，所有人都必须尊重局部的真理，并且不能受到一般社会原则或经验证据的挑战，这使得政治领导人能够发表自私自利的、不诚实的言论，因为在这种观念背后只是他们的某种观点而已。社会建构主义还将党派的投票看作一种"局部真理"和"文化认同"，而不是鼓励人们根据科学证据（"大写的真理"）进行投票；它契合并证明了公司的经营信条，即按自己的意愿开展业务而没有外界的任何限制，不需要对社区的关心，并且可以完全无视对健康、自然环境或心理安全的实际后果。

社会建构主义反映了消费主义的意识形态，而没有威胁资本主义的意识形态。消费主义鼓励人们依据自己的主观欲望来进行冲动购买，而非依据理性的计算。商品的价值也是由主观的欲望所决定的，一种商品越被渴求，那么它的价值便也越高。价值不再是一种客观的属性，不再是社会必要劳动时间（Cross，1993，pp.25－27）。社会建构主义正反映了这种意识形态，即价值和事物的本质都只不过是主观想法而已。

此外，社会建构主义也无助于改进现状，因为它无法提供更加客观和令人满足的新的现状，它的分析和替代方案都不过是某种观点而已。当然，人们可以自愿同意他们的观点，但却没有必然要同意这一观点的理由。建构主义者也无法批评他人的观点，因为他们已经赋予了其他观点以合法性（都是局部的真理）。类似地，社会建构主义者也无法寻求宏观文化因素的转变，因为这将改变大多数人的生活方式。他们只能够提供一种可能的文化实践、文化概念和文化产物（存在于各种各样的其他可能性中），如果其他人自愿参与到这种可能性中，那么他们便是受欢迎的。然而，在这些可能性之外的宏观文化因素则不会受到挑战（Wolin，2004）。因此，社会建构主义的原则是不适合用来指导宏观文化心理学的政治和科学任务的。

223

### 三、批判实在论

批判实在论的本体论和认识论

批判实在论认为：(1)世界独立存在于观察者之外；(2)我们需要尽可能多地了解实在世界，因为我们的满意度依赖于对这个世界资源利用的有效程度；(3)人类可以通过制定科学思维的法则、理论的构建、收集和分析数据来理解这个世界；(4)科学法则是社会的产物，而非自然的，然而当它们在社会和历史的需求下形成之后，它们便具有自主的理解实在世界的事物和人的能力了(Ratner，1997，pp.199-201)；(5)客观性并非对感觉接触的自然的直接的、被动的、完全的和绝对的反映，我们还需要创造性的思维和逻辑来达成客观性，而创造性的目的便是发现我们之外这个复杂的世界。

因此，在知识的主动创造和知识的社会结构问题上，批判实在论和社会建构主义(原则(2)、原则(3)和原则(4))是一致的。然而，批判实在论拒绝社会建构主义的唯我原则，强调主动的意识需要和世界辩证相关(不断加深对世界的理解)。意识并非割裂世界地表达个人。

爱因斯坦也支持以上这些原则，他认为"对独立于感官主体的外在世界的信念是所有自然科学的基础。然而感官知觉仅仅是间接地提供了外在世界或'物质实在'的信息，我们只能够通过推测性的手段来把握物质实在。因而，我们关于物质实在的追寻是永不停息的，必须随时做好改变我们现有想法的准备，以便以逻辑上最完美的方式对感知到的事实进行公正的处理"(Einstein，1954，p.266)。"我们能希望找到正确的方式吗？我们能够知道正确地探寻幻觉之外的存在的方式吗……我会毫不犹豫地说，在我看来，是存在一种正确的方式的，并且我们也有能力找到它"(p.274)，"物理学的发展说明，在任何一个特定时刻，总会有一种可能的构造被证明绝对优于其他所有构造。所有深入探究了这一问题的人都会承认，现象才能够决定我们的理论系统，尽管在现象和理论系统之间并不存在逻辑桥

224

梁"(p. 226)。

爱因斯坦认为，存在一个特定的世界，并且存在一个正确的理解特定世界的方式，这自然是一个遥远且困难的探索过程，因为实在是庞大且复杂的。我们不能简单地通过感官发现实在，而必须从这些感官印象中推断和推论那些实在世界不可知的属性。我们会从不同的角度不完全地、慢慢地开始理解实在，但目标是十分清晰的：所有部分的理解最终都会融合为一种"正确的方式"，而这是与世界的实在特性相一致的，这个实在的世界只有一个特定的本质。爱因斯坦很明显地拒绝了社会建构主义者关于科学的理解。

巴斯卡(Bhasker)、唐纳德·坎贝尔(Donald Campbell)和邦吉(Bunge)说明了批判实在论的其他一些原则(Ratner，1997，pp. 191-194；Bunge，2001，pp. 28-30)。"批判实在论保留了17世纪时的区分(被康德所运用，而被经验主义者所拒绝)，即物自体和现象的区分。但批判实在论并不认为物自体是不可知的，拒绝接受我们所能知道的只有现象。事实上，批判实在论坚持认为事物可以被逐渐了解，且现象并非是展现在我们感官面前的事物，而是以科学理论为根据展现在我们感官面前的"(Bunge，2001，p. 28)。批判实在论是极端实在论和观念论的折中，"它既承认心理状态也承认独立的外在事物，从而能够消除两者之间的差距，然后告诉我们该如何跨越这两者之间的差距"(Blanshard，1978，p. 416)。

批判实在论是辩证法的一种形式，它同时承认意识和被研究客体的统一性和独特性。意识是被研究的世界的一部分，而非独立于这个世界。同时，意识也具有自身的独特性，而不是对现象的直接反映。意识努力试图理解它所处的这个世界，它会犯错误，因而需要方法论的指导以提升自身理解的精确性。这便是所有科学研究的本体论和方法论前提。如果我们可以随意地创造知识，或者知识是不可知的话，或者知识可以简单地被感官所认识的话，那么我们的研究便也失去意义了。

批判实在论既涉及社会和心理现象，也涉及自然现象。这些现象都涉及一些特定的本质，需要通过普遍承认的科学步骤进行理解。社会制度拥

*225*

有特定的特征、源头和动力，它们必须被客观性地了解。心理现象也是如此，心理现象具有实在的源头和特征，而只要它们存在我们就必须了解它们。只可能存在一种描述和解释这些现象的方式：歇斯底里症要么是由于子宫四处移动导致的，要么不是；黑人和白人要么具有一样的智力潜力，要么没有；辅导阅读计划要么可以提升大多数学生的阅读能力，要么不能；记忆要么可以抑制并暗中影响我们的行为，要么不可以；基因要么可以影响我们的同性恋倾向，要么不可以。心理现象是具有实在基础的，而这必须要被普遍的理解所反映，而不能有不同的却具有同等效力的答案。

在个人层面上，也同样具有一个我们必须理解的单一实在。肯的行为导致了玛丽的某种心理反应，这种反应是具有特定本质的。肯和玛丽可以从不同的视角来理解这一反应，但只有一种能够正确地描述她的心理状况。她的反应可能是很复杂的（既生气又好奇又好笑），但却是实在且特定的。通过这样一个筛选的过程（讨论、治疗），我们便可以更加清楚准确地理解玛丽的视角。如果一个人说她高兴，而另一个人说她沮丧，那么它们便不可能是都正确的，两种意见无法共处。

起初，可能会有不同的假设和不同的研究揭示了某一实在现象的不完整的或者错误的方面。然而，通过筛选的过程，这些不同取向的不同方面必须被整合到一种普遍承认的结论上，而这能够反映现象的本质。

这样一种客观的、普遍的结论是可能的，因为我们必然会为很多顽固的事件所困，从而被迫需要不断地评估我们知识的正确性。一种行为在不被预料的场合出现，或是未能在预料的场合出现，这些都会导致我们修正对这一行为的理解（为什么它发生了，为什么之前的理解不能预测）。我们可能会相信人类可以拥有额外的感官知觉，但当我们小心地设计了能够检验这一现象的场景，并无法寻找到证据时，便需要改变我们对人类心理能力的理论了。又或者，我们可能会相信我们的伴侣爱着我们，但当我们发现他/她有情人时，便不得不重新考虑对伴侣的理解了。

事物的既定实在意味着对它们的信念要么是正确的，要么是错误的。我们试图去理解导致人们具有不同想法的文化原因，这是与将他们看作具

226

有同等的真理价值不同的。无论这些想法的文化心理原因和动机多么有趣和重要，它们都与这个想法的实在性无关的，也无法取代这一问题的客观性。

接受关于实在本质的多种观点，而不是寻找一种最准确的解释，这往往会适得其反。由于只有一个实在，因而也只能有一个真理。局部真理的概念是矛盾的，它只是"意见"的一种掩盖形式而已。

没有人能够认真地主张我们应该接受以下这些"局部真理"：歇斯底里症是由于四处移动的子宫造成的、抽烟是无害的、全球变暖不再发生、太阳围绕着地球转、黑人先天比白人智力低下。

我们不能够将这些信念看作"局部真理"，并在它们的框架内被尊重。相反，我们应该解释它们的错误，以及为什么这种错误会发生。[22] 错误的信念是需要被批评和拒绝的。

对错误信念的纯粹忍耐并非一种仁慈的人道主义，当多元主义包含危险的想法时，这种多元主义便是有害的。与之相反，我们应该暴露并抵制这些危险的错误，从而提升人类的状况（Bunge，1999）。客观性才是真正的人道主义，因为它揭示了人类需要用来满足自我的现实和必要性。客观性是对我们可以发现的最佳真理的承诺，而非对所有观点的忍耐，不是对所有竞争观点保持中立，不是所有竞争性观点的平衡点，也不是这些竞争性观点的妥协。客观性就是唯一最佳地解释我们单一现实的知识。

我们必须保持客观，因为理解和对待世界的方式对我们会有生死攸关的后果。是否确实存在全球变暖、胆固醇是否会增加心脏病的发病概率、贫困是否会导致认知功能受损、某种药物是否能治疗疾病、精神病是否是由社会压力导致的、老年人是否无法做出关于自己的医药和经济决定、你的伴侣是否爱自己，这些问题都有着很重要的影响，并需要我们必须正确地理解它们。我们极度渴望大写字母的真理（绝对的真理）。

即使格根也会隐隐地意识到我们需要绝对的真理。他断言特定的心理现象会具有特定的本质，并批评其他的观点。他无意识地已经违背了自己的理论所要求的宽容和折中主义。

227

他关于自我的讨论中便发生了这一情况。他批评了个体主义的自我观，认为这种自我观是错误的并且具有灾难性的社会后果。他并没有把这种个体主义自我观看成一种有效的、值得尊敬的局部知识，"现在，我关于自我的工作让我产生了对这一关系的真实感。我研究的目标是为了破坏理所当然的个体主义和私人自我的现实，它们对于西方文化来说是很亲密的。这种传统的观点在意识形态上是毁灭性的，因为它描绘了一个根本异化的世界图景——孤独、分离、自我服务。因此，我们的挑战便在于创造一种替代性的现实，能够将我们团结在一起，并给予我们不可分离感"（Gergen，2004）。

格根想要说明社会关系对于人类来说有多么实在和重要（"关系的实在感"）。他想要告诉我们，人类是需要互相支持的社会性动物，这只有在我们认清了人类本质，并且意识到需要在社会实践中践行这一本质的前提下才能实现。否则，他为何要去纠正人们的个体主义观点呢？

格根会情不自禁地支持实在论的观点，他就像所有人一样相信实在的事物对人类有着实在的影响，并且相信对这些事物存在更加有效的观点。除去意识形态的拒绝，我们所有人其实都是实在论者。

当我们参与到任何形式的思考时，我们并不是在幻想，而是在试图让想法屈服于某种外在事物的控制，又或者试图让想法能够更完整更准确地揭示外在世界。哪怕是我们在思考自己的思考时（尽管相对很少发生），以上这条论述依然是成立的，因为使对象成为对象的想法似乎总是与我们用来思考这一对象的想法是可区分的。我们不可能找到一个完全为自身机制服务的思考或者认识，只要何种思考或者认识试图或者宣称自己要揭示某种其他目的，那么它便是在某种程度上调整着自身……认识的超越性重点是对经验的直接揭示，而这种经验本身也是超越认识的（Blanshard，1978，pp. 488—489）。

如果特定的现象可以被客观地理解（在特定时间下单一的、最有效的理解)的话，那么指导这一客观理解任务的方法论便是可行且必需的。历史会通过一系列改进发展出一种有效的方法论。在任何时候，都有一种在此时最好的方法论来获取知识，就如同爱因斯坦所描述的一般。狄尔泰(Dilthey，1985，p. 258)将这一观点运用到了人类科学领域，也应用到了自然科学领域。他宣称对历史上划定的科学规则的反思最终导致了一种普遍有效的方法论。

当然，并不是所有人都会接受这种方法论。宗教信徒会简单地拒绝应用于宗教事务的科学知识，他们相信耶稣是从处女身体里出生的，而且他的身体违背任何科学思考、经验证据或者逻辑地升上了天空。但人们排斥科学并不会损害科学思考的有效性。

有效的方法论包括产生和评估理论、数据和结论的元原则。这些元原则是普遍的、公认的标准，我们可以运用这些标准来评估特定的理论、研究设计、数据和结论。这些元原则是很难编纂的，但以下几点肯定是不可或缺的：演绎和归纳的推理、实验控制和从数据逻辑性地推演到结论。

科学的元原则的普遍有效性使它能够在特定的理论观点间进行裁决，以决定在特定的时间内何者是最客观的。在心理学中，科学原理使得心理学家能够证明老鼠和猿猴形成了认知地图，而非简单地操作条件反应。托尔曼(Tolman)运用了研究设计的原则来建立关键性的实验，它需要老鼠表现出反条件反射的行为。于是，老鼠成功的反应只能被认知地图来解释，而非条件性行为(Taylor，1964)。

科学原理的普遍有效性是与社会建构主义的概念相冲突的。社会建构主义认为所有规则在社会上都是有一定界限的，无法影响持有其他信仰的群体。科学原理并不是随意的社会传统，只能为单一群体的文化目标所服务。尽管科学原理是社会化了的思维方式，它依旧使得我们能够更好地理解世界，并评估各种不同的理解方式。

社会建构主义与有效的方法和结论之间并非必然存在着冲突。一些社会可能会有特定的需求和状况，这可以促进某种更深刻地理解世界的特定方式的思考。并非所有的社会都能产生这样的科学思考，但资本主义的社会可以。科学的元原理是在启蒙运动时期由西方白人男性精英阶级所制定的，但它们却具有超越的、持久的有效性(Ratner，1997，pp. 199—201)。[23]

意识存在于特定社会群体的个体的思想和大脑中，由个体所执行（在社会的影响下），并且过滤并指导了我们与事物的经验，这一事实并不使我们与世界和他人相隔离。意识可以被社会性地组织，从而使我们能够更深刻地理解客观性。某种特定形式的由社会组织的意识联结了过去与未来，也串通了微观原子和宏观宇宙。它使我们能够理解与我们不同的他人(Merton，1972)。它产生了元原理，使我们可以比过去更好地理解真实的世界。意识是一组透镜，可以增强并扩展我们对世界的感知。正如社会建构主义者所假定的那样，意识并没有让我们彼此盲目并封闭在自我之中。

社会建构主义者混淆了知识的建构与知识的内容的区别。他们假定由于知识是社会性建构的，因而它只反映了某一社会群体的意识，而没有实在论的价值，但这并非必然的。社会建构的知识可以提供关于超越个体知识建构者的真实现象的知识，可以产生事实性的信息（地球围绕太阳转、细菌导致疾病、水分子由两个氢原子和一个氧原子组成、眼睛颜色由基因决定、精子和卵子的组合导致了婴儿出生）。这些知识并非社会共识或者社会历史的表达，而是关于事物本质的表达。社会建构的知识可能是错误的或是意识形态驱动的，但它们并不是知识的先天属性。

社会群体有着各自独特的经历和洞见，这可能会阐明一些关于现实的新颖的观点。批判实在论鼓励科学具有多元的输入，这可以丰富我们关于心理、社会和物质现象的未能被充分代表的概念。然而，这些多元的概念必须经过科学的审查以确定它们的有效性。局部的、社会建构的概念的有效性取决于它是否能解释所有人都面对的单一的、共同的现实。特定的视角对于普遍的、统一的洞见来说也可能有用。在科学中，这些特定的视角能摆脱自身的狭隘性，并被整合到关于世界的共享知识的普遍整体当中，并可以被所有人使用。女性的视角和黑人的视角是有价值的，只要它们能够给我们提供关于世界的知识。这些知识是具有普遍有效性和普遍益处的，即使这些文化群体的知识只反映了某一群体的心理、社会和物质现实，当它能够被普遍地理解并运用于所有人，能够加入普遍的科学准则当中，能够描述和解释逻辑的、定义清晰的、具有经验依据的、可证伪的实在之时，它依然是有效的知识。通过这些方式，来自特定群体的知识便可以被整合入普遍的知识当中（我们不能混淆社会建构知识的政治实用性和科学实用性。从种族群体中获得的深奥知识可能对于政治来说是重要的，它能够赋予群体政治和心理上的权力。然而，这并不意味着它在科学上是有效的）。

社会建构主义者夸大了认识论的整个过程中的某些方面，他们阐明了认识论中主动的、主观的、社会的方面，但却掩盖了其中自然的、社会的和心理的现实世界方面，而这些是作为知识的终极目标而存在的，并且也是评估知识的标准。社会建构主义部分是有用的，但终究是误导性的。

社会建构主义者会反驳，支持实在论意味着支持主流心理学（现代的，或是自然的科学模型），因为现代主义注定是一种需要被否定的有缺陷的科学哲学，这意味着我们也需要否定实在论，因为实在论是其基石之一。

这种说法是不加区分的，它假定了所有的主流心理学原则都应该被避免。然而，在任何一种教条背后都可能存在一些有价值的需要被解放的原理，主流心理学也是如此。主流心理学的实在论是无价的，它决不能像其他有缺陷的原理一样被一同抛弃。我们完全可以不接受自然主义模型，但接受其中的实在论。[24]

定性研究方法有着很强的科学和现实传统，这可以避免现代心理学所犯的错误。定性社会研究方法的创始人之一狄尔泰便对此进行了阐述，他相信诸如意义的心理现象可以，也应该通过科学理解（Verstehen）的过程被客观地确认。这并非一种仅仅体现了研究者意识的社会传统，而是一种对他人意义的系统性的分析（Ratner，1997，2002）。狄尔泰强调，对意义的诠释可能有普遍有效性（Allgemeingültigheit），因为它是一种客观的理解，并且可以向所有的感兴趣的群体展示。

狄尔泰解释了诠释学（hermeneutics）从一开始便有着客观性，它作为解释和批判荷马的一种方式在希腊启蒙时代兴起，并在公元前 3 世纪到 2 世纪期间越来越专业化。希腊时期的文字遗产被亚历山大港图书馆所收藏，亚历山大港的哲学家们试图识别并抛弃不真实的文本，他们发展了严格的规则来识别这些文本的风格、内容、内部一致性和意义。这些规则必须要能够促进对文本的客观解释，以决定哪些文本是真实的哪些是虚假的。诠释学严格的应用让我们去除了《伊利亚特》和《奥德赛》的最后一篇，因为它不可能是荷马写的。狄尔泰注意到，通过不同诠释之间的斗争，诠释学的方法得到了增强。这些斗争使得我们必须制定更加严格的规则来判断一个人结论的有效性(Dilthey，1985，pp.239-241)。

诠释学在 16 世纪和 17 世纪又获得了一次飞跃，从而能够对古典宗教文本和《圣经》提供更加准确的诠释。新教神学家们试图使天主教的诠释无效化。为了达到这一点，他们制定了诠释的基本原则，即必须以令人信服的观点使新教的观点有效化，并损害天主教的可信度。下面我将直接引用狄尔泰的原话，"诠释学的最终构成来源于对《圣经》的诠释。第一份有关此的重要工作……是弗拉齐乌斯(Flacius，1567)的《圣经指南》(*Clavis*)，在这里他第一次将已经制定的诠释学原则与系统的学说联系起来，而这是通过对这些规则有序而熟练地应用获得的普遍有效性……"弗拉齐乌斯试图寻找"各个段落的明确决定因素""系统性的观点支配着诠释学……""那时的路德教的学者最紧急的任务是反驳天主教的传统教条"(Dilthey，1985，pp.243，244)。

诠释学寻求客观、有效的文本诠释，从而能够反对其他类型的诠释。它试图寻找明确的、无歧义的、绝对真理的诠释，从未如同局部真理那样不接受外部的批评。狄尔泰呼唤人文科学的培根出现，就像自然科学家在他们的领域所做的那样，人文科学的培根也要发展出能够获得实证结果并避免错误的独特的方法才行(Dilthey，1985，p.268)。

## 四、批判实在论的社会哲学

实在论的本体论认为存在一个具有确定性质(尽管十分复杂)的实在，这引出了一种实在论的方法论，即我们可以整合出一套能够被广泛共享的规则，这可以让我们对单一的实在产生共同的理解。从这样的本体论和方法论中，我们也可以推出相对应的社会交流和共识。

我们关注的核心是单一的、确定的、普遍的世界，它将人们的思想和社会都汇集在一起，它要求人们发展出认识事物和解决事物的共同的过程和标准，并且必须能够判断个人的信念是否和世界吻合。

狄尔泰解释了这种普遍的认识论所引出的社会整合，他坚持认为超越文化边界的科学可以克服历史所产生的相对性知识的危机。他的《历史理性批判》中的统一要素始终是建立普遍有效的知识。依据狄尔泰的说法，尽管世界观（Weltanschauungen）是相对的，但科学（Wissenschaft）却可以是普遍正确的，只要人们采取合适的科学方法来理解特定的人们的心理。尽管不同的群体有着不同的心理，但我们可以从中总结出一种普遍的科学知识。科学并不拒绝心理的文化差别，而是认为任何特定群体心理的文化特性都可以被一种特定的方法论所理解，并且可以让所有人都能够理解这些原则。

科学是狄尔泰用来克服使得人们无法互相理解的价值的相对性的方法。人们不会自然地互相理解（与普遍原型的宣称相反），但可以通过设计和采用科学的规则来获得对事物共同的知识，以及共同的对知识的评估。

科学规则将自然科学家们团结在一个科学共和国之中，他们使用相同的科学语言，并且对数据的收集和评估以及自然世界的实质性事实、过程和原则有着广泛的共识。

233

科学是一种民主的思维方式，因为它允许所有人以共同的语言参与其中。没有科学，观点便只能够关于喜好或者忠诚，而那是中世纪时宗教扼杀了科学的状态。那时的世界便反映了社会建构主义者的观点，即关于世界的信念只是一种任意的社会建构，信念都是任意的且专断的，人们也没有办法和理由来反对由意见构成的权威。只有在科学建立以后，我们才能够对事物产生客观的知识和判断标准，这些标准使我们可以挑战任何收到的意见。

科学是开放的，新的数据、结论、理论和方法不断地被整合，因为它们有助于理解实在。如果有人宣称某种元原理或者过程能够更加准确地理解现实的话，那么它就必须被人们接受。

科学的实在论是真正批判的，它批判各种观念的内容，并促使它们变得更加有效和实用。客观性和有效性的概念使人们知道世界是重要的，人们需要去了解世界，以及世界影响人们的方式。客观性和有效性还使我们知道人类的知识是可能犯错的，是不完美的，需要我们谦卑并能够进行自我批评。这与社会建构主义者的观点相反，他们认为对专断的任意的信念只能够接受它的多元性，而不存在标准、批评和改进。

批判实在论促进了对事物普遍的、共同的理解，这种理解是在健全的、可公开的、可商定的标准基础上出现的。通过对差异的挑战和克服，我们可以达到一种和谐的状态。这是一种辩证的和谐概念，这种和谐是通过自身的差异而出现的。批判实在论使我们能够对困难的、争议的问题产生真正的共识（什么是真的、好的以及重要的），它克服了席卷我们当代社会的分裂感和疏远感。

我并非认为人们在所有事情上都应该有共识，在许多领域观点的多样性能够丰富我们的生活。然而，至少在美国，观点的多样性已经处于失控状态，所有的问题都变成了不同观点争论的战场，社会结构已经瓦解。各个群体间没有团结，甚至没有对话。每个人都可以依据自己看待事物的方式以及自己认为正确的信念来组成自己直觉性的观点。

批判实在论可以帮助我们缓解这一社会危机，它强调人们都在面对同一个确定的、共同的实在世界，并且这一世界可以被既定的推理和研究原则理解。如果人们能够抛弃自己的个人兴趣，我们便可以获得对争议事件的共同的理解和认识：《圣经》是否准确地描述并解释了宇宙和人类的起源？私有化的社会保障是否比政府运作的社会保障能够为退休人员提供更好的财产保障？伊拉克战争是否提升了当地人的生活水平？上帝是否存在？在公立学校教授节育措施是否促进了性行为？经济全球化是否使得美国工人阶级更加贫穷？污染是否会导致全球变暖？胚胎是人类吗？堕胎是否对女性有着负面的心理影响？抑郁是否是一种生理缺陷？人类心理是否有着文化基础？社会改造是否是最有效的改善人类心理功能的方式？批判实在论认为对这些问题都存在一个单一的、正确的答案，我们可以通过逻辑推理和实证研究的明确原则来发现这些答案。这种共识的达成将产生一个团结和共同的目标，这是社会生存所必需的。

关于真理和实在的本体论和方法论概念可以促进社会的和谐，并且也给社会改造提供了理由。事实证明许多现存的关于环境、税收、医保、国际事务、教育、媒体、政府程序、工作条件和公司补偿与记账的政策都是对大多数人有害，并需要被改造的。怀疑科学、真理、客观和事实的社会理论家阻碍了社会进步，他们放纵了意识形态、歪曲、诡辩和伪科学的存在，这些思想掩盖了现有问题，使得我们难以想象替代性的方案。

当然，批判实在论自身无法产生社会整合，我们还需要朝着共产主义式的社会实践、文化产物和文化概念改变才行。批判实在论只是基于普遍有效的知识提供了一些知识层面的帮助，它强调了被大多数人接受的客观的社会分析的必要性和可能性，并最终得出了改造社会实践、文化产物和文化概念的方式，从而能够帮助社会中的大多数人更加满足。

批判实在论无法确保人们会接受宏观文化的分析，有些人会抵制这些分析和结论，有些人在社会现状下有着既得利益，有些人过于困惑和害怕，有些人则已经习惯了肤浅的、感官的、自我中心的活动，他们都很难接受关于社会改造的严肃的分析。这些对科学的宏观文化分析的反对力量并不会损害它本身的有效性，就好像宗教的反对不会损害伽利略和达尔文的科学结论的有效性一样。

最终，我们的未来将由政治和可能的军事斗争来决定，这也是我们大多数当代社会产生的方式，也是未来社会的产生方式。我们只能期望未来斗争的胜利者是站在理性一边的，如果反对势力在政治和军事上得到了更高的组织，他们便会以一种缺乏理性的状态来控制未来，并损害大多数人的利益。这在过去曾经发生过，并且在将来也可能发生。为了避免这种情况，我们便需要对社会采取一种宏观文化的分析，因为这可以引出改造宏观文化因素的政治行动。

# 参考资料

Abu-Lughod，L. (1990). Shifting politics in Bedouin love poetry. In C. Lutz & L. Abu-Lughod (Eds.)，*Language and the politics of emotion* (24～45). New York：Cambridge University Press.

Adams，G. & Markus，H. (2004). Toward a conception of culture suitable for a social psychology of culture. In M. Shaller， & C. Crandall (Eds.)，*The psychological foundations of culture* (335～360). Mahwah，NJ：Lawrence Erlbaum Associates.

Albee，G. (1986). Toward a just society：Lessons from observations on the primary prevention of psychopathology. *American Psychologist*，*41*，891～898.

Alexander，R. (1989). Evolution of the human psyche. In P. Mellars， & C. Stringer (Eds.). *The human revolution* (455～513). Princeton：Princeton University Press.

Altman，L. K. (March 10，2004). Stndy finds that teenage virginity pledges are rarely kept，*The New York Times*，P. A20

Anderson，C. et al. (2003). The influence of media violence on youth. *Psychological Science in The Public Interest*，*4*，3.

Archer，M. (1995). *Realist social theory：The morphogenetic approach*. New York：Cambridge University Press.

Armon—Jones，C. (1986). The social functions of emotion. In R. Harre (Ed.)，*The social construction of emotions* (57～82). New York：Blackwell.

Aronson，R. (1987). *Sartre's second critique*. Chicago：University of Chicago Press.

Asch，S. (1946). Forming impressions of personality. *Journal of Abnormal and Social Psychology*，*41*，258～290.

Asch，S. (1952). *Social psychology*. Englewood Cliffs，NJ：Prentice—Hall.

Ast, G. (April, 2005). The alternative genome. *Scientific American*, 292, 4, 58~65.

Barkow, J., Cosmides, L., & Tooby, J. (1992). *The adapted mind: Evolutionary psychology and the generation of culture*. New York: Oxford University Press.

Bartlett, F. C. (1967) *Remembering: Astudy in experimental and social psychology*. New York: Cambridge University Press. (Originally published 1932)

Baumeister, R., Campbell, J., Krueger, J., & Vohs, K. (2003). Does high self-esteem cause better performance, interpersonal success, happiness, or healthier lifestyles*Psychological Science in the Public Interest*, 4, 1.

Becker, A. (2004). Television, disordered eating, and young women in Fiji: Negotiatingbody image and identity during rapid social change. *Culture*, *Medicine*, *Psychiatry*, 28, 533~559.

Blanshard, B. (1978). *The nature of thought* (vol. 1). New York: Humanities Press. (Originally published 1939)

Bloch, R. (2003). *Gender and morality in Anglo-American culture*, 1650~1800. Berkeley: University of California Press.

Block, J. (2002). A nation of agents: The American path to a modern self and society. Cambridge: Harvard University Press.

Boggs, J. (2004). The culture concept as theory, in context. *Current Anthropology*, 45, 187~209.

Bohm, D. & Peat, F. (1987). *Science*, *order*, *and creativity*. New York: Bantam.

Bond, M. (2004). Culture and aggression—from context to coercion. *Personality and Social Psychology Review*, 8, 62~78.

Bourdieu, P. & Wacquant, L. (1992). *An invitation to reflexive sociology*. Chicago: University of Chicago Press.

Bowles, S., Gintis, H., & Osborne, M. (2005). *Unequal chances: Family background and economic success*. Princeton: Princeton University Press.

Brettell, C. (2002). The individual/agent and culture/structure in the history of the social sciences. *Social Science History*, 26, 429~445.

Brison, K. (1998). Giving sorrow new words: Shifting politics of bereavement in a Papua new Guinea village. *Ethos*, 26, 363~386.

Bronfenbrenner, U. (1975). Is early intervention effective? Some studies of early education in familial and extra—familial settings. In A. Montagu (Ed.), *Race and IQ* (287~322). New York: Oxford University Press.

Bronfenbrenner, U. (1979). *The ecology of human development*. Cambridge: Harvard University Press.

Bronfenbrenner, U. (1989). Ecological systems theory. *Annals of Child Development*, *6*, 187~249.

Bronfenbrenner, U. & Ceci, S. (1994). Nature-nurture reconceptualized in developmental perspective: A bioecological model. *Psychological Review*, *101*, 568~586.

Brooks-Gunn, J., Duncan, G., & Aber, J. (1997). *Neighborhood poverty: Context and consequences for children*. (Volume 1). New York: Russell Sage Foundation Press.

Brumann, C. (February, 1999). Writing for culture: Why a successful concept should not be discarded. *Current Anthropology*, *40*, *supplement*, S1~27.

Bunge, M. (2004). How does it work? The search for explanatory mechanisms. *Philosophy of the Social Sciences*, *34*, 182~210.

Bunge, M. (1999). *The sociology—philosophy connection*. New Brunswick: Transaction Publishing.

Bunge, M. (2001). *Scientific realism*. Amherst, NY: Prometheus books.

Bushman, B. J. & Baumeister, R. F. (1998). Threatened egotism, narcissism, self-esteem, and direct and displaced aggression: Does self-love or self-hate lead to violence? *Journal of Personality and Social Psychology*, *75*, 219~229.

Cabeza, R. & Nyberg, (2000). Imaging Cognition II: An Empirical Review of 275 PET and fMRI Studies. *Journal of Cognitive Neuroscience 12*, 1~47.

Callahan, D. (2004). *The cheating culture: Why more Americans are doing wrong to get ahead*. New York: Harcourt.

Capaldi, E. & Proctor, R. (1999). *Contextualism in psychological research? A critical review*. Thousand Oaks: Sage.

Ceci, S. & Papierno, P. (2005). The rhetoric and reality of gap closing: When the"have-nots" gain but the"haves"gain even more. *American Psychologist*, *60*, 149~160.

Clark, K. & Clark, M. (1939). The development of consciousness of self and the emergence of racial identification in Negro preschool children. *Journal of Social Psychology*, 10, 591~599.

Clark, K. & Clark, M. (1940). Skin color as a factor in racial identification of Negro preschool children. *Journal of Social Psychology*, 11, 159~169.

Clark, K. & Clark, M. (1947). Racial identification and preference in Negro children. In T. Newcomb, & E. Hartley (Eds.), *Readings in Social Psychology*, (169~178). New York: Holt.

Comaroff, J. & Comaroff, J. (1991). *Of revelation and revolution: Christianity, colonialism, and consciousness in South Africa.* Chicago: University of Chicago Press.

Comaroff, J. & Comaroff, J. (1997). *Of revelation and revolution: The dialectics of modernity on a South African frontier.* Chicago: University of Chicago Press.

Cook, D. (2004). *The commodification of childhood.* Durham: Duke University Press.

Coser, L. (1960). Durkheiim's conservatism and its implications for his sociological theory. In P. Wolff (Ed.), *Emile Durkheim* (pp. 211~232). Columbus: Ohio State University Press.

Cott, N. (2000). *Public vows.* Cambridge: Harvard University Press.

Cross, G. (1993). *Time and money: The making of consumer culture.* New York: Routledge.

Cushman, P. (1991). Ideology obscured: Political uses of self in Daniel Stern's infant. *American Psychologist*, 46, 206~219.

Danner, M. (2004). Torture and truth. *New York Review of Books*, 46~50.

Deacon, T. (1997). *The symbolic species: The co-evolution of language and the brain.* New York: Norton.

Dennett, D. (1991). *Consciousness explained.* Boston: Little Brown & Co.

Derne, S. (1994). Hindu men talk about controlling women: Cultural ideas as a tool of the powerful. *Sociological Perspectives*, 37, 203~227.

Desan, S. (2004). *The family on trial in revolutionary France.* Berkeley: University of California Press.

Dewey, J. (1902). Interpretation of the savage mind. *Psychological Review*, 9, 217~230.

Diener, E. & Seligman, M. (2004). Beyond money: Toward an economy of well-being. *Psychological Science in The Public Interest*, 5, 1~31.

Dilthey, W. (1985). The rise of hermeneutics. In Dilthey, W., *Hermeneutics and the study of history* (235~258). Princeton: Princeton University Press. (Originally published 1900).

Dilthey, W. (1989). *Introduction to the human sciences*, *vol*. 1. Princeton: Princeton University Press.

Doise, W. & Mugny, G. (1984). *The social development of the intellect*. New York: Pergamon.

Donald, M. (1998). Hominid enculturation and cognitive evolution. In C. Renfrew, & C. Scarre (Eds.), *Cognition and material culture: The archaeology of symbolic storage* (7~18). Cambridge, England: McDonald Institute for Archaeological Research.

Donald, M. (2000). The central role of culture in cognitive evolution: A reflection on the myth of the "isolated mind." In L. Nucci, G. Saxe, E. Turiel (Eds.), *Culture, thought, and development* (19~38). Mahwah, NJ: Lawrence Erlbaum.

Downie, L. & Kaiser, R. (2002). *News about the news: American journalism in peril*. New York: Knopf.

Dunbar, R. (1998). Theory of mind and the evolution of language. In J. Huford, M. Studdert-Kennedy, & C. Knight (Eds.), *Approaches to the evolution of language: Social and cognitive bases* (92~110). New York: Cambridge University Press.

Dunbar, R. (2003). The social brain: Mind, language, and society in evolutionary perspective. *Annual Review of Anthropology*, 32, 163~181.

Duncan, G. & Brooks-Gunn, J. (1997). *Consequences of growing up poor*. New York: Russell Sage Foundation Press.

Durkheim, E. (1951). *Suicide*. New York: Free Press. (Originally published 1897).

Durkheim, E. (1960). Sociology and its scientific field. In P. Wolff (Ed.), *Emile Durkheim* (354~375). Columbus: Ohio State University Press. (Originally published 1900. )

Durkheim, E. (1983). *Pragmatism and sociology*. Cambridge: Cambridge University Press.

Ehrenreich, B. (1997). *Blood rites: Origins and history of the passions of war*. New York: Henry Holt.

Einstein, A. (1954). *Ideas and opinions*. New York: Bonanza Books.

Emler, N. (2001). Self-esteem: The costs and causes of low self-worth. York, England: York Publishing Services.

Engels, F. (1964). *Dialectics of nature*. Moscow: Progress Publishers.

Ericsson, K., Delaney, P., Weaver, G., & Mahadevan, R. (2004). Uncovering the structure of a memorist's superior "basic" memory capacity. *Cognitive Psychology*, *49*, 191~237.

Evans, G. & English, K. (2002). The environment of poverty: Multiple stressor exposure, psychophysiological stress, and socioemotional adjustment. *Child Development*, *73*, 1238~1248.

Evans, G. (2004). The environment of childhood poverty. *American Psychologist*, 59, 77~92.

Feinstein, L. & Bynner, J. (2004). The importance of cognitive development in middle childhood for adult socioeconomic status, mental health, and problem behavior. *Child Development*, 75, 1329~1339.

Fivush, R. & Nelson, K. (2004). Culture and language in the emergence of autobiographical memory. *Psychological Science*, *15*, 573~577.

Flannery, K. & Marcus, J. (2003). The origin of war: New 14C dates from ancient Mexico. *Proceedings of The National Academy of Sciences*, 100, 20, 11801~11805.

Fracchia, J. & Lewontin, R. (2005). The price of metaphor. *History and Theory*, 44, 14~29.

Fromm, E. (1973). *The anatomy of human destructiveness*. Greenwich, Conn.: Fawcett.

Fryers, T., Melzer, D., & Jenkins, R. (2003). Social inequalities and the common mental disorders. *Social Psychiatry & Psychiatric Epidemiology*, *38*, 229~237.

Furedi, F. (2004). *Therapy culture: Cultivating vulnerability in an uncertain age*. New York: Routledge.

Geertz, C. (1973). *The interpretation of cultures*. New York: Basic Books.

Gergen, K. (2004). 'Old-Stream' Psychology Will Disappear With the Dinosaurs! *Forum Qualitative Sozialforschung / Forum: Qualitative Social Research*, Volume 5, No. 3, Art. 27 (online journal).

Gergen, K. (2001). Psychological science in a postmodern context. *American Psychologist*, *56*, 803~813.

Gerth, H. & Mills, C. W. (1953). *Character and social structure: The psychology of social institutions*. New York: Harcourt, Brace, & Co.

Greenfield, P., Maynard, A., & Childs, C. (2003). Historical change, cultural learning, and cognitive representation in Zinacantec Mayachildren. *Cognitive Development*, *18*, 455~487.

Greenfield, P., Keller, H., Fuligni, A., & Maynard, A. (2003). Cultural pathways through universal development. *Annual Review of Psychology*, *54*, 461~490.

Haas, J. (2001). *From leaders to rulers*. New York: Plenum/Kluwer.

Halperin, D. (1998). Is there a history of sexuality? In B. Fay, P. Pomper, & R. Vann (Eds.), *History and theory* (253~267). Oxford: Blackwell.

Hacker, A. (2004). The underworld of work. *New York Review of Books*, 38~40.

Hanson, N. R. (1965). *Patterns of discovery*. New York: Cambridge University Press.

Harkness, S. (2002). Culture and social develoment: Exp-lanations and evidence. In P. Smith & C. Hart (Eds.), *Blackwell handbook of childhood social development* (60~77). Oxford: Blackwell.

Harre, R. (1984). Some reflections on the concept of "social representation." *Social Research*, *51*, 927~938.

Hart, B. & Risley, T. (1995). *Meaningful differences in the everyday experience of young American children*. Baltimore: Brookes Publishing Co.

Heath, S. (1983). *Ways with words: Language, life, and work in communities and classrooms*. New York: Cambridge University Press.

Hegel, G. W. F. (1956). *The philosophy of history*. New York: Dover. (Written in

1830).

Henry, J. (1963). *Culture against man*. NY: Vintage.

Hibberd, F. (2002). Reply to Gergen. *Theory and Psychology*, 12, 685~694.

Hodges, H. (1952). *The philosophy of Wilhelm Dilthey*. London: Routledge.

Hodgson, G. (2001). *How economics forgot history: The problem of historical specificity in social science*. New York: Routledge.

Hoff, E. (2003). The specificity of environmental influence: Socioeconomic status affects early vocabulary development via maternal speech. *Child Development*, 74, 1368~1378.

Horkheimer, M. (1974). *Eclipse of reason*. New York: Seabury Press (Original work, 1947).

Horton, R. (2004). The dawn of McScience. *New York Review of Books*, 7~9.

Hua, C. (2001). *A society without fathers or husbands*. New York: Zone Books.

Hunter, J. (2002). *How young ladies became girls: The Victorian origins of American girlhood*. New Haven: Yale University Press.

Husserl, E. (1970). *The crisis of European sciences and transcendental phenomenology*. Evanston: Northwestern University Press. (Originally written 1937)

Hutton, P. (1981). The history of mentalities: The new map of cultural history. *History and Theory*, 20, 237~259

Hwang, K. K. (2003). Critique of the methodology of empirical research on individual modernity in Taiwan. *Asian Journal of Social Psychology*, 6, 241~262.

Iverson, J. & Goldin-Meadow, S. (2005). Gesture paves the way for language development. *Psychological Science*, 16, 367~371.

Jachuck, D. & Mohanty, A. (1974). Low economic status and progressive retardation in cognitive skills: A test of cumulative deficit hypothesis. *Indian Journal of Mental Retardation*, 7, 36~45.

Ji, L., Peng, K., & Nisbett, R. (2000). Culture, control, and perception of relationships in the environment. *Journal of Personality and Social Psychology*, 78, 943~955.

Johnson, A., Johnson, O., & Baksh, M. (1986). The colors of emotions in Machiguenga. *American Anthropologist*, *88*, 674~681.

Johnson, W. (2003). On agency. *Journal of Social History*, *37*, 113~124.

Kalberg, S. (1994). *Max Weber's comparative-historical sociology*. Chicago: University of Chicago Press.

Kandyoti, D. (1988). Bargaining with patriarchy. *Gender and Society*, *2*, 274~290.

Kasson, J. (1990). *Rudeness and civility: Manners in nineteenth-century urban America*. New York: Hill & Wang.

Katzman, M., Hermans, K., Van Hoeken, D., & Hoek, H. (2004). Not your "typical island woman": Anorexia nervosa is reported only in subcultures of Curacao. *Culture, Medicine, Psychiatry*, *28*, 463~492.

Kitayama, S., Duffy, S., Kawamura, T., & Larsen, J. (2003). Perceiving an object and its context in different cultures: A cultural look at New Look. *Psychological Science*, *14*, 201~206.

Knight, C., Studdert-Kennedy, M., & Hurford, J. (2000). *The evolutionary emergence of language: Social function and the origins of linguistic form*. New York: Cambridge University Press.

Kuhl, P. (2000). Language, mind, and brain: Experience alters perception. In M. Gazzaniga (Ed.), *The new cognitive neurosciences* (99~115). Cambridge: MIT Press.

Layder, D. (1987). Key issues in structuration theory: Some critical remarks. *Current Perspectives in Social Theory*, *8*, 25~46.

Lee, D. (1963). Discrepancies in the teaching of American culture. In G. Spindler (Ed.), *Education and culture: Anthropological approaches* (173~191). New York: Rinehart & Winston.

Le Grange, Louw, J., Breen, A., & Katzman, M. (2004). The meaning of "self-starvation" in impoverished black adolescents in South Africa. *Culture, Medicine, Psychiatry*, *28*, 439~461.

Levine, R., Levine, S., & Schnell, B. (2001). "Improve the women": Mass schooling, female literacy, and worldwide social change. *Harvard Educational*

*Review*, *71*, 1~50.

Levinson, S. (2003a). Language and mind: Let's get them straight. In (25~46). D. Gentner & S. Goldin-Meadow (Eds.), *Language in mind: Advances in the study of language and thought*. Cambridge: MIT Press.

Levinson, S. (2003). *Space in language and cognition: Explorations in cognitive diversity*. New York: Cambridge University Press.

Liebman, R. & Wuthnow, R. (1983). *The new Christian right*. New York: Aldine.

Lin, E. & Church, A. (2004). Are Indigenous Chinese Personality Dimensions Culture-Specific?: An Investigation of the Chinese Personality Assessment Inventory in Chinese American and European American Samples. *Journal of Cross-Cultural Psychology*, *35*, 586~605.

Lindley, J. & Clark, G. (1990). Symbolism and modern human origins. *Current Anthropology*, *31*, 233~261.

Linklater, A. (2003). *Measuring America: How the United States was shaped by the greatest land sale in history*. New York: Penguin.

Loe, M. (2004). *The rise of Viagra: How the little blue pill changed sex in America*. New York: New York University Press.

Loeber, R. & Hay, D. (1997). Key issues in the development of aggression and violence from childhood to early adulthood. In J. Spence, J. Darley, D. Floss (Eds.), *Annual review of psychology*, *48*, 371~410.

Lombard, A. (2003). *Making manhood: Growing up male in colonial New England*. Cambridge: Harvard University Press.

Lowe, E. J. (1998). Personal experience and belief: The significance of external symbolic storage for the emergence of modern human cognition. In C. Renfrew, & C. Scarre (Eds.), *Cognition and material culture: The archaeology of symbolic storage* (89~96). Cambridge, England: McDonald Institute for Archaeological Research.

Luria, A. (1971). Towards the problem of the historical nature of psychological processes. *International Journal of Psychology*, *6*, 259~272.

Luria, A. (1976). *Cognitive development: Its cultural and social foundations*. Boston: Harvard University Press.

Lurie, A. (July 3, 2003). God's houses. *New York Review of Books*, 30~32.

Marcus, J. & Flannery, K. (2004). The coevolution of ritual and society: New 14C dates from ancient Mexico. *Proceedings of The National Academy of Sciences*, *101*, 18257~18261.

Marcuse, H. (1987). *Hegel's Ontology and the Theory of Historicity*. Cambridge: MIT. (Originally published 1932).

Marcuse, H. (1984). *One-dimensional man: Studies in the ideology of advanced industrial society*. Boston: Beacon.

Martin-Baro I. (1994). *Writings for a liberation psychology*. Cambridge: Harvard University Press.

Marx, K. & Engels, F. (1964). *The German ideology*. Moscow: Progress Publishers. (Original work written 1845)

Matt, S. (2003). *Keeping up with the Jones: Envy in American consumer society*, 1890~1930. Philadelphia: University of Pennsylvania Press.

McChesney, R. (1999). *Rich media, poor democracy: Communication politics in dubious times*. Urbana: University of Illinois Press.

McCrae, R., Yik, M., Trapnell, P., Bond, M., & Paulhus, D. (1998). Interpreting personality profiles across cultures: Bilingual, acculturation, and peer rating studies of Chinese undergraduates. *Journal of Personality and Social Psychology*, 74, 1041~1055.

McDermott, R. (1974). Achieving school failure: An anthropological approach to illiteracy and social stratification. In G. Spindler (Ed.), *Education and cultural process: Toward an anthropology of education* (82~137). New York: Holt Rinehart & Winston.

McIntyre, A., Lyons, A., Clark, A., & Kashima, Y. (2004). The microgenesis of culture: Serial reproduction as an experimental simulation of cultural dynamics. In M. Schaller & C. Crandall (Eds.), *The psychological foundations of culture* (227~258). Mahwah, NJ: Lawrence Erlbaum Associates.

McPhail, C. (1971). Civil disorder-participation: A critical analysis of recent research. *American Sociological Review*, *36*, 1059~1073.

Merton, R. (1968). *Social theory and social structure*. New York: Free Press.

Michell, J. (2004). The place of qualitative research in psychology. *Qualitative Researaach in Psychology*, *1*, 307~319.

Mirchandani, R. (2005). Postmodernism and sociology: From the epistemological to the empirical. *Sociological Theory*, *23*, 86~115.

Mitchell, T. (1988). *Colonising Egypt*. New York: Cambridge University Press.

Mithen, S. (1999). Symbolism and the supernatural. In R. Dunbar, C. Knight & C. Power (Eds.). *The evolution of culture* (147~169). New Brunswick: Rutgers University Press.

Moen, P., Elder, G., & Luscher, K. (1995). *Lives in context: Perspectives on the ecology of human development.* Washington, D. C.: American Psychological Association.

Moghaddam, F. (2005). The staircase to terrorism: A psychological exploration. *American Psychologist*, *60*, 161~169

Moscovici, S. (2001). *Social representations: Explorations in social psychology.* New York: New York University Press.

Mosier, C. & Rogoff, B. (2003). Privileged treatment of toddlers: Cultural aspects of individual choice and responsibility. *Developmental Psychology*, *39*, 1047~1060.

Neville, H. & Bavelier, D. (2000). Specificity and plasticity in neurocognitive development in humans. In M. Gazzaniga (Ed.), *The new cognitive neurosciences* (83~98). Cambridge: MIT.

Nisbett, R. & Cohen, D. (1996). *Culture of honor: The psychology of violence in the South*. New York: Westview.

Ogbu, J. & Stern, P. (2001). Class status and intellectual development. In R. Sternberg & E. Grigorenko (Eds.), *Environmental effects on cognitive abilities* (3~37). Mahwah, NJ: Lawrence Erlbaum.

Olson, E. (1981). Socioeconomic and psycho-culturalcontexts of child abuse and neglect in turkey In J. Kobin (Ed.), *Child abuse and neglect: Cross-cultural perspectives* (96~119) Berkely: University of California Press.

Oyserman, D. & Markus, H. (1998). Self as social representation. In U. Flick (Ed.), *The psychology of the social* (107~125). New York: Cambridge University Press.

Ozgen, E. (2004). Language, learning, and color perception. *Current Directions in Psychological Science*, *13*, 95~98.

Pelton, L. (1994). The role of material factors in child abuse and neglect. In G. Melton & F. Barry (Eds.), *Protecting children from abuse and neglect* (131~181). New York: Guilford Press.

Pendergast, T. (2000). *Creating the modern man: American magazines and consumer culture* 19000~1950. Columbia, MO: University of Missouri Press.

Peng, K. & Nisbett, R. (1999). Culture, dialectics, and reasoning about contradiction. *American Psychologist*, *54*, 741~754.

Piaget, J. (1932). *The moral judgment of the child*. Glencoe, Ill.: Free Press.

Pike, K. & Borovoy, A. (2004). The rise of eating disorders in Japan: Issues of culture and limitations of the model of " Westernization. " *Culture, Medicine, and Psychiatry*, *28*, 493~531.

Pinker, S. (2004). Why nature and nurture won't go away. *Daedalus*, *133*, 4, 5~17.

Pinnick, C. (2005). The failed feminist challenge to"fundamental epistemology. "*Science and Education*, *14*, 103~116.

Polivy, J. & Herman, P. (2002). Causes of eating disorders. *Annual Review of Psychology*, *53*, 187~213.

Porter, R. (1995). *Trust in numbers*. Princeton: Princeton University Press.

Price, D. (2003). Subtle means and enticing carrots: The impact of funding on American cold war anthropology. *Critique of Anthropology*, *23*, 373~400.

Ratner, C. (1989). A Social Constructionist Critique of Naturalistic Theories of Emotion, *J. Mind and Behavior*, *10*, 211~230.

Ratner, C. (1989). A Sociohistorical Critique of Naturalistic Theories of Color Perception, *J. Mind and Behavior*, *10*, 361~372.

Ratner, C. & McCarthy, J. (1990). Ecologically relevant stimuli and color memory, *Journal of General Psychology*, *117*, 369~377.

Ratner, C. (1991). *Vygotsky's sociohistorical psychology and its contemporary applications*. N. Y.: Plenum.

Ratner, C. (1992). Review of J. Hamill, *Ethno-logic: The anthropology of human reasoning* , *Journal of Cross-Cultural Psychology* , *23* , 267～268.

Ratner, C. (1993). Review of D'Andrade and Strauss, Human motives and cultural models. *Journal of Mind and Behavior* , *14* , 89～94.

Ratner, C. (1994). The unconscious: A perspective from sociohistorical psychology. *Journal of Mind and Behavior* , *15* , 323～342.

Ratner, C. (1997). *Cultural psychology and qualitative methodology: Theoretical and empirical considerations.* N. Y. : Plenum.

Ratner, C. (1998). The historical and contemporary significance of Vygotsky's sociohistorical psychology. In R. Rieber & K. Salzinger (Eds.), *Psychology: Theoretical-historical perspectives* (455 ～ 474). Washington, D. C. : American Psychological Association.

Ratner, C. (1999). Three approaches to cultural psychology: A critique. *Cultural Dynamics* , *11* , 7～31.

Ratner, C. (2000). Outline of a coherent, comprehensive concept of culture. *Cross-Culural Psychology Bulletin* , *34* , 1～2, 5～11.

Ratner, C. (2000). A cultural-psychological analysis of emotions. *Culture and Psychology* , *6* , 5～39.

Ratner, C. (2002). *Cultural psychology: Theory and method.* New York: Plenum.

Ratner, C. (2004). Genes and psychology in the news. *New Ideas in Psychology* , *22* , 29～47.

Ratner, C. (2004). Vygotsky's conception of psychological development. In R. Rieber (Ed.), *The essential Vygotsky.* New York: Plenum.

Ratner, C. (2004). A Cultural Critique of Psychological Explanations of Terrorism, *Cross-Cultural Psychology Bulletin* , *38* , 1～2, 18～24.

Ratner, C. & Hui, L. (2003). Theoretical and methodological problems in cross-cultural psychology. *Journal for the Theory of Social Behavior* , *33* , 67～94.

Renfrew, C. (1996). The sapient behavior paradox. In P. Mellars & K. Gibson (Eds.), *Modelling the early human mind* (11 ～ 14). Cambridge, England: MacDonald Institute for Archaeological Research.

Renfrew, C. (2001). Commodification and institution in group-oriented and individualizing societies. In W. G. Runciman（Ed.），*The origin of human social institutions*（93～117）. New York：Oxford University Press.

Robarchek，C.（1977）. Frustration，aggression，and the nonviolent Semai. *American Ethnology*，*4*，762～779.

Roberson，D.（2005）. Color categories are culturally diverse in cognition as well as in language. *Cross-Cultural Research*，*39*，56～71.

Roberson，D. ，Davidoff，J. ，Davies，& Shapiro，L.（2005）. Color categories in Himba：Evidence for the cultural relativity hypothesis. *Cognitive Psychology*，*50*，378～411.

Rogoff，B.（2003）. *The cultural nature of human development*. New York：Oxford University Press.

Rogoff，B. & Angelillo，C.（2002）. Investigating the coordinated functioning of multifaceted cultural practices in human development. *Human Development*，*45*，211～225.

Rothbaum，F. ，Weisz，J. ，Pott，M. ，Miyake，K. ，& Morelli，G.（2000）Attachment and culture. *American Psychologist*，*55*，1093～1104.

Sageman，M.（2004）. *Understanding terror networks*. Philadelphia：University Pennsylvania Press.

Saloma，J.（1984）. *Ominous politics：The new conservative labyrinth*. New York：Hill & Wang.

Sandomir，R.（January，2004）. TV Sports：By the Numbers，the College Bowl Games Have Less Action. *The New York Times*，C14

Sartre，J. P.（1991）. *Critique of dialectical reason*（vol. 2）. New York：Verso.

Sartre，J. P.（1948）. *The emotions：Outline of a theory*. New York：Philosophical Library.

Sawyer，K.（2004）. The mechanisms of emergence. *Philosophy of The Social Scieinces*，*34*，260～282.

Sawyer，K.（2002）. Unresolved tensions in sociocultural theory：Analogies with contemporary sociological debates. *Culture and Psychology*，*8*，283～305.

Schaller，M. & Crandall，C.（2004）. *The psychological foundations of culture*.

Mahwah, NJ: Lawrence Erlbaum Associates.

Schmitz, M., Filippone, P., & Edelman, E. (2003). Social representations of attention deficit/hyperactivity disorder, 1988~1997. *Culture & Psychology*, *9*, 383~407.

Seccombe, K. (2002). 'Beating the Odds' Versus 'Changing the Odds': Poverty, Resilience, and Family Policy. *Journal of Marriage & Family*, *64*, 2, 384~394.

Shattuck, R. (2004). A world of words. *New York Review of Books*, 21~24.

Sherif, M., Harvey, O., White, J., Hood, W., & Sherif, C. (1988). *The Robber's Cave experiment: Intergroup conflict and cooperation*. Middletown, Conn.: Wesleyan University Press. (Originally published 1954).

Shweder, R. (1990). Cultural psychology: What is it? In J. Stigler, R. Shweder, G. Herdt (Eds.), *Cultural psychology: Essays on comparative human development* (1~43). New York: Cambridge University Press.

Shweder, R. (2003). Toward a deep cultural psychology of shame. *Social Research*, *70*, 1109~1130.

Shweder, R. (2003). *Why do men barbeque? Recipes for cultural psychology*. Cambridge: Harvard University Press.

Siok, W., Perfetti, C., Jin, A., & Tan, L. (2004). Biologically abnormality of impaired reading is constrained by culture. *Nature*, *431*, 71~76.

Sklar, M. (1988). *The corporate reconstruction of American capitalism*, 1890~1916. New York: Cambridge University Press.

Smith, C. (2003). *The secular revolution: Power, interests, and conflict in the secularization of American public life*. Berkeley: University of California Press.

Snow, C. (1999). Social perspectives on the emergence of language. In B. MacWhinney (Ed.), *The emergence of language* (257~276). Mahwah, NJ: Erlbaum.

Sokal, A. & Bricmont, J. (2003). Intellectual impostures: Postmodern philosophers' abuse of science. London: Profile Books.

Spindler, G. (1974). The transmission of culture. In G. Spindler (Ed.), *Education and cultural process* (279~309). New York: Holt, Rinehart & Winston.

Stetsenko, A. & Arievitch, I. (2004). The self in cultural-historical activity theory. *Theory and Psychology*，14，475～503.

Taylor，C. (1964). *The explanation of behavior*. New York：Humanities.

Tomasello，M. (2001). Cultural transmission：A view from chimpanzees and human infants. *Journal of Cross-Cultural Psychology*，32，135～146.

Tomasello，M. (1999). *The cultural origins of human cognition*. Cambridge：Harvard University Press.

Tuttle，J. (1969). *Wilhelm Dilthey's philosophy of historical understanding：A critical analysis*. Leiden，Brill.

Van der Veer，R. & Valsiner，J. (1991). *Understanding Vygotsky：A quest for synthesis*. Oxford：Blackwell.

Van Overschelde，J. ，Rawson，K. ，Dunlosky，J. ，& Hunt，R. (2005). Distinctive processing underlies skilled memory. *Psychological Science*，16，358～361.

Vygotsky，L. (1978). *Mind in society：The development of higher psychological processes*. Cambridge：Harvard University Press.

Vygotsky，L. (1987). *The collected works of L.S.Vygotsky* (vol.1). New York：Plenum.

Vygotsky，L. (1994). The socialist alteration of man. In R. van der Veer & J. Valsiner (Eds. )，*The Vygotsky reader* (175～184). Oxford：Blackwell. (Originally published 1930).

Vygotsky，L. (1997). *The collected works of L.S.Vygotsky* (vol.3). New York：Plenum.

Vygotsky，L. (1997b). *Educational psychology*. Boca Raton：Fla：St. Lucie Press. (Originally published 1926).

Vygotsky，L. (1998). *The collected works of L.S.Vygotsky* (vol.5). New York：Plenum/Kluwer.

Wagner，H. (1964). Displacement of scope：A problem of the relationship between small-scale and large-scale sociological theories. *American Journal of Sociology*，69，571～584.

Wang，Q. ，Ceci，S. ，Williams，W. ，& Kopko，K. (2004). Culturally situated cognitive competence：A functional framework. In R. Sternberg & E. Grigorenko

(Eds. ). *Culture and competence: Contexts of life success* (225~250). Washington, D. C. : American Psychological Association.

Weidman, N. (2003). Review of Steven Pinker, The Blank Slate: The Modern Denial of Human Nature. *Journal of the History of Behavioral Sciences*, *39*, 383~386.

Weissberg, R. , Kumpfer, K. , & Seligman, M. (2003). Prevention that works for children and youth: An introduction. *American Psychologist*, *58*, 425~432.

White, L. (1949). The science of culture: A study of man and civilization. New York: Farrar, Strauss.

Whitrow, G. (1973). Time and measurement. In P. Wiener (Ed. ), *Dictionary of the history of ideas* (398~406). New York: Scribner's.

Wilcox, K. (1982). Differential socialization in the classroom: Implications for equal opportunity. In G. Spindler (Ed. ), *Doing the ethnography of schooling* (268~ 309), New York: Holt, Rinehart & Winston.

Williams, E. (1966). *Capitalism and slavery*. New York: Capricorn books. (Originally published 1944)

Wolin, R. (2004). *The seduction of unreason: The intellectual romance with fascism from Nietzsche to postmodernism*. Princeton: Princeton University Press.

Worden, R. (1998). The evolution of language from social intelligence. In J. Huford, M. Studdert-Kennedy & C. Knight (Eds. ), *Approaches to the evolution of language: Social and cognitive bases* (148 ~ 166). New York: Cambridge University Press.

Wright, J. (1979). *On a clear day you can see General Motors*. New York: Avon.

# 注释

[1]宏观因素是一种理想型。韦伯将理想型的概念表述为一种具有启发作用的辅助手段，"有助于研究者掌握并理解一个不定型的并且在不断变动的现实，并有助于对特定案例或所研究的事物进行清晰的概念化"(Kalberg，1994，p.93)。自由市场、宗教、官僚主义都是一种理想型(同样，在心理学领域，智力、动机、情绪、心理疾病和人格也是理想型)。理想型的划分"提供了有确定界限的假设，从而可以被特定的经验证据和发展所检验，从而分离出行动当中离散而重要的规律性"(Kalberg，1994，p.93)。韦伯因对新教伦理与资本主义之间的关系的阐述而闻名。

"理想型绝对不能被当作'平均类型'，它并非简单地对经验现象共同要素的概述，也不只是事物的分类。相反，尽管它的构建是完全基于经验现实的，但它的构建一方面是通过有意识地夸大某些基本属性……另一方面是将这些分散的特征性行动取向综合到一个内部统一和逻辑严谨的概念之中"(Kalberg，1994，p.86；参见 Ratner，1997，pp.79—83，207)。

[2]涂尔干将这种类比扩展到大脑与思想的关系。思想是由神经元构成的，然而神经元所生产的这些想法却是有着自己独特的属性的。思想有着自己独特的属性和变化规律，就好像由碳水组成的生命也有着自己独特的属性和变化规律一样。所以生物学和化学不同，心理学也与生物学不同。这种分析避免了二元论和还原主义的错误。

[3]世俗化对个人心理和心理学科都有着很强的影响，它导致我们用心理相关的概念(如自我)来代替灵魂相关的概念，也使得心理学家的工作逐渐代替传道者对灵魂和救赎所做的工作。

[4]20 世纪 70 年代保守的宗教信念的出现并非个体自发产生的，而是由资助了组织性
　　运动的宗教领袖所创立的全国性组织所煽动的，也是由资助了保守性宗教运动的保
　　守的政治家所煽动的（Saloma，1984；Liebman & Wuthnow，1983）。

[5]这自然是一种历史事实，而非由人类本性所产生的："最早的现代人类的记录阐明
　　了一种普遍存在的相对社会平等和去中心化的决策过程。在大约 1 万年前，没有证
　　据表明存在清晰的社会、政治或是经济等级。在这段时期缺乏社会等级的考古学标
　　志，也没有领袖、酋长或统治者存在的证据……在任何文化领域，由于不同的历史
　　以及环境，政治集中的社会制度以及领袖和统治者的出现都遵循自己独特的发展轨
　　迹。同时，政治的演变也有着跨时间跨地域出现的普遍的模式"（Haas，2001，
　　p.5）。

[6]大多数文化心理学家都反对将政治问题看作文化的一部分，尤其是对关注文化概念
　　和意义的文化心理学家来说（Ratner，1993，1999）。例如，格尔茨在 20 世纪六七十
　　年代在印度尼西亚进行了一次田野调查，但他没有考虑美国冷战时期的新殖民主义
　　式的社会、经济和军事政策的影响（这些政策导致了大约 100 万印度尼西亚人的死
　　亡，损害了印度尼西亚的政治结构，并且使得苏加诺总统被免职），也没有考虑他
　　自己关于重大政治事件的想法和研究（他的资助机构——福特基金会也涉及对苏加
　　诺的颠覆行动，而基于组织支持的麻省理工学院国际研究中心则有军方资助，他的
　　同事——经济学家罗斯托也参与了印度尼西亚政治和经济结构的转变，以帮助美国
　　公司获取更多当地的石油）。格尔茨的文化思想的局限性限制了他的人类学所能描
　　述的范围。

[7]心理现象的适应性价值由以下事实表明：智人的第一个标本是克罗马农人，他的智
　　力并不如更早的尼安德特人，但克罗马农人在 5000 年的时间里便替代了尼安德特
　　人，他的这种超强的适应性源于他们出色的社会组织、文化产物、符号表征（概
　　念）、交流、计划、思维和记忆。

*254*

[8]可以说，人类的语言能力是在整个文化生活中发生了变化，而不是一些个体性语言
　　的变化。语言已经从简单的原始语言单词串发展到了现代语言复杂的句式。

[9]文化施加了独特的选择性压力，导致了一种独特的人类大脑，这被称作"社会脑假设"。它将文化看作一种塑造了大脑系统进化的生态性的压力。相比物质环境，社会生活似乎对大脑新皮层有更强大的影响，这便是为何新皮层的大小会与种群的大小有着很高的相关的原因（Dunbar，2003，p.169；Dunbar，1998，p.94），也是人类大脑在过去200万年内发展如此迅速的原因。社会互动和原始文化产物的一致的、充满新思想的生态位成为这些发展的选择性的压力。这种观点挑战了传统认知心理学和神经科学的想法，其中神经科学假定大脑和认知功能主要是涉及感知加工技能。而社会脑假设则认为这些感知加工技能都只是大脑为解决社会问题而产生的副产品而已（Dunbar，1998，p.106）。

恩格斯在1个世纪之前便提出了类似的假说，他称"首先是劳动，然后才是语言——在由猿到人的大脑的演化过程中，这是最关键的两种刺激"（1964，p.176），交流的目标和需求也是我们言语器官（喉）发展的选择性压力。"必要性创造了器官"（p.175）。

[10]信念构建了心理经验，这并不是说现实只是我们所想象的。我们可以相信人格是由基因和激素引起的，但这并不意味着事实如此。然而，如果我们这么想的话，和那些认为人格是由其他因素（如社会经验）引起的人相比，会表现出不同的行动并经历不同的体验。

[11]在西方文化中，悲伤具有不同的品质。一个处在恋爱中的少女失恋后会感到心痛，她会体验到痛苦、羞辱、孤独和不被欣赏。然而，如果她的恋人是因为工作或学业原因而离开她，那么她的悲伤便会具有不同的品质，那将会是一种美丽的悲伤，由于无法克服的环境而必须终止关系的悲伤。

255

[12]将心理学置于文化之内（以及将心理学置于社会或文化科学之内）并非拒绝了生物过程。人们独特的生物底层（独特的神经皮层和解剖学）必须正常地发挥作用，如此才能产生心理现象。它同样也给我们发展的心理现象设定了限制，例如，婴儿无法学会高等数学，成人无法立刻感知并回忆上百个信息。除了神经皮层外，感知系统也记录了我们心理功能需要解释的事物的物理体征。

我们可以说是生物底层建立了人类心理功能的能力。然而，情绪、记忆、知觉、学习、动机、人格、性、自我概念、身体形象、幻觉和心理疾病等心理能力的具体形式和内容都是在文化上被组织的，并且也体现了文化概念和文化实践。

[13]物理学家玻姆和匹特(Bohm & Peat，1987)解释说，反映事物独特性的概念区分并不等同于将事物碎片化，或者掩盖事物间的相互关系。碎片化与将知识领域划分为不同的专业或不同问题的抽象是不同的。后者的区分是完全合理的，事实上这是科学的基本特征……碎片化指用任意的方式来进行划分，而不去考虑更广泛的背景，或者甚至是忽略了背景的关键条件。

[14]个人的责任取决于个人用于指导社会生活的社会责任有多少。如果社会是被强大的精英阶级所控制，他们将其他人排除在决策和知识之外的话，那么认为个体需要为自己的行为负责便是不合理的。那些不拥有社会权力的人无法为自己的行为负责。社会精英总是能够有权力影响成千上万人的经济和政治决定，而我们却认为大众需要为自己的行为负责，这是不诚实也不合理的。行为的责任需要个体能够对行为进行控制，而不是一种能够与社会生活分离的个人属性。如果个人对影响自己的社会关系和政策无法负责的话，那么他也无法对自己的行为负责。

[15]弗洛姆采取了这种人格的研究方法，他确定了由特定社会经济系统的文化特征组成的人格类型。接受型人格是农民社会的特征。剥削型人格是贵族和殖民精英的特征。囤积型人格是清教徒等小资产阶级的特征。营销型人格是现代工业社会的特征。弗洛姆相信这些人格类型可以被细化，因为它们反映了阶级社会的压迫性。他主张一种新型的文化人格，称为生产型人格。我们需要新的社会制度来组织这种类型的人格。这种新的社会制度被弗洛姆称作人文主义的社群主义社会主义。

尽管弗洛姆将人格属性和文化特征联系起来是正确的，但他的人格类型太过类别 *256* 化了。任何一种社会或子文化都不能够被单一的、整体的、同质的人格类型所表示。相反，人格、知觉、情绪、推理、记忆、学习、动机和心理疾病的特定成分是从文化中所汲取的。分析的单位应该是这些文化心理成分，而非诸如人格类型，或者责任性－意向性(用来解释伤害行为和愤怒的产生)这样粗糙的代表。对心理成分的处理需要承认它们在一种文化中的多种可能的组合方式，我们应该用由不同文化要素所组成的不同的人格类型来替代单一文化要素所组成的单一的、整体的人格类型。

[16]现状的维护者会反驳，人们屈从于压力的原因是他们自身内在的弱点或素质。这种辩驳是缺乏逻辑和经验基础的，无法解释为何 1/3 的美国人都有内在缺陷，并在遭受心理困扰，或者为什么抑郁症在以 1000% 的速度增长。这种解释也不受经验数据的支持，目前并不存在可靠的、有效的能够支持心理疾病的生理缺陷的证据（Rater，1997，pp. 282—302，2000a，pp. 24—33，2004a）。

[17]研究会对抑郁症、生活状况和不同国家的抑郁症的应对机制的品质进行比较。

[18]进化心理学家错误地认为进化论会促进人类普遍的心理倾向，一个代表性的陈述："如果特异性的适应能力会影响人类对性吸引力的知觉的话，那么便会存在跨文化的判断性吸引力的标准"（Barkow et al.，1992，p. 143）。这一陈述是错误的，即使人类对性吸引力的知觉是一种和动物相似的特异性的适应能力，这也是与达尔文的适应理论大相径庭的。达尔文强调同一种物种在不同的生态位会有着不同的行为表现，这种假设是无法在达尔文的理论中找到基础的。

[19]证据表明，语言并不存在单一的有清晰界限的大脑皮层区域（大脑皮层功能定位说），而是依据其不同的属性在大脑中有着不同的定位。例如，"封闭类"词语（介词和连词）便没有一个固定的大脑区域，其区域取决于说话者是否以英语为母语，以及他是否是聋哑人并使用手势语言。对以英语为母语的人来说，与封闭类词语相关的脑电活动（或称时间相关电位）主要发生在左半脑的前部区域，但对于使用美国手语的人来说则会同时激活两个半球（开放类词语——名词和动词——对于英语和美国手语使用者来说则是相同的）。此外，如果美国手语是在青年晚期才被掌握，那么封闭类词语的激活脑区依旧只在左半球；但如果出生时起便开始学习美国手语，便会同时激活两个半球。

当成年人在念英语时，左半球（尤其是布洛卡区）而非右半球会被激活；当聋哑人念英语时，则只有右半球而非左半球会被激活；而当聋哑人使用美国手语时，两个半球都会被激活（Neville & Babelier，2000，pp. 91—96）。

这些脑区的差异并非先天的，聋哑人并非先天便会用和普通人不同的脑区来加工英语，而是手语对不同脑区的要求改变了他们的大脑神经解剖结构。

另一个相关的例子是，中文的阅读会激活大脑左前额中回区域（Left Middle Frontal Gyrus，LMFG），而西文字母的阅读则会激活左侧颞顶区域。因此，中文使用者的 LMFG 会比英语使用者的要大很多，诸如诵读困难症（dyslexia）的阅读障碍也会因患者的语言（中文—英文）而激活不同的脑区，并不存在导致诵读困难症的单一的脑区。此外，对阅读行为的矫正也会因语言的不同而不同，而并不存在一个单一的神经效果（Siok et al.，2004）。

先天的阅读中心脑区自然是不可能存在的，因为阅读是一项最近才发展出来的技能，而大脑并没有足够的时间来发展出一种特定的中心。类似地，也不存在编织、编程或是数学的中心脑区。

大脑皮层功能定位说被以下事实进一步反驳：在没有发出语音的情况下，唇读却会激活听觉皮层。换句话说，听觉皮层不仅可以接受声音并受到声音的刺激，还可以被无声的唇读激活。另一种更为复杂的情况是，听觉中心脑区既可以被无声的语音激活，也可以被伪语音激活，但不会被非语言的面部运动激活。因此，只有当受试者将嘴唇的运动解读为语言（真实存在的或者非真实存在的）的表达时，他的听觉皮层才会被激活，如果没有把这种运动解读为语言的表达，那么听觉皮层便不会被激活（Cabeza & Nyberg，2000）。

大脑皮层功能定位说还被以下事实进一步反驳：跨越不同认知领域的功能性脑成像的结果揭示，一些脑区域会参与不同认知领域的多种任务，如前额叶涉及几乎所有高等认知任务，顶叶 7 号区域被发现与注意、空间知觉、图像、工作记忆、情景记忆和程序记忆都有关联。特定领域的研究人员只会报告与自己领域相关的脑区，这掩盖了脑区的全面性。例如，7 号区域在注意力的研究中只会与注意力有关，在知觉的研究中只会与知觉相关，在工作记忆的研究中也只会与工作记忆相关，等等（Ratner，2004a，pp. 42—43）。

258

人类神经元之间有着广泛的相互联系，这进一步破坏了大脑皮层功能定位说。成年人的大脑拥有 1000 亿个神经元，每一个神经元都有 1500 个突触，每一个突触都有 100 万个受体分子来接受信息。大脑皮层功能定位说是没有神经学基础的。

[20]不幸的是，达尔文自己也未能意识到这一点。他从未承认人类文化环境的独特性，这种独特性要求我们有独特的才能、能力、行为机制和传播机制。达尔文坚持认

为文化行为是一种个体特质的功能，高级文化存在是因为这一文化中具有很高比例的具备高级心理能力的个体，而这些个体则是生物机制的结果。达尔文从未解释，为何这些机制会在特定的地点和时间出现，因此他没有足够的证据来解释文化差异。达尔文没有意识到，自己的理论对人类文化和心理的完整意义最终需要体现在文化心理学上。

[21]施韦德尔的"后现代人本主义"是一种社会建构主义的形式。"后现代人本主义对所有整体的或者统一的世界观都持怀疑态度，并且对多元性、多样性和差异表示赞赏"(Shweder, 2003, p.2)。这一陈述明确地平衡了客观性与观点的多元性之间的关系。

施韦德尔进一步指出："从任何一个角度来看，这个可知的世界都是不完整的；从任何一个时间来看，这个可知的世界都是不连贯的；从任何一个地点来看，这个可知的世界都是不空洞的。按照这一原则，我们应该不断保持前进，寻找并且参与到各种不同的视角当中去"(Shweder, 2003, p.2)。这种形式的社会建构主义听起来很吸引人，但却使我们失去了连贯的方向。我们不能够采取任何一种视角，因为任何一种视角都是不完整的、贫瘠的。我们不能同时接受很多视角，因为那将是不连贯的。我们不能不接受视角，因为那将是空洞的。施韦德尔所提的不断前进的建议也是不连贯的，就像他所说的从同一时间（所有视角）来看世界一样。不断前进同样是拒绝了确定的现实和客观的知识，当然还有社会共识。

[22]事实上，在我们试图解释一种信念存在的理由时，知道它是对还是错是至关重要的。对社会心理的解释依赖于对事实的了解程度。

[23]这种元原理是如此出色，以至于它可以让科学家纠正自己的错误并积累更多有效的信息。元原理使得革命能够在科学的指导下进行。在科学的传统中，人们可以有不同的想法，也不需要额外的科学认知对象来质疑传统的科学教条（类似地，民主的政府形式也十分出色，它可以在原则内做出政府、法律和经济关系上的变化。当然，既得利益者会试图规避并暂停这些原则以停止变化，但原则本身是允许和平变化的）。

[24]像大多数心理学家(既包括主流心理学家也包括社会建构主义者)一样,格根错误地认为主流心理学的现实主义和量化来源于逻辑实证主义,这是不正确的。事实上,逻辑实证主义更接近社会建构主义,它认为所有理论和方法论都是随意的,并接受了理论和方法上的多元性(Michell,2003,2004)。主流心理学强调现实主义和量化,但它们是来源于逻辑实证主义之外的其他知识起源。

**图书在版编目(CIP)数据**

宏观文化心理学：原则、方法与应用／（美）任长谊著；
宁志天译. —北京：北京师范大学出版社，2024.6
（批判与马克思主义心理学丛书／王波主编）
ISBN 978-7-303-28644-7

Ⅰ.①宏… Ⅱ.①任… ②宁… Ⅲ.①文化心理学
Ⅳ.①C912.6－0

中国国家版本馆 CIP 数据核字(2023)第 047515 号

北京市版权局著作权合同登记号：图字：01-2019-0750 号

**图书意见反馈　gaozhifk@bnupg.com　010-58805079**

HONGGUAN WENHUA XINLIXUE：YUANZE、FANGFA YU YINGYONG
出版发行：北京师范大学出版社　www.bnupg.com
　　　　　北京市西城区新街口外大街 12-3 号
　　　　　邮政编码：100088
印　　刷：北京盛通印刷股份有限公司
经　　销：全国新华书店
开　　本：710 mm×1000 mm　1/16
印　　张：17.75
字　　数：250 千字
版　　次：2024 年 6 月第 1 版
印　　次：2024 年 6 月第 1 次印刷
定　　价：88.00 元

策划编辑：周益群　　　　　　责任编辑：林山水
美术编辑：王齐云　　　　　　装帧设计：王齐云
责任校对：陈　民　　　　　　责任印制：马　洁

Title：Cultural Psychology：A Perspective on Psychological Functioning and Social Reform